O DESATINO DA RAPAZIADA

A marca FSC® é a garantia de que a madeira utilizada na fabricação do papel deste livro provém de florestas que foram gerenciadas de maneira ambientalmente correta, socialmente justa e economicamente viável, além de outras fontes de origem controlada.

HUMBERTO WERNECK

O desatino da rapaziada

Jornalistas e escritores em Minas Gerais (1920-1970)

2ª edição

COMPANHIA DAS LETRAS

Copyright © by Humberto Werneck

Grafia atualizada segundo o Acordo Ortográfico da Língua Portuguesa de 1990, que entrou em vigor no Brasil em 2009.

Capa
Elisa v. Randow

Imagem da capa
Café Acadêmico, Belo Horizonte, década de 1920.
Todos os esforços foram realizados para identificar os personagens da fotografia.

Preparação
Márcia Copola

Índice remissivo
Lucíola Silveira de Morais

Revisão
Laura Vecchioli
Paula B. P. Mendes

Este livro integra o conjunto editorial, documental e iconográfico da exposição "A Imprensa em Minas Gerais", apresentada na Casa da Cultura de Poços de Caldas, de 8 de agosto a 4 de outubro de 1992.

Para sua realização o autor contou com bolsa de estudos do Instituto Moreira Salles, que concebeu e organizou a mostra.

Dados Internacionais de Catalogação na Publicação (CIP)
(Câmara Brasileira do Livro, SP, Brasil)

Werneck, Humberto
    O desatino da rapaziada : jornalistas e escritores em Minas Gerais (1920-1970) / Humberto Werneck. – 2ª ed. – São Paulo : Companhia das Letras, 2012.

    ISBN 978-85-359-2126-7

    1. Escritores brasileiros - Minas Gerais - Biografia 2. Jornalistas - Minas Gerais - Biografia I. Título. II. Título: Jornalistas e escritores em Minas Gerais.

12-06166   CDD-928.699

Índices para catálogo sistemático:
1. Escritores mineiros : Biografia   928.699
2. Minas Gerais : Escritores : Biografia   928.699

[2012]
Todos os direitos desta edição reservados à
EDITORA SCHWARCZ S.A.
Rua Bandeira Paulista 702 cj. 32
04532-002 — São Paulo — SP
Telefone (11) 3707-3500
Fax (11) 3707-3501
www.companhiadasletras.com.br
www.blogdacompanhia.com.br

A meus pais

*A
Arildo Barros de Carvalho
Carlos Roberto Pellegrino
Jaime Prado Gouvêa
João Paulo Gonçalves da Costa
José Márcio Penido
Luiz Carlos Polizzi Coelho
Maria do Carmo Vivacqua Martins
Maria Ângela Botelho Pereira
Sílvia Motta de Avellar Azeredo
— amigos fundamentais*

*À memória de
Murilo Rubião
Valdimir Diniz
Klauss Vianna*

Sumário

1. "Aqui há Otis!" 13
2. Tempos modernos 19
3. Bondes e boatos 34
4. Do alto de um viaduto 45
5. Um caderno de fel 53
6. Os ases de Cataguases 66
7. A luz da "Electrica" 80
8. A cidade que Gutenberg esqueceu 84
9. Um forasteiro taciturno 92
10. Os quatro cavaleiros de um íntimo apocalipse ... 102
11. "Minas está onde sempre esteve" 113
12. Encontros marcados 123
13. Sob as asas de JK 135
14. Paciência e esperteza 147
15. Que era isto, companheiros? 160
16. Coisa de cinema 171
17. Os aflitos da forma 184
18. Saudades de antigamente 191
19. As montanhas vistas de longe 200
    Créditos das imagens 208
    Índice remissivo 209

Desatino + 20

Relido vinte anos depois de sua publicação, em julho de 1992, bem pouco foi mudado neste livro. O desaparecimento, nessas duas décadas, de vários de seus personagens, quase todos eles entrevistados para esta crônica – Otto Lara Resende, Fernando Sabino, Francisco Iglésias, Cyro dos Anjos, tantos mais –, pôs uns verbos no passado. Aqui e ali, buscou-se afinar o foco de alguma informação, e sobre as imperfeições mais clamorosas do texto correu-se uma lixa. Mas foi só. Mais que isso, acha o autor, seria escrever outro livro – desatino que ele, a esta altura da vida, prefere deixar para a rapaziada.

Humberto Werneck
São Paulo, junho de 2012

O que este livro possa ter de bom, se tiver, deve muito a várias pessoas. Antes de mais nada, a Antonio Fernando De Franceschi, que teve a ideia e, por intermédio do Instituto Moreira Salles, proporcionou os meios para levá-la adiante, no espaço de poucos meses, num esforço em que foi decisiva a colaboração de Silvana Goulart e Zuleika Alvim. Às pesquisadoras Marina Tymburibá e Juliana Duarte, que, de Belo Horizonte, enviaram informações preciosas e, com paciência exemplar, procuraram atender à curiosidade por vezes ensandecedora do autor. A Afonso Borges, cuja contribuição não se limitou a diversas entrevistas feitas em Belo Horizonte. A Heitor Ferraz Mello, solidário em cada passo do trabalho. A Otto Lara Resende, Antonio Candido, Francisco Iglésias, Wilson Figueiredo, Geraldo Mayrink, Inácio Muzzi da Fonseca, Luiz Schwarcz, José Maria Mayrink, Márcia Copola e Maria Emília Bender, leitores atentos que tudo fizeram para reduzir os defeitos deste *Desatino*.

Foi extremamente útil a leitura de uns tantos autores, entre os quais não poderia esquecer Autran Dourado, Antônio Sérgio Bueno, Carlos Drummond de Andrade, Cyro dos Anjos, Delso Renault, Delson Gonçalves Ferreira, Djalma Andrade, Eduardo Frieiro, Fernando Correia Dias, Fernando Sabino, Ivone Luzia Vieira, Kátia Bueno Romanelli, Márcio da Rocha Galdino, Maria Zilda Ferreira Cury, Moacyr Andrade, Paulo Emílio Salles Gomes, Paulo Kruger Correa Mourão, Paulo Mendes Campos, Paulo Pinheiro Chagas, Pedro Nava e Rubem Braga.

Com risco de cometer injustiças, quero dizer que sou grato, também, a Ana Maria Werneck, Ângelo Oswaldo de Araújo Santos, Aracy Seljan, Carla Nogueira Wanderley, Carlos Alberto Sardenberg, Cecília Andrade, Cecília Niji, Celia Chaim, Danilo Gomes, Elaine Queiroz, Esther Caldas Bertoletti, Ettore Cottini Filho, Fernando Morais, Flaminio Fantini, Francisco Carlos de Andrade, Gerson Sabino, Gilberto Arcari, Hélio Gravatá, Helle Alves, Hugo Eiras Furquim Werneck, Jacques do Prado Brandão, Jaime Prado Gouvêa, João Cândido Portinari, José Castello, José Costa Monteiro, José Maria Cançado, Lúcia Machado de Almeida, Lúcio Antônio Miranda da Silva, Luiz Carlos Junqueira Maciel, Márcia Goulart Andrade Hack, Maria Angela Botelho Pereira, Nathalia de Avellar Azeredo, Nísia Maria Duarte Werneck, Otávio Werneck, Rachel Braga, Ronaldo Werneck, Ruth Brandão de Azeredo, Sérgio Buarque de Gusmão, Sonia Maciel Moraes, Suzana Schild, Valter Donizeti Macedo, Vida Alves, Wilson Leão e Yedda Braga Miranda.

Um agradecimento carinhoso, uma vez mais, nunca suficiente, à Mariza, pela paciência com o texto e seu autor. Ao Paulinho e à Luiza, pela ajuda na feitura do índice onomástico. Aos três, pelos muitos fins de semana sacrificados.

1. "Aqui há Otis!"

A história que aqui se vai contar começa no ano de 1921, no instante em que a mais famosa de suas personagens, um adolescente magrinho, de óculos, entra numa redação de jornal, na rua da Bahia, em Belo Horizonte. E termina, meio século depois, com alguns rapazes abandonando outra redação, não longe dali, na avenida Augusto de Lima. Entre esses dois momentos, o fio de nossa história vai e volta, serpenteia, percorre outros pontos do mapa de Minas Gerais — embora quase toda ela se passe no centro de Belo Horizonte. Em sentido físico, as personagens que a animam, nesses cinquenta anos, transitam nos poucos quarteirões delimitados por aquelas duas redações. Em sentido figurado, elas transitam no território onde convivem — ou tentam conviver — o jornalismo e a literatura.

Em outras palavras, aqui se vai falar de escritores das Gerais e de sua vida dentro e em torno das redações de jornais e revistas. Aqui se vai falar, também, da propensão que têm esses escribas para fazer as malas, fincar barraca em outro canto — e, lá de fora, ficar olhando, cada vez mais obsessivamente, para sua terra natal. É, aliás, o que se preparam para fazer aqueles rapazes que, no final da história, estão deixando a redação do *Minas Gerais*, na avenida Augusto de Lima.

* * *

Mas estamos ainda no começo, no moço de óculos em quem já é possível reconhecer Carlos Drummond de Andrade. Tem dezoito anos e, não faz muito, foi expulso do Colégio Anchieta, de Nova Friburgo, no estado do Rio, por "insubordinação mental". Quatro anos mais tarde a pena azeda de um literato belo-horizontino, por detrás de pseudônimo, vai descrevê-lo como "aquele mocinho esgrouviado, que tem cara de infusório". Será visto, nessa época, como o líder de um grupo de jovens escritores "futuristas", cujos desmandos poéticos vinham perturbar a parnasiana harmonia da paisagem literária das Minas Gerais. Razão deviam ter os jesuítas de Nova Friburgo em chamá-lo de "anarquista".

Por ora, no entanto, neste ano de 1921, quando ele sobe as escadas para deixar um artigo nas mãos de José Oswaldo de Araújo, diretor do *Diário de Minas*, não há nada na figura de Carlos Drummond de Andrade que sugira mau comportamento. Pelo contrário. Sua rigidez corporal, por exemplo, faz pensar numa sensualidade domada de seminarista. O filho do fazendeiro Carlos de Paula Andrade é durinho e anda sem mover os braços. Contará mais tarde que, passando em frente a uma pensão de estudantes, os rapazes mexeram com ele — "Abana o braço, moço, abana o braço!" — e que, indignado, retrucou com uma bem dobrada "banana". Muito esforço será necessário para destravar esse corpo e torná-lo capaz de dar cambalhotas para divertir as crianças, como fará, chaplinianamente, até pouco antes de morrer, aos 84 anos, em 17 de agosto de 1987.

Mas o que nos interessa, aqui, é aquela sua primeira incursão no *Diário de Minas*, jornal que ele até então namorava à distância. Por essa altura os Drummond de Andrade já não viviam na sua Itabira — o coronel se instalara com a família no Hotel Internacional (depois rebatizado, com mais modéstia, Hotel Itatiaia), na esquina da rua dos Caetés com a praça da Estação, em Belo Horizonte.

No térreo desse prédio, além de um bar e uma barbearia, funcionava a redação de um vespertino inexpressivo, o *Jornal de Minas*. Havia sido fundado em julho de 1918 como órgão oficial de uma ainda menos relevante Associação Mineira de Imprensa, e, façanha rara naquele tempo, sobreviverá por quatro anos, até julho de 1922. Dele se lembrará o poeta nos versos de "Oposição sistemática":

> O jornalzinho oposicionista da praça da Estação,
> onde exalo vagidos literários,
> xinga o Presidente, xinga o secretário...

Os "vagidos literários" em questão foram os primeiros textos de Carlos Drummond de Andrade publicados na imprensa de Belo Horizonte. Não exatamente sua estreia tipográfica, ocorrida em 1918 nas páginas da *Aurora Colegial*, do ginásio de Nova Friburgo — onde, para sua extrema irritação, os padres não hesitavam em adoçar e enfeitar o que os alunos escreviam. Houve depois, no mesmo ano, o número único de *Maio...*, com reticências e tudo, que seu irmão Altivo publicou em Itabira e no qual estampou, à revelia do autor, um poema em prosa, "Onda", assinado com o pseudônimo Wimpl. Mas na grande imprensa, se assim se pode chamar o "jornalzinho oposicionista da praça da Estação", a estreia de Carlos Drummond de Andrade vai acontecer no *Jornal de Minas*, com o artigo "Diana, a moral e o cinema...", publicado a 15 de abril de 1920. Tinha, então, dezessete anos.

Todos os dias, enquanto morou no Hotel Internacional, ele passava pela redação para ler a primeira página do vespertino, afixada na parede. Tinha já pela imprensa a fascinação que o levará a afirmar, na idade madura, ser o jornalismo profissional "a única coisa na vida que faria com certo prazer". Não a simples colaboração literária, esclarecerá, mas o "jornalismo no duro, que vai pela noite adentro ou pelo dia afora, conforme a pressão da notícia". Ofício apaixonante que ele, engolfado pela burocracia, acabaria praticando "em escala mínima", como "jornalista bissexto".

Não é de espantar, assim, que o primeiro texto de Carlos Drummond de Andrade na imprensa belo-horizontina tenha sido inspirado num assunto que, por aqueles dias, tomava conta da provinciana capital mineira — uma cidade que mal completara 22 anos de vida e que não somava mais de 55 563 habitantes (o Rio de Janeiro, então capital federal, tinha 1 milhão 160 mil, e São Paulo, 580 mil). O Cinema Pathé — não o da avenida Cristóvão Colombo, bem posterior, mas o da avenida Afonso Pena, recém-inaugurado — estava exibindo *Diana, a caçadora*, filme, provavelmente americano (os letreiros, naquele tempo, nem sempre se preocupavam em indicar a procedência da obra, ou o nome do diretor), que logo se tornou assunto obrigatório entre os belo-horizontinos.

"Mais do que prejudicial, é nojento", cuidou de advertir um anúncio da pudibunda Liga pela Moralidade, órgão da União de Moços Católicos (a cujas fileiras pertenceu um jovem tenente cearense, Humberto de Alencar Castelo Branco, que o golpe militar de 1964 fará presidente da República). Os julgamentos da Liga em matéria cinematográfica eram publicados todos os dias no *Minas Gerais*, o jornal oficial do governo mineiro.

Cada manhã, a Liga pela Moralidade,
serviçal, pontual,
indica aos filmes que podemos ver,
os prejudiciais,
os com reserva,
os inofensivos,

evocará Drummond no poema "A difícil escolha". Naquele abril de 1920, por exemplo, os editais da Liga informavam que *Máscara no mar* era não apenas inofensivo como interessante. O mesmo não se passava, porém, com *Em palpos de aranha*, filme a ser visto "com reservas", em razão de "abundantes cenas aterrorizantes"; com *Vida esportiva*, no qual havia "abuso de decotes"; com *Atualidade Fox, nº 3* ("ligeiras reservas por inconveniência de um vestuário"); e com *Fé que não morre*, "por causa de um crime emocionante, motivado pelos instintos bestiais de um bruto".

Nada disso, contudo, era mais deletério que o "nojento" *Diana, a caçadora*, fulminava a Liga pela Moralidade. Contra ele, ouriçou-se a família mineira. No dia da estreia, bandos de moços piedosos investiram contra a fachada do cinema, dispostos a rasgar os cartazes do filme, nos quais, segundo um cronista local, Diana — vivida por atriz desconhecida, certa Baronesa De Witz, à frente de um elenco não menos obscuro — se exibia "nuinha". Por pouco não foi preciso cancelar a sessão. Drummond não gostou de *Diana, a caçadora*, mas não porque o escandalizasse a desinibição da atriz. O filme, para ele, era "uma grossa pinoia". "Formidável *bluff*", escreveu o crítico estreante, pontificando na primeira página do *Jornal de Minas* com os apóstrofos então em moda, "a película tanto tinha d'imoral quanto d'artístico — nada." Em outras palavras, não agradava a ninguém. Ainda por cima, liquidou ele, não levava em conta "o essencial: a verdade mitológica".

A colaboração assim iniciada se tornou frequente. Foram, ao todo, seis artigos para o *Jornal de Minas*. Mas pagava-se tão pouco que Drummond resolveu tentar a sorte no *Diário de Minas* — publicação também modesta, é verdade, porém prestigiosa ao ponto de ter entre seus colaboradores o poeta Alphonsus de Guimaraens, ninguém menos que o grande Alphonsus. Por que não?, perguntou-se o garoto itabirano. E, tendo escrito um pequeno artigo sobre *Tântalos*, livro de contos de Romeu de Avellar, pseudônimo do alagoano Luís de Araújo Morais, foi levar sua "tira" (ainda não se escrevia em laudas, e sim em aparas de papel jornal) ao diretor do *Diário de Minas*, José Oswaldo de Araújo, poeta parnasiano de renome estadual, futuro banqueiro e prefeito de Belo Horizonte.

Muitos anos depois, quando já não se dizia "tira", José Oswaldo reconstituiu a cena num artigo em homenagem ao poeta:

> Achava-me, por volta das nove da noite, escrevendo na redação um palmo de croniqueta para o cabeço do registro social, quando entra, sala adentro, um rapazinho magro, pálido, vestido de preto. Estaria de luto? Cumprimentou-me e apresentou-me uma lauda, traçada com letra firme, talho intelectual:
> — Se o senhor julgar publicável... A página, em prosa, logo lida, agradou-me sobremaneira. Quando busquei o autor para manifestar-lhe a impressão, já ali não se encontrava. Havia desaparecido. E o estranho era que a colaboração trazia, como assinatura, um "X", creio eu. Foi nessa conjuntura — não me traia a memória cansada — que resolvi contar o caso na crônica que começava a redigir. Falei do moço desconhecido e, ao ensejo, vaticinei-lhe carreira vitoriosa nas letras, caso não as viesse abandonar.

Só nos detalhes a memória traiu José Oswaldo de Araújo, falecido ainda lúcido em 1975. O artigo sobre *Tântalos*, publicado a 13 de março de 1921, trazia como assinatura as iniciais do autor. O que saiu com um "X" foi a apresentação do jovem colaborador, escrita por José Oswaldo e publicada quase uma semana depois, a 19 de março, como abertura da seção "Crônica social":

Carlos Drummond, que iniciou com duas páginas de linguagem medida e pensamentos originais a sua colaboração neste jornal, é um adolescente cuja cabeça se coroa com as rosas delicadas da primeira mocidade.

A sua pouca idade, porém, só se revela na figura franzina, nos olhos de sonhador e na timidez das primeiras aproximações: o seu estilo, sem excessos condenáveis e sem bizarrias industriosas, bem como os seus pensamentos lúcidos e a sua cultura bem dirigida — tudo delata nela um espírito sazonado, que já pode produzir cousas que fiquem pela beleza vigorosa e pela cintilação intensa.

No seu equilíbrio sensato, a convivência, em leitura, com Wilde, com Forjaz e com António Ferro coloca de quando em quando relâmpagos de irreverência e de audácia, que são um encanto. Deu-lhe, ao mesmo passo, a familiaridade desses escritores uma predileção serena pelos símbolos eloquentes.

Carlos Drummond, que é um precoce tendo muito aquilo que Wilde via em todos os precoces, está fadado a luminosas vitórias. A sua aparição no jornalismo pode ser saudada com aplausos, porque assinala os primeiros passos de quem tem "jornada longa que fazer".

Estas palavras, que aí ficam, representam a minha modesta braçada de lírios, que trago para saudar o moço aureolado de tão radiosas esperanças.

O antigo diretor do *Diário de Minas* contaria, anos mais tarde, a impressão que lhe causou o comentário de um amigo, o escritor Afonso Pena Júnior, ao ler os primeiros poemas de Drummond: "Aqui há Otis", sentenciou o futuro ensaísta de *A arte de furtar e seu autor*, poeta simbolista já quarentão, que em sua juventude brilhara em dois grupos literários belo-horizontinos, os Cavaleiros do Luar e os Jardineiros do Ideal. "Aqui há Otis" — eram estes os dizeres das placas que anunciavam a instalação de elevadores, um dos signos da modernidade que, ufa, desembarcava na jovem capital de Minas.

2. Tempos modernos

Curioso jornal, aquele *Diário de Minas*. Nasceu oposicionista, no primeiro dia de 1899, com todas as baterias voltadas contra Silviano Brandão, o presidente (como até 1935 se chamavam os governadores) do estado. Durou pouco essa fase de independência: em novembro, a folha foi vendida ao Partido Republicano Mineiro, o PRM, do qual passou a ser o órgão oficial. Como o PRM se eternizava no poder, o jornal se tornou, também, um órgão oficioso do Palácio da Liberdade — que, discretamente, lhe estendia algum dinheiro.

Não muito, via-se logo: o *Diário de Minas* tinha apenas quatro páginas. Além disso, dependia do *Minas Gerais*, o jornal oficial do estado, para se abastecer de noticiário do Rio de Janeiro, pois não dispunha de serviço telegráfico, e dele recebia, não raro, até mesmo matéria já linotipada.

O que contava, além dos jornais do Rio, era o *Minas*, para se inteirar dos despachos, das nomeações. Mas o *Minas* não podia ser abertamente opinativo, menos ainda funcionar como boletim do PRM — e isso explica a inesperada importância que chegou a ter o *Diário*. Quase não tinha leitores, é verdade, mas entre os políticos do partido, em cada canto do estado, era praticamente de assinatura compulsória. Convinha assiná-lo, pois nos cafundós da província esta era, frequentemente, a única maneira de saber quem estava bem e quem estava mal aos olhos da Comissão Executiva do PRM.

A todo-poderosa Tarasca, chamou-a um talentoso jornalista de oposição, Azevedo Júnior — por ironia, um dos fundadores do *Diário de Minas*, mais tarde homenageado com um busto na praça da Liberdade. O apelido "pegou". Tarasca era um boneco monstruoso, exibido no Pentecostes em Tarascon e outras cidades do Sul da França. Virou sinônimo de "monstro", simplesmente, ou de "mulher feia e de mau gênio", podendo significar também "espada velha e enferrujada". Em qual dessas acepções pensava o vibrante Azevedo Júnior, ao fustigar os barões da política mineira? Há quem diga que ele tinha em mente a fidelíssima cadela de algum dos chefões do partido, de nome Tarasca.

Não havia poder à margem do partido. Não existia outro partido, aliás. "Fora do PRM não há salvação", prevenia um velho slogan da organização, apoiada, em cada canto do estado, em caciques políticos conhecidos como "coronéis", sob o comando incontrastável do ocupante do Palácio da Liberdade. Era a Tarasca, conta João Camilo de Oliveira Torres em sua *História de Minas Gerais*, que preparava, em reuniões secretíssimas, as chapas para deputados federais e estaduais, senadores estaduais e federais, presidente e vice-presidente do estado.

"Durante muitos anos, nos congressos de Minas a oposição não tinha representantes", lembra o cronista Djalma Andrade em sua *História alegre de Belo Horizonte*. "As chapas organizadas pelo PRM eram elaboradas para a vitória integral. E tinham, quase sempre, o aspecto de árvore genealógica; os chefes se faziam eleger ao lado dos filhos, genros e netos." O presidente, invariavelmente, designava o seu sucessor, consagrado em seguida em despudoradas farsas eleitorais.

No plano nacional, Minas Gerais praticamente dividia a paisagem com São Paulo, graças ao que se chamou de "política do café com leite". Três paulistas de nascimento — Prudente de Morais, Campos Sales e Rodrigues Alves — e um aditivo, o fluminense Washington Luiz, haveriam de passar pela presidência da República, ocupada também pelos mineiros Afonso Pena, Venceslau Brás, Delfim Moreira e Artur Bernardes. O café com leite foi sorvido sem problemas até o momento em que Washington Luiz tentou impor um paulista (Júlio Prestes) quando era vez dos mineiros, dando origem à Revolução de 1930, que mudou radicalmente a face da política nacional. Um dos efeitos desse movimento foi condenar à morte, em pouco tempo, os onipotentes partidos sobre os quais repousava, nos dois estados, a dobradinha Minas-São Paulo.

O PRM ainda estava bem vivo, no entanto, quando Carlos Drummond de Andrade bateu à porta de seu órgão oficial, o *Diário de Minas*. Era um jornal que não se lia como os demais. Boa parte dos leitores, por exemplo, ia direto à seção na qual se informava sobre o embarque e o desembarque de políticos na estação ferroviária de Belo Horizonte. Se a notícia se limitasse a dizer que o deputado fulano chegou ou partiu, significava que o palácio, ao menos naquele momento, não dava maior importância ao viajante. Mas se, ao contrário, viesse recheada de adjetivos, ou incluísse referência a amigos e correligionários presentes ao acontecimento, ela deveria ser entendida como sinal de que o notável em questão estava prestigiado em palácio.

Essas mensagens cifradas, na verdade, é que justificavam a existência do jornal. O resto não tinha, aos olhos do governo e da Tarasca, a menor importância — e só por isso pôde surgir e vicejar, num meio tão pouco propiciatório, uma revolucionária página de literatura, capaz de fazer do conservador *Diário de Minas* uma espécie de arauto do movimento modernista nas Gerais.

Escritores sempre houve, dentro e em torno do jornal do PRM, como em qualquer outro daquele tempo. Durante o primeiro quarto do século, a redação do *Diário de Minas* foi ninho de cultores do parnasianismo, liderados pelo poeta Mendes de Oliveira, que ali publicava uma seção de trocadilhos e quadrinhas humorísticas, semelhante à que Bastos Tigre assinava no *Correio da Manhã*, no Rio de Janeiro. O vate, que não passaria pelo dissabor de ver chegar o modernismo — foi, em 1918, uma das 230 vítimas fatais da gripe espanhola em Belo Horizonte —, era, no depoimento de Djalma Andrade, um homem "alto, musculoso, corado, vestia quase sempre um fraque de abas largas e usava coletes de cores vivas", transbordante em versos carregados de solenidade: "Põe-te em guarda, mancebo, a minha espada/ Visa somente o coração, sentido!".

Foi com a publicação dos primeiros textos de Carlos Drummond de Andrade, em 1921, que o panorama começou a mudar no *Diário de Minas*. Em fevereiro do ano seguinte, o velho jornal do PRM não dedicou uma linha sequer à Semana de Arte Moderna que se realizava em São Paulo. Pouco depois, no entanto, começaram a ecoar em suas páginas alguns estampidos da revolução em curso.

Em setembro de 1922, por exemplo — chama a atenção a professora Maria Zilda Ferreira Cury, autora de uma tese universitária sobre o *Diário de Minas* —, um artigo de Drummond comentava o romance *Os condenados*, de Oswald de Andrade, que acabara de sair em São Paulo, e fazia referência ao *Pauliceia desvairada* de Mário de Andrade. Mais adiante, em 1924, a visita dos dois Andrades a Minas — acontecimento que a professora Maria Zilda considera a Semana que os mineiros não tiveram em fevereiro de 1922 — ganhou espaço no jornal do PRM. "Minas histórica através da visão de um esteta moderno", escreveu um anônimo redator, para apresentar uma entrevista com Oswald, sob o título "Embaixada artística".

Estava em marcha a paulatina e sub-reptícia ocupação do *Diário de Minas* pelos modernistas — consumada em 1926, quando Carlos Drummond de Andrade passou de colaborador a funcionário.

Nos cinco anos que separam aquele primeiro artigo e o convite para trabalhar na redação, o poeta itabirano praticamente viveu da mesada paterna. Com invejável largueza, parece, pois vestia-se "dandinescamente" no Aquino, alfaiate da moda, segundo se pôde ler num perfilete publicado a certa altura no *Diário de Minas*. Drummond fez um absurdo curso de farmácia, no qual se formou no dia de Natal de 1925 — acabou sendo o orador da turma, numa escolha de última hora, em substituição a um colega impossibilitado de comparecer. No mesmo ano, casou-se com Dolores Dutra de Morais, moça pobre, filha de um guarda-civil. E agitou os arraiais literários com os três números de *A Revista*, a mais importante publicação dos modernistas em Minas Gerais.

Em 1926, precisando ganhar a vida, e sem a mais remota vocação para farmacêutico, Drummond rendeu-se à tradição familiar e foi ser fazendeiro em Itabira. Não podia dar certo — como ele mesmo disse, não sabia distinguir um cavalo baio de um alazão. Dolores também detestou aquele exílio rural, tornado ainda mais penoso quando sobreveio uma gravidez tubária. Nesse momento, um dos irmãos do poeta, providencialmente, correu em seu socorro e lhe arranjou um lugar de professor de geografia e português no Ginásio Sul-Americano, de Itabira.

Foi nesse interlúdio interiorano que Drummond passou a limpo, com letra caprichada, num caderno com capa de percalina verde-escura, um livro chamado *Minha terra tem palmeiras* — que não chegou a publicar, mas do qual aproveitou poemas para sua estreia, com *Alguma poesia*, quatro anos mais tarde. Mandou-o, com dedicatória, para Mário de Andrade, em São Paulo. O autor de *Há uma gota de sangue em cada poema*, com quem se correspondia desde 1924, fez anotações a lápis nas margens do caderno ("pavoroso", "lindíssimo"), desenvolvendo-as em seguida numa longa e famosa carta, decisiva para o amadurecimento literário de Drummond.

Peça preciosa do acervo Mário de Andrade, no Instituto de Estudos Brasileiros da Universidade de São Paulo, esse caderno traz anotações, também, do próprio autor. Ao pé de um poema sobre a Bahia, por exemplo, ele observou, num arroubo de sinceridade: "Cinismo! Nunca fui lá". A versão definitiva, por sugestão de Mário, ficou assim: "É preciso fazer um poema sobre a Bahia.../ Mas eu nunca fui lá".

Minha terra tem palmeiras não foi o único livro de Drummond antes da estreia. Houve mais dois, pelo menos. Um deles, *Teia de aranha*, reunião de poemas já publicados na imprensa, era um volume fino cujos originais datilografados confiou a um amigo, Lincoln de Souza, para que tentasse conseguir-lhe um editor no Rio de Janeiro. Lincoln passou o livrinho ao poeta Ronald de Carvalho, que sumiu com ele.

O outro, *Os 25 poemas da triste alegria*, organizado em setembro de 1924, havia sido datilografado e encadernado por iniciativa da noiva do poeta, que era secretária numa fábrica de sapatos em Belo Horizonte. (Dolores, gostava de contar Drummond, foi a primeira mulher a trabalhar num escritório em Minas Gerais.) O autor, anos depois, deu essa encadernação a Rodrigo Mello Franco de Andrade, que a emprestou a alguém — e aí se perdeu de vista o esmerado trabalho de Dolores. Só muitas décadas depois essa coletânea de inspiração penumbrista seria recuperada. Sobre ela escreveu o autor, em 1927:

> O que há de deplorável nestes versos é que eles são autênticos. Salvo um poema, que resultou de um movimento da sensibilidade, os demais podiam deixar de ser escritos. São exercícios à moda do tempo, tímidos e mecânicos. Não deram evasão a nenhuma necessidade íntima, não transpuseram nenhuma aventura ou experiência intelectual ou física.

Além de *Minha terra tem palmeiras*, *Teia de aranha* e *Os 25 poemas da triste alegria*, o jovem Drummond anunciou um livro que nem sequer chegou a ser escrito — não se chamasse, adequadamente, *Preguiça*.

Naquele ano de 1926, com a posse de Antônio Carlos Ribeiro de Andrada no governo mineiro, abriu-se para ele a possibilidade de encerrar sua equivocada carreira de professor e voltar para Belo Horizonte, como redator do *Diário de Minas*. O convite lhe chegou por intermédio de um amigo, integrante da sua roda literária, Alberto Campos, inteligência fulgurante, falecido muito jovem, irmão do secretário do Interior, o já influente Francisco Campos — redator, na década seguinte, da autoritária Constituição do Estado Novo.

Para quem, poucos anos antes, participara de manifestações contra o PRM — ou mesmo as comandara, como assegura o político e escritor

Paulo Pinheiro Chagas em suas memórias, *Esse velho vento da aventura* —, trabalhar no jornal do partido não deixava de ser uma situação constrangedora, de que o próprio Drummond dará conta num poema da maturidade:

Bem, contra ti me levanto, pigmeu,
gritando em frente à sacada política do Grande Hotel
os morras que é de uso em comícios inflamados
antes que irrompa a cavalaria.

De repente,

[...] sem eu mesmo saber como,
por mão de Alberto serei teu redator
no obscuro jornal que em teu nome se imprime.

(A perfeita ironia: a mão tece ditirambos
ao partido terrível. E ele me sustenta.)

Entrou como redator, embolsando quatrocentos mil-réis mensais, mas logo a inesperada demissão de um superior o instalou à mesa do redator-chefe. Promoção que o forçou a aprender, da noite para o dia, a lidar com as filigranas político-jornalísticas do *Diário de Minas*.

O diretor do jornal, dr. Moura Costa, dava uma passadinha pela redação, de fraque, às oito da noite, inteirava-se das novidades, dizia generalidades e se mandava. Drummond que se virasse para acertar o passo com os humores palacianos.

Nem sempre se dava bem. Certa vez, escreveu uma sátira a um adversário do governo e achou boa ideia ilustrá-la com uma caricatura, novidade que introduzira nas páginas do *Diário de Minas*. No dia seguinte, Mário de Lima, o chefe de gabinete do presidente do estado, lhe mandou um bilhete: Antônio Carlos não queria saber de caricaturas no jornal, que deveria ter "uma feição séria".

* * *

(Mais tarde, já calejado, redator do *Minas Gerais*, o poeta aprenderá outra lição de habilidade política mineira. Tratava-se de noticiar, nas páginas do jornal oficial, um conflito que havia ocorrido em Montes Claros, durante um comício, envolvendo o vice-presidente da República, Fernando de Mello Vianna. Naqueles conturbados tempos em que fermentava a Revolução de 30, Drummond, respondendo pelo diretor da Imprensa Oficial, Abílio Machado, julgou prudente buscar orientação diretamente com Antônio Carlos, no Palácio da Liberdade. O caso era delicado: Mello Vianna, ex-presidente de Minas, era agora oposição à emergente Aliança Liberal. Em Montes Claros, ao passar diante da casa dé dona Tiburtina, legendária líder política do Norte de Minas, houve tiroteio. Morreu um advogado e Mello Vianna saiu ferido. "Como é que você vai redigir essa notícia?", quis saber o presidente. "O tiroteio em Montes Claros...", começou Drummond — mas foi logo interrompido por Antônio Carlos: "Não. Diga assim: 'Os *acontecimentos* de Montes Claros...'". A lição de sutileza nunca foi esquecida.)

Tais preocupações, felizmente, eram adoçadas pela alegria de trabalhar com dois grandes amigos, o poeta Emílio Moura e o ficcionista João Alphonsus, que mal chegaria aos quarenta anos. Mais tarde viriam Afonso Arinos e Cyro dos Anjos. "Formávamos uma corriola muito divertida, brincávamos muito, inventávamos pseudônimos", rememorou Drummond nos anos finais de sua vida. Dirá num poema dedicado a Emílio:

O Diário de Minas, *lembras-te, poeta?*
Duas páginas de Brilhantina Meu Coração e Elixir de Nogueira
uma página de: Viva o Governo
outra — doidinha — de modernismo.

O destinatário destes versos também evocou aqueles anos de mocidade. "Precisávamos fazer barulho, quebrar a pasmaceira ambiente, ou, antes, sacudir a indiferença literária de Belo Horizonte, cidade sem editores, sem revistas, sem jornais", contou Emílio Moura numa entrevista, em 1952. "Inventávamos logo vários colaboradores, modernistas uns, outros passadistas, jogávamos estes contra aqueles, forjávamos polêmicas crudelíssimas. Drummond era inesgotável em iniciativas dessa natureza." Brincadeiras tão bem-feitas que até mesmo amigos próximos se deixavam enganar. Quando Emílio conheceu, na pensão onde morava, um jovem poeta de Cataguases, Ascânio Lopes, e o publicou no *Diário de Minas*, um dos companheiros mais chegados, Milton Campos, veio perguntar, intrigado: "Mas, afinal: o poema é seu ou do Carlos?".

Certa ocasião, para quebrar um pouco o marasmo da vida intelectual belo-horizontina, a jovem equipe do jornal teve a ideia de escolher, num concurso, o Príncipe e a Princesa dos Poetas Mineiros. Por semanas a fio a página 2 do *Diário de Minas* publicou o andamento das apurações.

Bastaria comparar a soma dos votos e a baixíssima tiragem do jornal para perceber que Drummond e seus amigos, talvez para tornar mais excitante a disputa, davam um empurrãozinho aqui e outro ali. Mas não em causa própria, seja dito, embora todos eles tenham recebido razoável votação. Chegaram a temer que uma eventual vitória do companheiro Abgar Renault, candidato bem cotado, viesse desmoralizar a promoção.

O vencedor, com 12.763 votos, foi um conterrâneo de Abgar, Honório Armond, poeta simbolista de Barbacena que, como tantos escritores da época (Manuel Bandeira, inclusive), versejava também em francês. Um de seus livros se chamou *La voix et les bonheurs*. Morreria em Belo Horizonte, em 1957, aos 66 anos. Atrás dele, no concurso do *Diário de Minas*, veio um notável das letras estaduais, Belmiro Braga, conhecido como "o Trovador de Vargem Grande", sua terra natal, ou "o Rouxinol Mineiro". Em terceiro lugar ficou Abgar Renault, que como poeta só chegará ao livro quatro décadas mais tarde, em 1968, ano em que, além de publicar *A lápide sob a lua*, vestiu o fardão da Academia Brasileira de Letras. Drummond, também inédito, não teve mais que 227 votos e foi o 29º colocado.

Entre as poetisas, a vitória coube a Julinda Alvim, de quem o tempo apagaria os versos ("Noites de Belo Horizonte,/ noites de mago dulçor,/ não há luar que desponte/ como o seu, encantador!") e até mesmo o nome, à frente de Henriqueta Lisboa, que estreara em 1925 com *Fogo fátuo*. Uma jovem carioca, Cecília Meireles, autora de *Espectros*, publicado em 1919, ficou em quarto lugar.

Com doses idênticas de ironia e polidez, Honório Armond recusou a láurea por meio de um bilhete em que se assinou "Princeps Promptorum" — o príncipe dos "prontos".

Os rapazes do *Diário* — Drummond, Emílio Moura, João Alphonsus, Pedro Nava e Martins de Almeida — simpatizavam com Armond, mas ficaram com Abílio Barreto, o futuro historiador de Belo Horizonte. Para explicar o seu "humilde voto de futuristas falhados", escreveram um longo artigo no jornal. Viam no seu candidato "o mais mineiro dos poetas mineiros". Além disso, temiam que uma abstenção pudesse favorecer a indesejada vitória de "Ninguém", que "já abiscoitou mais de dez votos neste concurso engraçadíssimo do *Diário*".

Assinalada por uma desbotada placa cinzenta, a redação do jornal do PRM, no número 1210 da rua da Bahia, esquina com Guajajaras, já se convertera, a essa altura, num dos pontos de encontro dos escritores da nova geração. Como nas redações do Rio e de São Paulo daquele tempo, lá não havia máquinas de escrever — tudo era feito à mão.

"[...] o ruído arranhado da pena do redator-chefe dominava a algazarra, na salinha da redação-revisão", documentou João Alphonsus num conto, "O homem na sombra ou a sombra no homem", que tem por cenário as espartanas instalações do jornal. O redator-chefe cuja pena arranhava o papel muito provavelmente foi inspirado em Carlos Drummond de Andrade, assim como um auxiliar de redação, "gordo e alegre", parece dissimular a figura rechonchuda do próprio João Alphonsus. A personagem principal do conto, o revisor Ricardo Dutra, o Coração de Leão, era castigado "pelo redator-chefe, poeta consagrado por geração e meia de sofredores e que se desfazia em conscienciosas explanações da mais pura arte poética".

O banheiro do *Diário de Minas* ficava no quintal, mas, por preguiça, ou para não encher de carrapicho a barra das calças, redatores e tipógrafos, à noite, urinavam do alto de uma escadinha, na porta dos fundos. Há no conto de Alphonsus uma inesquecível última cena em que o Coração de Leão, tendo desabado no escuro do quintal, aos pés da escada, se expõe a uma chuva quente, vertida por um tipógrafo distraído, e imagina que o mundo vai acabar "como merecia, num dilúvio de urina".

"Subíamos às vezes até o *Diário de Minas*", conta um dos mais ativos integrantes do grupo modernista belo-horizontino, Pedro Nava, em *Chão de ferro*, o terceiro volume de suas memórias, para retomar as lembranças no tomo seguinte, *Beira-mar*:

> Logo que se entrava era aquele barulho de impressão, o cheiro de tinta, misturado ao do tabaco, a luz crua descendo de lâmpadas nuas. Funcionários e visitas iam se abancando, os primeiros acostumados a escrever artigos, corrigi-los, rever provas conversando e sem se perturbarem com as interrupções nem com a barulhada de locomotiva que subia das tipográficas. E começava a prosa até quando todos saíam para os ventos da noite fria deixando o jornal pronto para o dia seguinte.

Outro memorialista, Afonso Arinos de Melo Franco, que lá trabalhou nessa época, deixou suas impressões num artigo sobre seu chefe, Carlos Drummond de Andrade, de 1930:

> Na redação de um vago jornal pudibundo, órgão oficioso, que as eventualidades políticas fazem oscilar barometricamente, com diferenças na pressão atmosférica, aquele sujeito inquieto escrevia continuamente, com rapidez e atenção, notícias indiferentes. Era redator-chefe e parecia interessar-se profundamente por todas as coisas sem importância, naquele jornal de tiragem limitada como as edições de luxo, composto em caixa com recursos super-realistas e com o soalho ameaçando desabamento iminente, na sala da direção.

Bem mais tarde, nas páginas de *Alma do tempo*, Afonso Arinos se queixou de que o redator-chefe em questão "mandava muito em seus dois subordinados". "Carlos Drummond dominava soberanamente a redação", escreve Afonso Arinos. "João Alphonsus e eu obedecíamos docilmente às suas ordens e instruções." O poeta, por seu turno, dizia que se o subordinado reclamava era por estar acostumado à vida mansa de "filhinho de papai".

Havia muito de verdade nisso. Precisando liquidar no clima seco de Minas uma tuberculose tratada na Suíça, Afonso Arinos tinha ido passar uns tempos em Belo Horizonte, como promotor público. Cargo para o qual, aliás, foi nomeado meses antes de se formar em direito, pelo presidente Antônio Carlos — para a indignação do jornalista Augusto de Lima Júnior.

Liminha, como o chamavam amigos e inimigos, era também historiador e pelo final da vida se tornaria famoso por sustentar teses extravagantes. Afirmava, por exemplo, que Getúlio Vargas fora assassinado e que o Aleijadinho não existiu.

A defesa da inexistência de Antônio Francisco Lisboa, há quem afirme, teria tortuosas raízes numa invencível idiossincrasia. O historiador tinha antipatia pelos Mello Franco, e tanta que teria sobrado alguma para Rodrigo Bretas, bisavô, pelo lado paterno de um deles, Rodrigo Mello Franco de Andrade. Como Bretas foi também o primeiro biógrafo do Aleijadinho, há quem diga que Liminha quis apequená-lo, pela pura e simples eliminação de seu biografado. Em outras palavras, negar a existência do Aleijadinho seria uma forma de esvaziar de qualquer mérito a obra de Rodrigo Bretas, reduzindo-a a uma peça de ficção. Esse ranço, extensivo não só à família como também aos defuntos, pois Bretas faleceu em 1860, poderia explicar, ainda, as críticas de Augusto de Lima Júnior ao Patrimônio Histórico — criado, em 1937, por Rodrigo Mello Franco de Andrade.

O fato é que o historiador, vendo Afonso Arinos ganhar emprego de promotor sem estar formado, resolveu criticá-lo nas páginas de seu recém-criado e efêmero *Diário da Manhã* — embrião, como adiante se verá, do maior jornal mineiro, o *Estado de Minas*. "Bacharel nascituro", rotulou-o Liminha no primeiríssimo número de sua folha, num artigo intitulado "Os príncipes da República". O iracundo jornalista passou ainda pelo dissabor de ver o rapaz nomeado, também, para o cargo de redator do *Diário de Minas* — solução encontrada por Antônio Carlos para engordar os setecentos mil-réis mensais que o filho de seu amigo Afrânio de Mello Franco iria ganhar como promotor público.

Foi a nomeação do "bacharel nascituro" para a promotoria, exatamente, que desencadeou no *Diário de Minas* o *imbroglio* político em meio ao qual Carlos Drummond de Andrade viu-se promovido a redator-chefe. Ao ler o ataque de Liminha no *Diário da Manhã*, o secretário do Interior, Francisco Campos, saiu em defesa de Afonso Arinos, com uma nota, não assinada, no jornal do PRM, sob o título "Palavras peremptórias".

O diretor da folha, José de Magalhães Drummond, não gostou de não ter sido consultado sobre a publicação — e também escreveu uma nota, "Palavras não menos peremptórias", na primeira página do *Diário de Minas*, reagindo contra o que considerou "intromissão de outrem" nas suas atribuições. Como Chico Campos voltasse à carga, ainda que para dar o assunto por encerrado, o diretor demitiu-se. Na reorganização da hierarquia, abriu-se então espaço ao outro Drummond, sem que os laços de parentesco com o demissionário tivessem pesado na sucessão.

O novo redator-chefe não deu boa vida ao apadrinhado do presidente Antônio Carlos — pelo contrário, confiou-lhe as tarefas mais exigentes da redação. Afonso Arinos, resmungão, fechava a cara. Sem prejuízo de sua amizade vitalícia, e quem sabe mesmo como forma de alimentá-la, os dois brincaram de brigar até a morte do poeta, em 1987.

Em 1933, a disputa pelo posto de interventor federal em Minas Gerais os colocou em trincheiras antagônicas. Afonso no *Estado de Minas*, do qual era diretor, evidentemente defendia a candidatura de Virgílio Mello Franco, seu irmão. Drummond, amigo e oficial de gabinete de Gustavo Capanema, interventor interino desejoso de se efetivar no posto, escrevia em *A Tribuna*, jornal criado em abril de 1933 pelo presidente Olegário Maciel para substituir o *Diário de Minas* — desaparecido em 1931 — como órgão oficioso do Palácio da Liberdade.

"Meu antigo chefe e eu passamos a trocar amáveis cutiladas", escreve o memorialista de *Alma do tempo*. "A mesma cortesia ferina com que eu tratava, no *Estado*, o governo de Olegário, era usada na *Tribuna* para tratar o nosso grupo político." Em dado momento, Afonso fez saber ao amigo que, ao menor ataque a Virgílio, retrucaria divulgando, inclusive com chamada na primeira página, velhos escritos de que o poeta certamente já se envergonhava.

Não ficou na ameaça. Na edição de 26 de setembro de 1933 do *Estado de Minas*, Afonso convidou o leitor a degustar, na seção literária, uma coletânea de aforismos de autoria de Carlos Drummond de Andrade, "Na curva do caminho". Sob o título "Reprodução oportuna", dizia uma nota assinada com as iniciais A. A.:

> Reproduzimos, abaixo, algumas mimosas produções do acatado beletrista mineiro dr. Carlos Drummond de Andrade.
> O mavioso bardo é também dado à prosa, conforme se verá, sendo mesmo de admirar que o vate empregue a mesma maestria com que tange a suspirosa lira no manejo da pena de prosador e polemista.
> Pode-se dizer, sem exagero, que ele se filia à gloriosa tradição dos aedos montanheses da linhagem de Belmiro Braga e Benedicto Lopes.

Pior ofensa não poderia haver, para um modernista, que se ver colocado no mesmo balaio com "o Rouxinol Mineiro" e com o derramado versejador de Paraisópolis, no Sul de Minas.

Seguiam-se pensamentos do gênero: "O homem que desce a montanha é muito mais livre do que o homem que a vai subindo...". Drummond telefonou para o amigo, avisando que iria à forra — e só não foi porque Gustavo Capanema lhe pediu que deixasse as coisas naquele ponto. Afonso terminou aquele round em vantagem. No embate político, perderam ambos: em dezembro, ao escolher o interventor de Minas Gerais, Getúlio Vargas, para estupefação geral, optou por um terceiro nome, que não estava na disputa — o do deputado Benedicto Valladares. O desenlace empurrou Afonso Arinos para a oposição; pouco depois, abandonou o *Estado de Minas* e fundou um jornal que também marcaria época em Belo Horizonte, a *Folha de Minas*.

3. Bondes e boatos

A jovem capital de Minas — dirá Drummond muito mais tarde em "Triste horizonte", o dolorido poema com que se despediu da cidade para sempre — era então "uma provinciana saudável, de carnes leves pesseguíneas". Não era, afirmou o poeta, rebatendo o "Noturno de Belo Horizonte" de Mário de Andrade, "uma tolice como as outras", era "lugar de ler os clássicos e amar as artes novas". "Uma balzaquiana com ares de grande dama", definiu-a Paulo Pinheiro Chagas em suas memórias.

O poeta Emílio Moura, numa entrevista, também registrou suas lembranças de um burgo delicioso: "A cidade começava, praticamente, na praça Sete, então 12 de Outubro, e acabava ali pelas imediações do Grande Hotel. O resto era paisagem. Pura paisagem". Tudo o que não se passasse naqueles poucos quarteirões parecia acontecer em outro planeta. Havia mesmo um subúrbio chamado Acaba Mundo — que o asfalto, décadas depois, colocaria a poucos minutos do centro da cidade.

Inaugurada a 12 de dezembro de 1897, a capital mineira só foi conhecer um automóvel — um White, com motor de vinte cavalos, pilotado por um comerciante carioca, de sobrenome Dixon, em visita à cidade — no dia 23 de julho de 1908. E não produziu um acidente automobilístico sequer antes de 1910, quando sua população já se aproximava dos 40 mil habitantes: no dia 14 de fevereiro, em frente ao Cinema Odeon, na rua da Bahia, o primeiro carro particular registrado em Belo Horizonte, da marca Benz, atropelou, sem gravidade, o acadêmico de direito Antônio Navarro, que foi atirado sobre a calçada e teve sua roupa rasgada. O proprietário e motorista do veículo, professor Antônio Aleixo — mais tarde nome de rua, mas por outros feitos —, teve o gesto cavalheiresco, que não passou despercebido, de indenizar sua vítima com um terno de casimira inglesa.

Não sem razão, as personagens de *O amanuense Belmiro*, de Cyro dos Anjos, podem ser vistas, nas primeiras linhas do romance, a constatar com melancolia que em Belo Horizonte não havia nada para fazer — a não ser, como elas, tomar chope no bar do Parque Municipal.

Com seus vinte anos, que coincidiam com os vinte do século, a cidade encarnava ao mesmo tempo a modernidade e a tradição. O atraso e a vanguarda. Emaranhava-se em contradições, em paradoxos. Pedro Nava dá notícia de cavalheiros disfarçando a cachacinha em xícaras de café, quando a bebiam nas mesas próximas à entrada do Bar do Ponto, à vista dos passantes. Mas fala também da desenvoltura com que nas farmácias se podia comprar um "boneco" de cocaína, ou do acintoso passeio em carro aberto, pela rua da Bahia, dos donos dos bordéis, para exibir à freguesia suas novas atrações. Uma casa de diversões de má fama, na rua dos Carijós — quem conta é Djalma Andrade, o cronista de *História alegre de Belo Horizonte* —, oferecia programas pouco recomendáveis, mas um cartaz à porta cuidava de prevenir equívocos: "Esta casa não é familiar". Não era mesmo, atesta Djalma.

Que nenhum rapaz ousasse abordar moça de família a quem não houvesse sido apresentado; expunha-se, no mínimo, às bengaladas de irmão ou pai. Morria-se de tuberculose a três por dois e as gonorreias demandavam interminável tratamento. Ao mesmo tempo, porém, o bisturi de um cirurgião da terra, o dr. David Correa Rabello, literalmente operava milagres em seu consultório, convertendo mulher em homem — ou, como prefere Pedro Nava, corrigindo erros gramaticais da natureza, quando esta põe no feminino o que masculino deveria ser.

A façanha, que inspirou a peça *O patinho torto*, de Coelho Netto, deu-se em 1917, quando a capital sequer completara vinte anos. Por obra e graça do dr. Rabello, a normalista Emília Soares, portadora da malformação conhecida como hipospadia, converteu-se no mancebo David, assim batizado em homenagem ao médico — cujos prodígios cirúrgicos incluíram, também, uma operação de hérnia inguinal feita em si mesmo, com anestesia local e o auxílio de um espelho.

Emília ("feia até como homem", testemunhou um contemporâneo), que na comédia de Coelho Netto se chamou Eufêmia, passou por três operações, ao cabo das quais, havia quem contasse em Belo Horizonte, teria selado a transformação jogando ao mar as tranças de colegial. Casou-se com Rufina, colega de Escola Normal por quem se apaixonara ainda mulher — e a história só não recebeu fecho de ouro porque (ao contrário do que conta Pedro Nava em suas memórias) o casal não teve filhos.

O cirurgião mineiro, morto precocemente em 1939, haveria de fazer mais duas operações do gênero (literalmente), com larga repercussão na imprensa de todo o país. Graças a ele, Belo Horizonte viu solidificar-se a fama de lugar em que rapariga podia virar mancebo. Nascido em 1923, bem depois da conversão de Emília, Fernando Sabino fala em mais de vinte casos. "Eu próprio conheci uma", escreveu ele, "da nossa turma na Faculdade: o Mário, que nos contava intimidades das coleguinhas ao tempo em que era Maria, aluna da Escola Normal."

Em meio à polêmica em torno do filme *Diana, a caçadora*, em abril de 1920, o nome do médico foi mais uma vez lembrado. Um jornal de Belo Horizonte, *A Notícia*, publicou um bem-humorado palmo de texto comentando o acontecimento — e informando que a Diana em questão, "d'olhos de fogo, penetrantes, tentadores, de formas diabólicas", cansada de provocar e excitar "a juventude doidivanas e a velhice azeiteira", decidira transformar-se em homem, e que para isso programava recorrer aos serviços do dr. David Rabello. Tratava-se, na verdade, de um anúncio da Casa Guanabara, em cujas vitrines Diana teria visto roupas masculinas — bonitas ao ponto de fazê-la querer mudar de sexo.

Histórias como esta faziam a delícia dos frequentadores do Bar do Ponto, assim chamado porque abria suas portas para um abrigo de bondes, na avenida Afonso Pena. Instalado em 1907 pelos irmãos Felipe e Miguel Longo, resistiu até o final dos anos 30, no térreo de um sobradinho de dois andares, onde décadas mais tarde se espetou o Othon Hotel, com seus 25 pavimentos. No andar de cima havia um precursor do Othon, o Hotel Globo, que mais tarde perdeu a autocrítica, passando a se chamar Palácio. Ao lado, na rua Tupis — quem lembra é o memorialista Delso Renault, irmão do poeta Abgar, em *Chão e alma de Minas* —, existiu um bar cujas características estão resumidas no nome pelo qual era popularmente conhecido: Cu sujo. Ficava aberto a noite toda, e por isso lá iam muitos jornalistas. Um dos habitués, nos anos 30 e 40, era Milton Amado, cronista de *O Diário*, competente tradutor, entre muitos outros, de Edgar Allan Poe e de Miguel de Cervantes.

Mas o que contava mesmo era o mitológico Bar do Ponto, que acabou estendendo sua denominação a toda a região em torno. Praticamente não houve escritor ou jornalista que por ali tivesse passado sem registrar suas lembranças e impressões do Bar do Ponto.

"Lá se praticavam todos os negócios", escreve José Clemente, pseudônimo do cronista Moacyr Andrade, irmão de Djalma. "Só se marcavam encontros no Bar do Ponto. Homens de negócios, estudantes, advogados, namorados, tinham de encontrar-se lá. Era ali que os agiotas emprestavam dinheiro e onde os devedores iam levar-lhes os juros mensais de 10 por cento."

Para o poeta e romancista Guilhermino Cesar, o Bar do Ponto era "o umbigo", a "meca boateira de Belo Horizonte", "polpa dos ódios e das paixões, o sal da maledicência viva", por onde passavam "todos os bondes e boatos". Pedro Nava confirma, conta que "as linguinhas trabalhavam" ante o desfile dos transeuntes. O que lá se dizia, acrescenta Djalma Andrade, "valia como a opinião pública". Tanto isso era verdade que os poderosos do PRM, o Partido Republicano Mineiro, na hora de organizar as chapas de candidatos, mandavam suas orelhas ao Bar do Ponto, em busca de aprovação para os nomes pré-selecionados.

"O governo temia aquele centro de palpites e maledicência", relata Djalma em sua *História alegre de Belo Horizonte*. "Políticos e figurões passavam ao largo, fugindo dos grupos que ali se postavam para fazer comentários acres sobre os homens e os fatos do dia." Uma fauna implacável contra a qual Carlos Drummond de Andrade andou jogando farpas. "Eu não tenho pena dos basbaques que anoitecem no Bar do Ponto, vendo a vida passar e as mulheres passarem", escreveu o poeta numa crônica. "Tenho pena é do Bar do Ponto, que suporta esses basbaques."

Em 1930, com a revolução que depôs Washington Luiz, desmorona-se a República Velha, e pouco mais adiante o já carcomido PRM — mas não a "meca boateira" de que fala Guilhermino. Em outubro de 1933, Don Ruy — pseudônimo do cronista Djalma Andrade —, titular da crônica social versificada da revista *Belo Horizonte*, anota que "o Bar do Ponto devora com alegria/ duas ou três reputações por dia...".

Havia outros bares famosos na cidade — como o Café Paris, não longe dali, na rua da Bahia, quase esquina da Afonso Pena, reduto, segundo Djalma Andrade, de poetas simbolistas, "aqueles moços pálidos e magros" e suas "paixões tenebrosas por mulheres inatingíveis". Ou o Café Íris, na Afonso Pena, onde se reuniam, primeiro, torcedores de futebol, e, mais adiante, adeptos do integralismo. Ou, ainda, o Java, na esquina da rua Tupinambás com a avenida Amazonas, ponto de estudantes, operários e jornalistas.

O Trianon, na rua da Bahia, propriedade de dois irmãos espanhóis, Eloy e Mamede Caldelas, deixaria em muitos frequentadores uma indelével nostalgia de suas empadinhas — "as mais suntuosas empadinhas que já comi no mundo", garante Nava em seu *Beira-mar*: "Eram pulverulentas apesar de gordurosas, tostadas na tampa, moles do seu recheio farto de galinha ou camarão. Desfaziam-se na boca. Difundiam-se no sangue". As gerações seguintes chegaram a saborear tais maravilhas. Fernando Sabino registrará uma conversa em Madri, em 1958, em que o contista Murilo Rubião, vivendo então longe da terra, evocou, com emoção mais do que gastronômica, as famosas empadinhas do Trianon. "Seus olhos", contou Sabino, "brilhavam como à lembrança de uma namorada que ele também houvesse saboreado naquele tempo". Nos anos 40, os jovens escritores por vezes atravessavam a rua e se abancavam na Confeitaria Elite, que ficava em frente ao Trianon. O mais assíduo foi o poeta Alphonsus de Guimaraens Filho, que namorou e se casou com Hymirene Papi, filha do proprietário da confeitaria.

Houve um momento, diz Pedro Nava, em que o Trianon deixou de ser propriamente um bar para se converter numa "lapa de animais irados", num "fojo de brutas feras", numa "rinha de valentões ameaçadores — gente de cadeirada fácil e garrafada pronta". Nesse particular, aliás, a casa rivalizava com o Bar do Ponto, palco, entre muitos entreveros históricos, de uma troca de tiros e bengaladas protagonizada por professores de odontologia e farmácia, em janeiro de 1920.

Bebia-se também no bar do Grande Hotel, na mesma rua da Bahia, esquina da avenida Paraopeba, como até 1936 se chamou a avenida Augusto de Lima. Com dois andares (aos quais mais tarde se acrescentou um terceiro) e 52 quartos, seria por muito tempo o melhor hotel da cidade. Tinha um restaurante de primeira, merecedor de um verso no "Noturno de Belo Horizonte", de Mário de Andrade, que lá se hospedou pela primeira vez em 1924:

Os pratos nativos são índices de nacionalidade.
Mas no Grande Hotel de Belo Horizonte servem à francesa.
Et bien! Je vous demande un toutou!

Inaugurado no ano da instalação da capital, 1897, o hotel foi destruído por um incêndio em novembro de 1908 (conta-se que, ao desabar o piso superior, caiu com ele um piano, que se pôs a tocar, sozinho, em meio às labaredas que o consumiam). Reerguido em poucos meses, o Grande Hotel existiu até 1957, quando, já decadente, cedeu espaço a um edifício que, tanto quanto ele, haveria de ter enorme importância na vida da cidade, a partir de 1961, pelas mudanças de comportamento que introduziu: o Conjunto Archangelo Maletta (homenagem a um de seus proprietários), com seus 319 apartamentos, 642 salas, 129 lojas — muitas delas ocupadas por bares e inferninhos — e, grande novidade, a primeira escada rolante de Belo Horizonte.

Ainda na rua da Bahia, um pouco abaixo do Grande Hotel, entre a Paraopeba e a Goitacazes, funcionava a Confeitaria Estrela, orgulhosa de brilhar "de dia e de noite", conforme alardeava em seus anúncios, e em cujas mesinhas de mármore e pés de ferro ancorou mais de uma geração literária. Bar ou café, mais do que confeitaria, a ela toda a gente se referia no masculino: *o* Estrela. Apresentava-se orgulhosamente como "uma casa de elite, frequentada pelas famílias de escol e preferida pelos acadêmicos de *linha*", tendo se tornado, "não só pela presteza e amabilidade dos seus serviços de garçons como também pela modicidade de seus preços, a confeitaria querida da nossa sociedade". "Parai um pouco, leitoras, e entrai", convidava um dos reclames do estabelecimento, publicado na edição de novembro de 1919 da revista *Minas em Foco*. "Deveis dar preferência à Confeitaria Estrela, onde sereis servidas com a maior distinção."

Por algum tempo, pouco antes de 1920, lá faziam ponto os redatores e colaboradores da revista *Vida de Minas*, em sua quase totalidade adeptos do parnasianismo. Provavelmente não desconfiavam de que entre eles havia um quinta-coluna do futurismo, aquela praga italiana que em breve desembarcaria no Brasil para hostilizar o soneto. Era o contista e romancista Aníbal Machado, então com vinte e poucos anos (nasceu em dezembro de 1894), de quem o tempo faria uma das figuras mais interessantes da literatura brasileira do século XX, em contraste com a magreza física de sua obra, praticamente resumida a um romance (*João Ternura*), um livro de contos (*A morte da porta-estandarte*) e uma coletânea de anotações, poemas e histórias curtas (*Cadernos de João*).

Aníbal era dono, já, de razoável reputação literária na praça, graças aos artigos que vinha assinando não só na *Vida de Minas* como em outros jornais e revistas de Belo Horizonte — quase sempre sob o pseudônimo Antônio Verde, composição onomástica que homenageava dois escritores portugueses de sua admiração: António Nobre e Cesário Verde. Mais tarde, passou a assinar-se Aníbal M. (de Monteiro) Machado. Um de seus primeiros textos publicados, conta o biógrafo Renard Perez, saiu na *Vida de Minas* e se chamou "O sentido das estátuas" — "página pretensiosíssima, meio metafísica, e que o autor, mais tarde, não conseguirá decifrar...".

Há sinais da passagem do futuro romancista de *João Ternura* pelas páginas de *Vita*, revista que existiu entre 1913 e 1915, editada pelo mesmo grupo que em seguida faria a *Vida de Minas*, e que exibia, entre seus colaboradores, os nomes prestigiosos de Alphonsus de Guimaraens, Belmiro Braga, Da Costa e Silva e Gilka Machado.

Tem-se notícia, igualmente, dos dons oratórios do jovem literato de Sabará, escolhido por seus colegas na Faculdade Livre de Direito de Minas Gerais para discursar na cerimônia de formatura, no primeiro dia do ano de 1918. Foi também Aníbal Machado quem saudou Olavo Bilac, em nome do Club Acadêmico, quando de uma visita do poeta a Belo Horizonte, em agosto de 1916, apoteótica o bastante para merecer uma edição especial da *Vida de Minas*. Em seu discurso, que o *Minas Gerais* houve por bem transcrever de ponta a ponta, seria difícil reconhecer o escritor modernista que pouco depois se revelaria:

> Eu queria que a primavera tecesse, pelo milagre de suas mãos nupciais, uma guirlanda de rosas votivas e uma túnica de luz, para coroar a fronte do Poeta e vestir os membros do apóstolo, sobre os quais pesam confiantes as aspirações de uma raça e os sonhos mais belos de uma nação e, em meio dessa alegria deslumbradora em que a natureza comungasse conosco num pacto glorificador, vós sentiríeis, ao atirar as folhas secas do vosso outono ilusório na cálida fronte dos moços, o ímpeto que os possui, o entusiasmo que lhes arde no sangue e a comovida exaltação que lhes freme na alma.

Além das já citadas, Aníbal Machado estabelecera também uma reputação desportiva, surpreendente e até inverossímil para quem se lembre de sua figura miúda, merecedora do apelido Pingo. Mas lá está, nos anais do Atlético Mineiro: foi ele o autor do primeiro gol da história do clube, marcado a 21 de março de 1909. Fundado em 1908, no coreto do Parque Municipal, por um grupo de 22 adolescentes interioranos de treze a dezessete anos (do qual Aníbal não fazia parte), o Atlético só foi a campo um ano depois, para vencer por 3 a 0 o efêmero Minas Sport Club, em partida jogada em seu primeiro estádio, na rua dos Guajajaras, entre Curitiba e São Paulo. (Toda noite, informa Adelchi Ziller, o historiador do clube mineiro, era preciso remover as traves, para que os vizinhos não as transformassem em lenha.)

O meia-direita atleticano tinha então catorze anos. Embora os arquivos de Ziller não desçam a tais detalhes, é provável que ele tenha feito o seu gol no primeiro tempo — pois Aníbal, afirmava sua filha Maria Clara Machado, só tinha fôlego para correr os 45 minutos iniciais de um jogo.

Na época em que começou a frequentar as rodas literárias, o escritor, ainda solteiro, vivia em casa dos pais, na rua Tupis, no lugar onde mais tarde se construiu o Cinema Tupi, depois Jacques. Para lá voltou por um tempo, já casado. Nessa época, num porão cheio de livros, Pedro Nava ouviria dele a leitura dos primeiríssimos trechos de *João Ternura*, o legendário romance que, iniciado em 1922, talvez antes, só estaria concluído às vésperas da morte do autor, em janeiro de 1964, tendo sido publicado no ano seguinte. Numa daquelas conversas, no comecinho de 1922, Aníbal recomendou a Nava que tratasse de conhecer um talentoso escritor da nova geração — um certo Carlos Drummond de Andrade. O primeiro encontro dos dois não tardou, foi logo em fevereiro, inaugurando uma camaradagem que se estenderia por mais de sessenta anos, até o suicídio de Nava, em 1984.

Foi também da boca do amigo mais velho que o memorialista de *Baú de ossos* ouviu as primeiras referências a escritores como Laforgue, Samain, Verlaine, Rimbaud — pois Aníbal já era então o que seria pela vida afora: um incansável divulgador e agitador cultural. Mais adiante, no Rio de Janeiro, sua casa em Ipanema haverá de funcionar como um fervedouro das artes e das ideias, sobretudo nas noites de domingo — as célebres "domingadas" (ou "domingueiras", como também se dizia) de Aníbal Machado, movidas por mais de três décadas a batida de limão.

Ali era possível ver Vinicius de Moraes dançando *boogie-woogie*, Fernando Sabino entretendo as crianças com uma sessão de mágicas e Tonia Carrero — que todos chamavam de Mariinha — resplandecendo no auge de sua juventude. Por lá passou o que de melhor havia na cultura e nas artes brasileiras, além de cintilantes forasteiros em trânsito: escritores como Albert Camus, Pablo Neruda, Gabriela Mistral e Nicolás Guillén, atrizes de cinema como Janet Gaynor e Martine Carol, ou de teatro, como Jean-Louis Barrault e Madeleine Renaud.

"Aquela sala, na casa da rua Visconde de Pirajá — e o estranho e confortável anexo, no jardim, que servia de *studio* — eram teatro de muitas noites de conversa agitada, de música folclórica, de debates sem fim", evocará o crítico Otto Maria Carpeaux alguns meses após a morte de Aníbal.

> Muita gente passou por lá. Muitos novos receberam ali a iniciação literária e muito livro foi ali batizado. [...] Nenhuma estatística verificará jamais quantos livros importantes, bons ou sofríveis, qual parte da literatura brasileira entre 1930 e 1960, foram concebidos nas conversas daquela sala da rua Visconde de Pirajá; e quanta música boa se inspirou nos cantos folclóricos ali ouvidos.

Em 1926, já morando no Rio de Janeiro, Aníbal era apresentado, no monumental livro *Minas Gerais em 1925*, calhamaço de 1492 páginas, em formato grande, organizado para o governo do estado pelo jornalista carioca Victor da Silveira, como "um dos primeiros prosadores de Minas". "Cultura onímoda", informa o verbete a ele dedicado, "senhor de um estilo próprio, a seus escritos, sempre pontilhados de humor, Aníbal Machado transmite, em linguagem escorreita, todo o vigor de sua imaginação criadora, nas mais belas páginas."

Pena, lamentava o autor da apresentação, "que os escritos desse intelectual de raro merecimento estejam espalhados em jornais e revistas, quando a reunião dos trabalhos desse pensador elegante e culto em livro seria um acontecimento gratíssimo para as rodas mentais do país". Isso só viria a acontecer quase vinte anos mais tarde, em 1944, quando, pressionado por amigos a assumir a presidência da Associação Brasileira de Escritores, Aníbal Machado reuniu meia dúzia de contos no volume *Vila feliz*, posteriormente engordado para *Histórias reunidas*, de 1959, e um pouquinho mais para *A morte da porta-estandarte e outras histórias*, de 1965. Até 1944, tudo o que ele havia publicado sob a forma de livro era uma plaquete sobre a influência do cinema (uma de suas paixões) na vida moderna.

Homem de esquerda até o fim de seus dias, Aníbal teve atuação importante no congresso de escritores realizado em São Paulo em janeiro de 1945, uma das manifestações que contribuíram para a derrocada da ditadura do Estado Novo, em outubro daquele ano. Irmão de Cristiano Machado, político que chegou a concorrer à presidência da República, em 1950, sendo derrotado por Getúlio Vargas, Aníbal também experimentou, em dado momento, a tentação das urnas. Em 1945, embora vivesse no Rio de Janeiro, aceitou candidatar-se a deputado federal em Minas Gerais, pelo recém-legalizado Partido Comunista Brasileiro. Não se deu ao trabalho de sair à cata de eleitores — e, tendo recolhido apenas dez votos, encerrou ali sua vida de homem público.

A "roda mental" que Aníbal Machado frequentava, por volta de 1920, era, como vimos, a dos passadistas da revista *Vida de Minas*. Logo seria desfeita, nas mesas da Confeitaria Estrela, pelo vendaval modernista que se anunciava, para irremediável desgosto, entre outros, de Djalma Andrade. O cronista registrou em seus diários, no mês de setembro de 1921, e teve a humildade de publicar na revista *Alterosa*, dezenove anos depois, sua impressão de que "a escola chamada futurista" nada conseguiria em Minas. Essas quase duas décadas se encarregaram de fazê-lo ver o seu engano, trocado por uma postura de ressentida nostalgia.

"Esse brilhante período da vida literária de Belo Horizonte", escreverá então o autor da *História alegre de Belo Horizonte*, referindo-se aos anos do fastígio do parnasianismo, "terminou com o advento do Modernismo. Confundiram-se as línguas. Rapazes desatinados invadiram o templo de Apolo e quebraram as estátuas dos deuses imortais..."

4. Do alto de um viaduto

Os "rapazes desatinados" a que Djalma Andrade se refere começaram a juntar-se em 1921. Eram todos estudantes e muitos já trabalhavam. Cada vez mais amplo, o grupo, segundo Pedro Nava, tinha quatro figuras centrais: Drummond, Emílio Moura, Milton Campos e Alberto Campos. Alguns — Milton, Gabriel Passos, Abgar Renault, Gustavo Capanema — fariam carreira na política; o primeiro iria mais longe que os demais nesse caminho, tendo sido governador de Minas entre 1947 e 1951, e, posteriormente, senador e ministro da Justiça.

Como tudo o mais em Belo Horizonte, a vida daqueles moços se organizava em torno da rua da Bahia: iam ao cinema no Odeon, tentavam a sorte na casa lotérica de Giacomo Aluotto, bebiam no Estrela ou no Trianon, compravam livros na Francisco Alves e, de madrugada, sentavam-se para conversar à porta da Caixa Econômica, no cruzamento com a avenida Álvares Cabral. No Grande Hotel, em 1924, tiveram seu primeiro encontro com Mário e Oswald de Andrade, decisivo para a formação de todo o grupo.

Que não era propriamente um grupo literário, insistia em esclarecer Drummond vida afora. "Não fizemos força para isso", dizia. "Não lançamos manifesto. Não elaboramos estratégia literária." Amavam a literatura, simplesmente, brincavam de modernismo. "Escrever era bom", evocou o poeta em suas "Confissões pelo rádio" — série de entrevistas a Lya Cavalcanti, para a Rádio Ministério da Educação e Cultura, nos anos 50 —, "sobretudo para mostrar aos companheiros de café, quando cada um de nós sacava do bolso os seus produtos literários do dia e expunha-os à crítica informal dos outros."

Drummond nunca esqueceu a noite em que, estando a turma em torno de uma das mesinhas de mármore do Estrela, ele sacou do bolso do paletó "um sonetinho" e o fez circular entre os amigos. Todos — Abgar Renault, Milton Campos, João Alphonsus, os demais — leram sem comentários. "Eles foram piedosos o bastante para não dizer que estava uma droga", contou o poeta numa entrevista. Emílio Moura, enquanto viveu, divertiu-se com a lembrança de outra noitada, em que um deles mostrou aos amigos dois poemas recém-feitos. "Estão bons, é claro", sentenciou Pedro Nava, que naqueles começos era poeta, crítico de arte e desenhista. "Mas o seu forte é mesmo a prosa, não há dúvida."

O autor dos poemas era Carlos Drummond de Andrade.

Embora não chegasse aos "excessos" dos modernistas de São Paulo, a produção dos moços de Belo Horizonte era mal recebida pelo *establishment* local, literário ou não, que se pôs a olhar torto para aqueles "rapazes desatinados". A revista *Semana Ilustrada*, por exemplo, dirigida por dois jovens alagoanos — Romeu de Avellar, o contista de *Tântalos*, que Carlos Drummond elogiara em seu primeiro artigo no *Diário de Minas*, e seu irmão Delorizano Morais —, não poupava o grupo modernista. Num artigo em novembro de 1927, Delorizano arriscava um "Prognóstico do Futurismo":

> Há, inegavelmente, uma profunda inconsciência nos escritores que se intitulam de *futuristas*. Temperamentos excessivamente nervosos e, de conseguinte, debilitados, eles têm, com certeza, diminuídas a atividade ideo-

motriz e a função cerebral de coordenação, garantidoras do justo senso crítico e da compreensão nítida do ridículo. Daí o *desvairismo* e o fenômeno consequente de transporem, para a literatura, as sensações impulsivas de seus instintos libertos do controle da razão.

Da psicologia, Delorizano passava à profecia: "[...] *O futurismo* vai morrer em breve no Brasil. Os elementos sãos do nosso organismo literário resistem valentemente à ação depressora das suas toxinas virulentas, mas pouco numerosas. Não lhe damos um lustro de vida."

Atacados, os "futuristas" não hesitaram em reagir. Conta Pedro Nava: "As agressões tinham partido do ambiente e o que fizemos de desmandos em Minas, de 1922 até cerca de 1925, foi apenas legítima defesa contra uma cidade voltada contra nós e contra quem ela, cidade, rompera as hostilidades". A vingança consistia, por exemplo, em vaiar os políticos do PRM, atividade em que Nava, segundo Drummond, era mestre. Em suas memórias, Paulo Pinheiro Chagas narra um episódio de que foi testemunha, nos anos 20, durante homenagem a um dos notáveis do PRM:

> Compacta multidão se comprimia em frente ao Grande Hotel, onde se hospedava o homenageado. Havia alguns milhares de manifestantes, gente aguerrida e disposta a tudo. Pois da sacada de onde falavam os oradores viu--se às tantas, na esquina oposta, um movimento desusado, assim como um começo de conflito, em razão de elementos que procuravam perturbar a manifestação. Eram quatro ou cinco provocadores que, sob o comando dos poetas Carlos Drummond de Andrade e Pedro Nava, duros lutadores antibernardistas, haviam resolvido lavrar seu protesto, enfrentando aquele mundo de gente. O gesto não era novo. Anteriormente, em oportunidade semelhante, já os dois poetas haviam desafiado a multidão perremista de um *meeting,* gritando "morras" a Afonso Pena Júnior (em quem vaiavam Bernardes), figura de prol do velho PRM. Homem de espírito, Afonso Pena Júnior acolhera de bom humor a provocação, retrucando com vistas à magreza de Drummond: "Praga de urubu não mata cavalo gordo".

(Afonso Pena Júnior, aquele mesmo que soubera ver nos primeiros versos de Drummond uma novidade comparável à dos elevadores Otis, era um homem sem ressentimentos. As divergências políticas e literárias não o impediram de beber uísque — de que entendia como poucos — e papear cordialmente com o poeta, anos depois, no Rio de Janeiro.)

É ainda Nava quem relembra: "Queríamos a deposição do presidente do Estado, o encarceramento dos seus secretários, um esbordoamento de deputados e uma matança de delegados. E, enquanto não vinham os morticínios exemplares, derivávamos contra a cidade e os concidadãos". Um dos recursos para *épater le bourgeois* consistia em trocar, de madrugada, as placas dos médicos, dentistas e advogados, nas fachadas de suas casas ou consultórios. Até mesmo o circunspecto poeta Abgar Renault vez por outra se entregava a esse tipo de estripulia — numa palestra em Belo Horizonte, confessou ter contribuído para modificar os dizeres de uma placa, transformando um oculista em "ocultista".

Havia brincadeiras menos inocentes. Num episódio registrado pelos dois autores, respectivamente em prosa e verso, Nava e Drummond, uma noite, puseram fogo na casa das Vivacqua, moças simpáticas de Cachoeiro de Itapemirim, cujos saraus literários costumavam frequentar. Eles mesmos se apressaram em apagar o começo de incêndio, e teriam passado por heróis aos olhos das assustadas moradoras da casa se um guarda-noturno não tivesse testemunhado toda a cena.

Correu a versão de que o intuito dos dois incendiários era criar uma situação de pânico que lhes permitisse ver as moças de camisola. Drummond garantia, porém, que tudo não passara de uma adaptação belo-horizontina do "ato gratuito" imaginado por André Gide. Quanto a Nava, procurava reduzir o caso a suas exatas proporções, afinal modestas: foi um foguinho apenas, dizia, e não queimou nada, "só as nossas reputações".

Tornou-se ainda mais célebre o alpinismo urbano posto em moda por Carlos Drummond de Andrade, que, ao voltar para casa, no bairro da

Floresta, tarde da noite, no final dos anos 20, às vezes escalava um dos arcos do recém-construído viaduto de Santa Teresa, o do lado direito de quem segue para o bairro da Floresta. Conservou esse hábito até pelo menos os trinta anos de idade, pois um companheiro mais novo, Orlando M. de Carvalho, futuro professor da Faculdade de Direito e reitor da universidade, vai se lembrar de haver subido com ele e Guilhermino Cesar por volta de 1932. Guardou a memória, também, do romancista Cyro dos Anjos implorando lá embaixo: "Mas vocês têm família, não façam isso!".

Uma noite, quando se equilibrava no ponto mais alto do arco do viaduto, Drummond recebeu voz de prisão, e desafiou o guarda a ir prendê-lo nas alturas. O homem julgou mais prudente relaxar a prisão.

Vinte anos depois, a chamada geração de 45, que não admirava apenas as façanhas literárias do poeta, tratou de imitar, ritualmente, as escaladas noturnas no viaduto. Agora, eram Fernando Sabino, Otto Lara Resende, Paulo Mendes Campos e Hélio Pellegrino que subiam e desciam, correndo, pela estreita faixa de cimento, com menos de um metro de largura, enquanto um companheiro mais velho, João Etienne Filho, em pânico, lhes rogava que descessem.

Também na geração Suplemento, nos anos 60, houve quem procurasse atingir, se não os cumes da arte literária, pelo menos o alto do viaduto. O qual, com o passar das décadas, foi se agigantando na imaginação dos que sobre ele escreveram. "Sua altura é vertiginosa", disse Pedro Nava em *Beira-mar*. Cinquenta metros de altura, calculou Fernando Sabino no *Encontro marcado*. Na segunda edição do romance, o viaduto foi rebaixado para trinta metros — ainda assim um exagero: do ponto mais alto à linha férrea, são menos de dezessete metros. O que de forma alguma apequena o feito de Drummond e seus seguidores: cair lá de cima seria como despencar de um sexto andar.

E havia, mais difíceis de imitar, os escândalos literários promovidos pelos jovens modernistas, logo conhecidos como o Grupo do Estrela. O maior deles certamente foi a publicação, em 1928, do poema "No meio do caminho", de Drummond, na *Revista de Antropofagia* de Oswald de Andrade. Escândalo nacional e de longa duração. Tamanho foi o escarcéu que em 1967 o autor pôde reunir os muitos vitupérios e os poucos elogios num volume encorpado, *Uma pedra no meio do caminho — Biografia de um poema*. Aqueles dez versos, disse Drummond, serviram para dividir o país em "duas categorias mentais".

A divisão, na verdade, já era nítida alguns anos antes de "No meio do caminho" — pode ser datada de julho de 1925, quando o Grupo do Estrela editou o primeiro número de *A Revista*.

Não que fosse uma publicação radical, disposta a incinerar o parnasianismo — pelo contrário, seu cardápio levava em conta uma sugestão mineiríssima de Mário de Andrade, de misturar modernistas e passadistas. Convinha, soprou ele, não incorrer no mesmo equívoco da *Klaxon*, de São Paulo, que em sua curta existência — maio de 1922 a julho de 1923 — não abrira a mínima fresta ao que não fosse rigorosamente novo.

"Misturem o mais possível", recomendou Mário. Nem precisava sugerir: "Mesmo que tentássemos fazer uma revista exclusivamente modernista, não conseguiríamos", explicou Drummond sessenta anos depois. "O nosso grupo não era bastante forte, nem numeroso, para fazer uma revista de 40, 50 páginas só de um ponto de vista, de um ângulo modernista."

Os rapazes até exageraram na mistura receitada por Mário de Andrade — acolheram, entre outras velharias, a prosa rebarbativa do jurista Orosimbo Nonato, professor de direito civil e ministro do Supremo Tribunal Federal:

> Hoje em este dia, vinte e nove de Dezembro, dia de S. Tomé, caiu-me aos olhos, por acerto, uma página de Constâncio Alves sobre as tribulações deste glorioso discípulo de Jesus; o qual discípulo, segundo o ilustre acadêmico, não merece o oblívio em que o relegam os crentes, à conta, quiçá, do momentâneo ceticismo...

Não foi o bastante para evitar as bordoadas que imediatamente desabaram sobre os editores da *Revista*.

A mais violenta partiu de João Cotó, pseudônimo do escritor Eduardo Frieiro, que a 20 de agosto publicou no jornal *Avante*, de Belo Horizonte, um artigo intitulado "Brotoeja literária". Foi ele quem se referiu a Drummond, sem citar-lhe o nome, como "aquele mocinho esgrouviado, que tem cara de infusório", para em seguida informar: "Mais da metade da revista escorreu-lhe da pena. Espremeu o cérebro. Espremeu mesmo tudo o que em fermentação lhe escaldava o caco, e que não era muito; apenas a borra das últimas, apressadas leituras de revistas francesas. Agora está aliviado. E os leitores também".

Sobraram farpas, também, para Pedro Nava — "o jovem esteta P.", que "banca o crítico de arte" mas que "de pintura só conhece os quadros do Xisto Vale, expostos ali na vitrine da Casa Guanabara" — e, um pouco menos virulentas, para Emílio Moura, "o esguio poeta M.". O autor do artigo é impiedoso com a "feitura gráfica roceira" da *Revista* — impressa nas limitadíssimas oficinas do *Diário de Minas* —, antes de concluir que a publicação é "perrengue de físico e de miolo".

No que diz respeito ao físico, não há como discordar do julgamento de Eduardo Frieiro, perito em artes gráficas. O próprio Drummond falará dele como um homem "esquivo e sardônico, mas excelente praça na hora de ajudar e de bolar requintes gráficos".

Foi como aprendiz de tipógrafo, exatamente, que esse filho de imigrantes espanhóis, nascido em Matias Barbosa, começou a trabalhar no *Minas Gerais*. Tinha só o curso primário. Certo dia, encarregado de compor o livro *Raízes e cognatos*, de Carlos Góes, uma autoridade em língua portuguesa, Frieiro teve a audácia de pescar e corrigir um erro nos originais. "O senhor tem toda razão", reconheceu Góes humildemente. "Fiz novas consultas e verifiquei que o senhor está certo."

Frieiro subiu a revisor por concurso, passado já dos trinta anos, chegando mais tarde a redator e a secretário do *Minas Gerais*. Subiu também fora da Imprensa Oficial — embora não tivesse mais que o curso primário, foi professor de literatura espanhola na Universidade

Federal de Minas Gerais. Na década de 50, organizou com extrema competência a Biblioteca Estadual de Minas Gerais, da qual foi diretor durante nove anos.

Sua reputação de escritor de qualidade, estabelecida com a publicação de livros como *A ilusão literária* e *Os livros, nossos amigos*, jamais foi posta em dúvida, antes ou depois de sua morte, em 1982, à beira dos noventa anos. Era, sem prejuízo disso, um homenzinho áspero, enfezado, de língua afiada. "Maldizente, sim; malfazejo, nunca", definiu-se certa vez. Nas páginas do *Avante*, fustigou sem descanso os modernistas, em geral sob o pseudônimo Bento Pires.

No dia 20 de agosto de 1940, num arroubo de que logo se arrependeu, Eduardo Frieiro pôs fogo nos 22 cadernos de seu *Diário de um homem secreto*, 4 mil páginas escritas ao longo dos últimos dez anos. Ali — explicou à mulher, ao pé da fogueira — só havia "maldade, inconveniências, orgulho, peçonha, muita peçonha. E sobretudo muitas tolices".

5. Um caderno de fel

Difícil imaginar o que ardeu de veneno com aqueles cadernos, quando se vê o que sobrou para as páginas do *Novo diário*, que Eduardo Frieiro começou a escrever em seguida. Publicado postumamente, em 1986, este é um livro tão fascinante quanto cruel. Raríssimas reputações escapam à pena vitriólica do autor, e mesmo essas escassas ilhas de benignidade têm seu tanto de polêmico. Frieiro simpatiza, por exemplo, com dois ditadores — Getúlio Vargas e o argentino Juan Domingo Perón. Considera a imprensa uma "porcaria" e não esconde seu desprezo, "cada dia maior", "pelas opiniões de jornalistas e literatos".

Os jornais, reclama, pagam uma ninharia a seus colaboradores, sendo ainda pior a situação em *O Diário* (que se anunciava como "o maior jornal católico da América Latina"), onde "só dão indulgências e absolvições". Mas Frieiro deixa à mostra uma ponta de vaidade quando descobre estar ganhando mais que os confrades. *O Estado de Minas* acaba de convidá-lo para escrever um rodapé semanal, ganhando duzentos cruzeiros por artigo. "Não é muito, embora seja excepcional na província", anota o escritor em seu diário. "Em Belo Horizonte, essa remuneração é um *re-*

cord. A *Folha de Minas* pagou-me, de 1937 a 1940, 50 cruzeiros, e eu era o único colaborador que recebia tanto. A Rádio Inconfidência pagava-me também 50 cruzeiros pelo meu *Boletim literário*, ao passo que os outros colaboradores só recebiam 30." Frieiro não esconde sua raiva sempre que o prefeito Juscelino Kubitschek convida "literatos de nome" a visitar Belo Horizonte. "Festeja-os, banqueteia-os, afaga-os", escreve ele. "Alguns — poucos — merecem as homenagens. Outros — a maioria — são uns bundas-sujas, uns literatos de segunda ou terceira zona." Quando Juscelino promove uma Exposição de Arte Moderna, em 1944, ele registra em seu diário a convicção de que "os artistas e literatos, campeões da arte moderna, são todos comunistas", e a arte de vanguarda "uma das armas de propaganda dos bolchevizantes das Américas".

O revolucionário conjunto arquitetônico da Pampulha — o Cassino, a Casa do Baile, o Iate Clube e a igreja de São Francisco de Assis —, que o jovem prefeito estava construindo, não passava de "uma criação típica do capitalismo: obra do vício e, enfim, do capital, que o luxo fomenta e alimenta". Por muito tempo Frieiro vai deblaterar contra o que chama de "pampulhocracia". Sem prejuízo da acrimônia, simpatizava com Juscelino, que lhe confiou, já governador, a tarefa de organizar a Biblioteca Pública do Estado. Eram velhos conhecidos e certamente cruzou com ele nos corredores da Imprensa Oficial, onde o jovem médico, formado em 1927 (na mesma turma de Pedro Nava), teve seu primeiro emprego.

O escritor vê com azedume a existência, no Rio, de "uma igrejinha literária [...] muito presumida e mandona, que tem à sua frente o Aníbal Machado, o José Lins do Rego, a Adalgisa Nery e outros grã-finos de porta de livraria". Irrita-o tremendamente o fato de Aníbal ser titular de cartório, e estende a implicância a Fernando Sabino quando este, tendo se casado com uma filha do governador Benedicto Valladares, Helena, torna-se distribuidor de feitos no Rio de Janeiro. "Fernandinho, o Príncipe Consorte", alfineta Eduardo Frieiro.

Seu livro de estreia, o romance *O clube dos grafômanos*, de 1927, ridiculariza o modernismo e os modernistas. Uma das personagens, o poeta Pereirinha, apelido de Jesus-Maria-José Pereira da Silva, é fundadora de uma publicação literária, a *Moderníssima*, que "não passou do terceiro número" — coincidência ou não, exatamente como *A Revista* de Drummond e sua turma.

Fala-se nuns *Poemas estrambóticos e rudimentares*, "prosa ruim, tipografada em forma de verso" — iludível referência aos *Epigramas irônicos e sentimentais* de Ronald de Carvalho. Outra personagem do romance, Leiva, sentencia a certa altura: "Como não há uma polícia sanitária das ideias, as nossas letras foram contagiadas através de alguns moços paulistas, ledores de revistas europeias de vanguarda". Apesar das ferroadas, Drummond falou de *O clube dos grafômanos*, num artigo de 1930, como uma "sátira ao modernismo, cheia de malícia e simpatia".

Erudito e talentoso, mas igualmente ressentido, Eduardo Frieiro se comprazia em distribuir cutiladas literárias, embutindo em seus romances alusões a gente de carne e osso. Suas histórias *à clef* não poupavam sequer os amigos, como o jornalista e escritor Moacyr Andrade, colega de redação no *Minas Gerais*.

Pelos anos 20 ou 30, Moacyr embrenhou-se num caso de amor com uma senhora casada. Quando a história se tornou pública na provinciana capital, o marido, um iugoslavo, procurou o jornalista, de quem era conhecido. E foi breve em sua exposição, haverá de se lembrar um contemporâneo: pediu ao usurpador que não voltasse a se encontrar com sua mulher — "senão", preveniu, "mim *darr* um tiro em você!". A ameaça não impediu que o caso se arrastasse, sem tiroteio, por uns bons anos.

Nas águas daquele amor, Moacyr se abria em confidências com Frieiro — sem saber que este, virada a primeira esquina, registrava tudo em seu caderno de anotações. O jornalista só se deu conta da apropriação de seus segredos amorosos quando, em 1936, chegou às livrarias o romance *O cabo das tormentas*, de Eduardo Frieiro: lá estavam, em letra de forma, não apenas passagens como frases inteiras que havia confiado ao amigo.

Os arraiais lítero-mundano-jornalísticos de Belo Horizonte não tiveram o menor trabalho para reconhecer Moacyr Andrade nos traços de Sesino de Souza, cidadão que, na virada dos quarenta anos — o "cabo das tormentas" do título —, se apaixona por Isabel, Belinha, "a que veio ao mundo carregada de eletricidade sexual". Professora primária, ela é casada com o húngaro Leo Vikar, vinte anos mais velho. Vikar não chega a *darr* um tiro em Sesino, mas a história, ainda assim, acaba em tragédia, com Belinha se jogando de uma janela.

O romance de Frieiro foi lido, decifrado e comentado com enorme interesse. Mineiramente, ninguém ousou estabelecer por escrito as óbvias correspondências entre ficção e realidade. Quanto a Moacyr Andrade, aparentemente não se agastou com a exposição de sua vida íntima nas páginas de *O cabo das tormentas*. Preferiu rebater com as mesmas armas, enfiando o amigo na trama de um romance, *Memórias de um chauffeur de praça*, publicado em capítulos no *Estado de Minas* e, muito mais tarde, em 1964, sob a forma de livro.

Ao contrário de Sesino de Souza em *O cabo das tormentas*, o Everardo Loureiro das *Memórias* é uma personagem secundária. Impossível duvidar de que seja Eduardo Frieiro o "cavalheiro baixo, de terno admiravelmente engomado", que, nas primeiras páginas do livro, numa redação de jornal, se põe a gritar: "Energúmenos! Energúmenos!" com os revisores, que haviam maculado um texto de sua lavra. Mais adiante, Loureiro/Frieiro investe contra a ignorância no Brasil, país onde todos, à exceção de Machado de Assis, "escrevem pessimamente"; e confessa que ele próprio produz "pouco e raramente, porque não reconhecia em nosso meio leitores capazes" para as suas obras.

Moacyr Andrade, que ficara impressionado com a exatidão com que Frieiro reproduzira suas confidências em *O cabo das tormentas*, passa recibo em seu romance: conta que Everardo Loureiro, tendo ido consultar-se com um especialista em problemas da próstata, acabou ouvindo um relato pormenorizado das aventuras amorosas do médico. "De posse de todo esse material do outro", lê-se nas *Memórias*, "o Loureiro abandonou o consultório e publicou a vida do médico inteira em livro. Aproveitou as narrações com a fidelidade de um gravador de som [...] O escritor não alterou, sequer, as palavras que usara o médico em suas fluentes narrações verbais."

* * *

Marcada por brincadeiras mais ou menos literárias, a amizade entre os dois escritores comportou um capítulo tragicômico no segundo semestre de 1940. Frieiro se recuperava de uma operação de apendicite — feita, por sinal, por Juscelino Kubitschek, então prefeito de Belo Horizonte — quando sobreveio uma peritonite. Ficou morre não morre. Uma noite, depois de uma desalentadora conversa com Juscelino, Moacyr Andrade foi para casa e se pôs a escrever o necrológio do amigo. Queria tê-lo pronto para levar às oficinas do *Minas Gerais* tão logo se desse o óbito.

"A notícia de minha morte, no *Minas*, o preocupava", registra Frieiro em seu *Novo diário*. "A paginação do *Minas* fecha cedo, antes de uma da madrugada. Já era meia-noite e eu ainda continuava vivo." Viveria muitos anos mais, e quando entrou em convalescença ganhou de Moacyr os originais do necrológio inacabado.

Frieiro repisaria a história em mais de uma passagem de seus diários, sempre com muito bom humor. "Eu tenho a certeza de que serei enterrado com todas as honras, se o Moacyr ainda for o redator-secretário, por ocasião de meu óbito", anotou em dezembro de 1944 — e acrescentou, em abril de 1946: "Ninguém enterra melhor que o *Minas*, e o Moacyr é o mais emérito dos enterradores". O destino, porém, quis outro enredo. O cronista se foi primeiro, em setembro de 1979, num momento em que Frieiro, cego e doente, já não poderia retribuir a gentileza do necrológio.

Há mais gente da vida real, além de Eduardo Frieiro, mal disfarçada nas personagens de *Memórias de um chauffeur de praça*. Atílio Marcondes, no livro diretor do *Diário do Governo*, é Abílio Machado, que comandava o *Minas Gerais*. O secretário Borborema é mais do que uma rima para o ministro Gustavo Capanema. Cyro dos Anjos é Belmiro Borba — exatamente o pseudônimo que ele usava na imprensa e sob o qual vinha publicando, em *A Tribuna*, textos mais tarde aproveitados no romance *O amanuense Belmiro*. A seu lado aparece Carlos Drummond de Andrade, na pele do poeta modernista De Monte. Os dois são apresentados como "literatos oficiais" — expressão com que Eduardo Frieiro, Moacyr Andrade e outros escribas da velha guarda designavam os intelectuais de alguma forma ligados ao poder.

As *Memórias de um chauffeur de praça*, em dado momento, falam da legendária "moça-fantasma" que, na vida real, assombrara a capital mineira e cuja história é contada, entre outros, por Drummond, na "Canção da moça-fantasma de Belo Horizonte", poema incluído em seu terceiro livro, *Sentimento do mundo*. Moacyr Andrade, nessa passagem, se vale do pretexto da ficção para criticar as liberdades que os modernistas estavam tomando com o diário do governo mineiro: "O poeta modernista De Monte já celebrara a moça misteriosa em versos magníficos, que até foram publicados no jornal oficial com moldura de vinhetas, por ordem especial do Secretário Borborema, protetor das artes e das letras", diz o narrador das *Memórias*.

A publicação dos versos sobre a "moça-fantasma" no jornal oficial, quebrando a tradição cinquentenária de sua austeridade de órgão venerando, foi tida pelo povo como confirmação oficial de sua aparição, quando em verdade não era senão homenagem do dr. Borborema ao poeta seu amigo, porque descobrira nos versos um sabor "goethiano" pronunciado e Goethe era a paixão literária daquele secretário de governo.

Drummond, parece, não se aborreceu. Tinha boa camaradagem com Moacyr Andrade, a quem fará referência amistosa no artigo "A doce música mecânica", escrito por ocasião dos oitenta anos da Imprensa Oficial de Minas Gerais, em 1972, e no qual evoca seus tempos de redator do *Minas Gerais*. "Comandava-nos (força de expressão) Moacyr Andrade", credita o poeta. "Era o menos formalista dos secretários, e dirigia o serviço entre piadas. O mais austero jornal de Minas, quiçá do Brasil, tinha redação alegre, descontraída."

* * *

(Não só a redação, parece. O visitante que percorresse o prédio da avenida Augusto de Lima, na segunda metade dos anos 20, poderia concluir que a Imprensa Oficial, além de livros e jornais, produzia... aviões. Quem conta é o mesmo Moacyr Andrade, que lá trabalhou de 1917 a 1949. O presidente do estado era Antônio Carlos, e um de seus filhos, Fábio, tinha paixão pela velocidade. Guilhermino Cesar se lembrará dele em disparada pelas ruas de Belo Horizonte, ao volante de uma baratinha vermelha.

Certo dia Fábio vai procurar Abílio Machado, diretor da Imprensa Oficial, e lhe pede autorização para construir um avião, de madeira, nas seções de Carpintaria e Mecânica da casa. Consultado pelo perplexo diretor, Antônio Carlos não se opôs à maluquice do filho, deixando claro, porém, que ela nada deveria custar à Imprensa Oficial — ele próprio cobriria, de seu bolso, todas as despesas. Não esperava, talvez, que Fabinho, como era conhecido na cidade, conseguisse construir a carcaça do avião e anunciasse, exultante, que agora faltava apenas instalar o motor e sair voando.

Nesse ponto, assustado, o presidente determinou a Abílio Machado que promovesse uma sub-reptícia sabotagem no projeto aeronáutico de seu filho. "Vá brecando o avião, com sua habilidade", disse ele ao diretor. Assim foi feito, e com o tempo Fabinho desistiu do projeto. "Durante muitos anos", conta Moacyr Andrade, "o avião do Fabinho esteve suspenso, bem no alto, no vasto galpão da Carpintaria da Imprensa, preso por arames de aço. Virou curiosidade para mostrar aos visitantes da Imprensa. Depois foi desmanchado.")

O Andrade passadista e o Andrade modernista conviveram na redação do *Minas Gerais* até 1934, quando o poeta seguiu para o Rio de Janeiro, como chefe de gabinete do recém-nomeado ministro da Educação e Saúde, Gustavo Capanema. Um dos pseudônimos de Moacyr (que se orgulhava de ser o primeiro jornalista profissional registrado em Minas Gerais, no ano de 1917), Gato Félix, foi herdado de Drummond, que com ele andou assinando crônicas no *Diário da Tarde*, pouco antes de se mudar para o Rio de Janeiro. Muito mais tarde — contava seu filho Francisco de Assis Andrade —, no início dos anos 60, Moacyr ajudou o poeta, desejoso de se aposentar, a conseguir em Belo Horizonte uma certidão de tempo de serviço na Imprensa Oficial. Sua ligação com a casa não se interrompeu com a mudança para o Rio: em 1949, Drummond voltou a escrever para o *Minas Gerais*, como correspondente, e só se demitiu do cargo de redator em 1953, quando foi regularizada sua situação no Serviço do Patrimônio Histórico e Artístico Nacional, do Ministério da Educação.

Também com Eduardo Frieiro eram amenas as relações de Carlos Drummond de Andrade. Adoçaram-se com o tempo, entre a peçonha de João Cotó e o convívio na redação do *Minas Gerais*, onde o poeta foi trabalhar em 1929. Frieiro embirrava com o modernismo, mas a idiossincrasia não o impediu de colaborar com os moços do Grupo do Estrela, no momento em que eles se dispuseram a saltar do jornal e da revista para a forma mais consistente do livro.

Momento que tardou a vir, quando se pensa na sofreguidão com que jovens modernistas de outros cantos se lançaram ao prelo. Mesmo na miúda Cataguases, onde, como se verá, os rapazes da revista *Verde* quiseram logo um lugar na estante. Os moços da capital custaram a vencer sua timidez bibliográfica. O primeiro deles a chegar ao livro não foi uma das figuras centrais do Grupo do Estrela, e sim o poeta Austen Amaro de Moura Drummond, primo de Carlos Drummond de Andrade, que em 1926 lançou *Juiz de Fora — Poema lírico*, com ilustrações do também juiz-forano Pedro Nava, seu amigo de infância. Até sua morte, em junho de 1991, aos 89 anos, Austen Amaro se orgulhava de ser autor do primeiro livro modernista publicado em Minas Gerais.

Por essa época já se consolidava, em São Paulo e no Rio de Janeiro, a revolução desencadeada em fevereiro de 1922 com a Semana de Arte Moderna, e que Minas Gerais acompanhava à distância. O modernismo custou um pouco a desembarcar em Belo Horizonte — e, quando o fez, foi na rua da Bahia: nas prateleiras da Livraria Alves, que recebia as novidades do Rio e de São Paulo; e também, alguns metros rua acima, no Grande Hotel, onde pousou em abril de 1924 uma caravana de intelectuais e artistas de São Paulo capitaneada por Mário e Oswald de Andrade — da qual fazia parte, cuidou de informar um repórter do *Minas Gerais*, "o bizarro poeta francês [que na verdade era suíço] Blaise Cendrars, mutilado de guerra e uma das vibrantes expressões da literatura francesa". (Entre os escritores de São Paulo havia quem chamasse o forasteiro, que só tinha um braço, de Blaise Sans Bras; o trocadilho foi recolhido, décadas mais tarde, pelo escritor Alexandre Eulálio, que o aproveitou no roteiro do filme *O homem do Pau-Brasil*, rodado por Joaquim Pedro de Andrade em 1981.)

    Há indícios de que, àquela altura, já fermentava nas Gerais uma literatura nova. Pedro Nava dá notícia de um romance em folhetins, escrito a várias mãos e publicado nos primeiríssimos anos 20, e que, em termos de renovação estética, nada ficaria a dever ao que então se fazia em São Paulo. Chamou-se *O capote do guarda* e entre as mãos que o escreveram estavam as de Aníbal Machado e Milton Campos. Foi publicado num jornal que circulou entre julho de 1919 e 1923 ou 24, *O Estado de Minas* — o terceiro deste nome, sem qualquer relação com o atual *Estado de Minas*, sem o artigo, criado anos depois. Seu fundador foi Mário Brant, mineiro ilustre, cuja mulher, Alice, faria muito sucesso, bem mais tarde, como autora de um delicioso livro de memórias, *Minha vida de menina*, sob o pseudônimo de Helena Morley. Os Brant foram sogros do poeta Abgar Renault.

    O capote do guarda não chegou a sair em livro e hoje parece estar irremediavelmente perdido. Tudo o que dele pôde ver o autor de *Beira-mar* foram catorze capítulos — eram dezenove —, conservados pela viúva de um dos autores, o jornalista Laércio Prazeres. Não há, no Arquivo Público Mineiro, nem na Biblioteca Nacional, coleções de *O Estado de Minas* que permitam ler uma só linha deste romance, classificado por Pedro Nava como "pré-modernista". O que é lamentável, escreve ele: "Sua urdidura, pelo que contém de blefe, de insólito, de inesperado, suspense e mistura do macabro ao burlesco — não se parece nada com a literatura convencional".

O que há de mais interessante, entre os velhos recortes de *O capote do guarda* conservados por Lívia Prazeres, são dois capítulos escritos por Aníbal Machado. É possível que algum dos cinco desaparecidos também trouxesse a sua assinatura. Pode-se especular, aliás, se não teria sido sua a ideia de escrever o folhetim. O assunto, pelo menos, o fascinava: bem mais adiante, em setembro de 1940, Aníbal publicou na *Revista Acadêmica* um conto intitulado "O homem e seu capote", originalmente um trecho do romance *João Ternura*.

O capítulo XII de *O capote do guarda* é ambientado em Belo Horizonte nos dias da gripe espanhola, em 1918. Descrita por Aníbal Machado, a tragédia aparece amenizada por um toque de humor e surrealismo:

> O desespero andava em toda parte. Não havia médico, não havia quinino, não havia padre, não havia galinha, não havia nada. Os coveiros ganhavam o dobro e o óleo canforado dava lucro às drogarias. Balões de oxigênio suspendiam voos nas farmácias e iam soprar os pulmões debilitados dos doentes. Todos os médicos foram contemplados com uma clientela invejável, não obstante efêmera. Quinino *über alles!* foi o grito coletivo. A pneumonia campeava; não havia pulmão que quisesse respirar direito. Quem estava são respirava mal, tossia, não dormia e sentia febre e pontadas — tudo por sugestão. Até os bustos a Anita Garibaldi e Bernardo Guimarães começaram a tossir, um na Praça e outro perto da Estação, aonde os comboios chegavam vazios, tristes...

Não falta humor, igualmente, no capítulo XVIII, o penúltimo do livro, no qual Aníbal descreve uma festa — animada, entre outros foliões, por um pianista calvo chamado Melenas e por um certo João Tempero, do Comissariado de Pilhérias, que pelo menos no nome já sugere João Ternura, personagem-título do romance a ser iniciado poucos anos mais tarde.

* * *

É quase certo que *O capote do guarda* estava sendo ou já havia sido publicado em novembro de 1920 — com repercussão considerável, pode-se supor, pois nesse mês uma revista, *Tank*, que então se editava em Belo Horizonte, dedicou meia página a um divertido pastiche do romance, escrito num francês tão macarrônico quanto o italiano de Juó Bananère, o poeta de *A divina increnca*. Chamou-se *Le capot du garde* e chegou ao leitor com desenhos mostrando um homem e uma mulher, identificados como "La femme en robe dominguère" e "Le jeune homme mysterieux dans un jour de farre". O texto é atribuído a Garles Goez, sem dúvida o gramático Carlos Góes, e "Anibal Bois — aussi pinteur", trocadilho com o nome do pintor Aníbal Matos. Alguns trechos dessa peça humorística, respeitadas as liberdades que toma com a língua francesa: "Un dimanche, matin trés cêde, ile apareçu un jeune homme, tout embuçé, avec une physionomie trés carregué et un boton de 'mal me veut' á lapelle, lá pour les lades de la Serre".

O *jeune homme* em questão, linhas abaixo, maltrata *la femme*: "Brusquement la femme a perdue la courage e, assise a une pierre qui avait rolé de le barranque, se resté lá, a choré, s'appellant un nome, avec ancieté...? En ce moment elle na pa trouvé persone pour la donner une main dans un si grand cagace — Helas!".

Condoído, o narrador põe para correr o bandido e vai cuidar da jovem, que havia desmaiado — para descobrir, perplexo, que não se tratava de moça, e sim de um guarda-civil, o qual lhe dá voz de prisão "em portuguese: 'esteje preso desgraçado'". A história termina com o narrador sendo "arrasté pour le xilindrô de la première delegacie".

O capote do guarda poderia ter saltado das mãos dos jornaleiros para as estantes das livrarias, se a Belo Horizonte de então dispusesse de uma editora que fosse. Nesse terreno deserto, a cultura mineira deve muito a uma iniciativa de Eduardo Frieiro, a cooperativa Os Amigos do

Livro. Ele próprio, alguns anos depois, considerou-a sua "mais interessante criação literária". Não era, ao criá-la, um novato do ramo: seus três primeiros livros — *O clube dos grafômanos*, *O mameluco Boaventura* e *Inquietude, melancolia* — foram editados, às suas custas, nas oficinas da Imprensa Oficial, sob o selo imaginário das Edições Pindorama. Em 1931, Frieiro imaginou uma "sociedade coeditora", com vinte sócios, cada um deles entrando com vinte mil-réis para a confecção de duzentos exemplares — cem para o autor e cem para o comércio. "É uma ideia interessante, que tem muito de poesia na sua substância e muito de prosa na sua realização", aplaudiu Carlos Drummond de Andrade em sua coluna no *Minas Gerais*, assinada por Barba Azul.

Em pouco estava pronta a lista dos sócios, que entre outros incluía Drummond, Emílio Moura, João Alphonsus, Cyro dos Anjos, Aníbal Machado, Guilhermino Cesar e Abgar Renault. Zeloso, era Eduardo Frieiro quem escolhia o formato, os tipos, o papel, e acompanhava nas oficinas a feitura de cada livro. O primeiro título, em 1931, foi uma obra do próprio Frieiro, *O brasileiro não é triste*. O segundo, no mesmo ano, *Ingenuidade*, de Emílio Moura. Houve então um desentendimento entre o criador da cooperativa e João Alphonsus, em torno do papel a ser utilizado na impressão dos contos de *Galinha cega*. Agastado, Frieiro afastou-se da sociedade e o sistema de rateio por ele imaginado não frutificou mais que cinco livros — o último deles, *Brejo das almas*, de Drummond, lançado em 1934.

Sob o comando de Orlando M. de Carvalho e com o corpo de sócios engordado para 27, a microeditora funcionaria até 1937, encerrando suas atividades com a publicação de um clássico da literatura brasileira, o romance *O amanuense Belmiro*, de Cyro dos Anjos. Quarenta anos depois do surgimento de Os Amigos do Livro, em 1971, Drummond destacou a importância da aventura editorial, vivida "à sombra dessa gameleira frondosa que foi sempre, para as letras, e agora também para as artes, a Imprensa Oficial".

Sombra da qual também ele se beneficiou para estrear em livro, em 1930. Os quinhentos exemplares de *Alguma poesia* foram impressos na casa e seu valor descontado, mês a mês, do contracheque do autor.

Eduardo Frieiro teve, nessa estreia, uma participação que não se limitou à cessão do selo das Edições Pindorama: mesmo discordando do conteúdo, emprestou à obra seu talento de artista gráfico — e terá sido por isso, quem sabe, que no Rio de Janeiro um escritor passadista, o acadêmico Medeiros e Albuquerque, se referiu ao livro como tendo nenhuma poesia — no máximo, "alguma tipografia". Drummond, *noblesse oblige*, reproduziu no *Minas Gerais* o comentário venenoso do autor da letra do *Hino da República* — afinal, concluiu, não ficaria bem dar publicidade apenas aos elogios, como vinha fazendo.

O lançamento de *Alguma poesia* foi comemorado com um banquete no recém-inaugurado prédio do Automóvel Clube de Minas Gerais, na avenida Afonso Pena, no dia 15 de junho de 1930. À sobremesa, um jovem orador, bacharel talentoso, fez uma inesperada profissão de fé antropofágica, sugerindo aos comensais que incorporassem a seus cardápios a carne do político — bem mais macia, argumentou, que a de um "parnasiano hierático", "pela flexibilidade e pelos coleios a que a carreira o obriga". "Haverá pernil de acadêmico que se compare a uma suã de senador?", desafiou o orador, Milton Campos, a quem o futuro reservaria, entre outros doces fardos, uma cadeira no Senado da República.

6. Os ases de Cataguases

Mário de Andrade gostava de lembrar, deliciado, o caso do bilhete que um dia, no final dos anos 20, lhe chegou de Cataguases, na Zona da Mata de Minas Gerais. O missivista, um garoto de dezessete anos, pedia ao já ilustre autor de *Pauliceia desvairada*, sem maior cerimônia, que mandasse "uma bosta qualquer", para uma revista que ele e seus amigos estavam editando. O garoto, filho de lavadeira, chamava-se Rosário Fusco. Audacioso e petulante, além de muito talentoso, não era sequer ginasiano — mas viria a ser a figura nuclear do grupo que, nos cafundós de Minas, produziu uma das publicações mais interessantes do movimento modernista, a *Verde*, cujos seis números, editados entre 1927 e 1929, ressoaram muito além dos horizontes estaduais.

Façanha nada desprezível, ainda mais quando se pensa no que era a Cataguases de então. Uma cidade — escreverá o poeta e romancista Guilhermino Cesar, um dos jovens companheiros de Rosário Fusco — que modorrava aos pés do ribeirão Meia-Pataca, "ouvindo berros de boi, os raros fusos de sua fábrica de tecidos, o ronco de meia dúzia, se tanto, de automóveis".

Lugarzinho atrasado, aquele. Alguns anos antes, em 1912 — quem conta é Paulo Emílio Salles Gomes, que por lá andou para reconstituir a aventura cinematográfica de Humberto Mauro —, um episódio automobilístico expusera Cataguases à galhofa na vizinha e rival Leopoldina, cobrindo-a de vergonha municipal. Apavorada ao deparar, numa curva de estrada, com um carro da Companhia Força e Luz Cataguases-Leopoldina, aparição para ela até então inédita, uma cataguasense caiu morta. É uma história controvertida a que o tempo e o diz que diz deram contornos de lenda. Há uma versão benigna, segundo a qual a pobre mulher simplesmente teria sido atropelada. De sua certidão de óbito, em todo caso, acabou constando, como *causa mortis*, "susto de automóvel" — o que deu à imprensa leopoldinense ocasião para espezinhar a vizinha localidade, a seu ver despreparada para veículos mais evoluídos que o ancestral carro de bois.

Na segunda metade dos anos 20, porém, alguma coisa de novo vinha sacudir a modorra de que fala Guilhermino. E esse novo, em boa medida, desembarcara em Cataguases naquela segunda página do *Diário de Minas*, na qual Carlos Drummond de Andrade e seu grupo instilavam venenos modernistas. Era também da distante Belo Horizonte ("tão longe da Zona da Mata quanto Berlim, Oslo, Palermo", rememora Guilhermino) que chegavam, entre 1925 e 1926, os três números de *A Revista*, trazidos na bagagem de outro amigo de Rosário Fusco, o poeta Ascânio Lopes Quatorzevoltas, estudante de direito na capital. Do Rio de Janeiro, então centro cultural do país, não vinham apenas os jornais e as revistas — vinham também as últimas novidades literárias, na mala de João Luís de Almeida, menino rico, filho de fazendeiro, que lá estudava. "Para mim mesmo, nas minhas horas mais secretas, costumo lembrá-lo", escreveu Guilhermino Cesar no belíssimo texto que abre a edição fac-similar da revista *Verde*, editada em 1978 pelo bibliófilo José Mindlin:

Desembarcando do expresso das cinco na estação da Leopoldina Railway, em Cataguases, [João Luís] atravessava a avenida Astolfo Dutra, a caminho de casa, comboiando o carregador, que gemia ao peso da mala. E nós, famintos de leitura, atacávamos logo o viajante, despojando-o de seus tesouros, sempre menores que a nossa ambição.

Eram os últimos livros de autores cujos nomes, às vezes, jamais haviam sido ouvidos ali às margens do Meia-Pataca. Manuel Bandeira, Oswald de Andrade, Cassiano Ricardo, Augusto Meyer, Menotti del Picchia. Guilhermino se recorda do momento em que teve nas mãos, por exemplo, pela primeira vez, a *Luz mediterrânea*, de Raul de Leoni, uma renovação dentro do parnasianismo, ou *Raça*, de Guilherme de Almeida.

Outros livros, como os de Mário de Andrade, eles recebiam pelo correio, enviados pelos autores — graças, uma vez mais, à sem-cerimônia de Rosário Fusco, que era quase tudo o que ele possuía. O garoto, lavador de vidros na farmácia de seu Cesar, pai de Guilhermino, morava com a mãe, dona Auta, num cochicholo, e era tão pobre que por muito tempo não teve mais que uma muda de roupa, um terno marrom. À noite, ao chegar da rua, entregava a roupa à mãe, para lavar, pois não tinha outra coisa para vestir no dia seguinte — e, nu da cintura para baixo, dependurava-se à janela a papear com quem passasse.

Volta e meia ele batia na casa do Mino, o Guilhermino, atrás de uns tostões para os selos, pois empregava boa parte de seu tempo a se cartear com escritores do Brasil inteiro, multiplicando-se em mensagens como aquele bilhete malcriado que tanto divertiu Mário de Andrade. Tinha correspondentes também na Argentina, no Uruguai, na Bolívia, e de alguns deles, como o uruguaio Ildefonso Pereda Valdés, mais adiante haveria de publicar contos, artigos e poemas na revista *Verde*. O romancista Marques Rebelo contou que a turma de Rosário Fusco não tinha paciência de esperar a passagem do carteiro em casa — na estação ferroviária, "presenciava a abertura das malas, pegava no enorme maço e ia para o café repartir os troféus".

Pela via daquele furor epistolar, os moços de Cataguases iam enfiando seus poemas em publicações prestigiosas — como a popularíssima revista *Para Todos*, do Rio, de onde lhes veio o primeiro estímulo, por iniciativa do poeta e cronista Alvaro Moreyra. Rosário Fusco nunca se esquecia de colocar, no pé do poema, além de seu nome, o de Cataguases e uma referência a um livro "a sair", àquela altura inexistente.

Foi com estupefação, num dia de 1927, antes de sair o primeiro número de *Verde*, que Cataguases tomou conhecimento, pelas páginas da *Para Todos*, de um recital de poesia moderna, em pleno Teatro Municipal do Rio de Janeiro, incluindo versos daquela meninada da terra. Pela vida afora Guilhermino Cesar haveria de saborear o misto de incredulidade, inveja e raiva dos cataguasenses, que até então os ignoravam e que agora os encontravam onde mesmo? nas páginas da revista mais famosa do país. Olha aqui o Fusco! olha o Guilhermino! olha o Chico Peixoto! esses filhos da puta!

O pequeno grupo se formara a partir das sessões do Grêmio Literário Machado de Assis, do Ginásio Municipal de Cataguases, mas só ganhou corpo e ambição com a entrada de Rosário Fusco, apresentado aos demais por Guilhermino. O último a se juntar a eles foi Henrique (mais tarde Enrique) de Resende, jovem engenheiro formado em Juiz de Fora e que, de volta à cidade, trabalhava na construção da estrada ligando Cataguases a Leopoldina.

Autor de um livro de versos simbolistas, *Turris eburnea*, editado em São Paulo por Monteiro Lobato em 1923, Henrique um dia convidou os garotos para que fossem ler poemas em sua casa. E, contava Guilhermino, ficou deslumbrado: eu não sabia que em minha terra havia poetas! Cuidou logo de comunicar seu entusiasmo aos leitores do jornal da cidade, o semanário *O Cataguases*. "Ele aderiu a nós, e nos fez o favor, que não foi pequeno, de nos avalizar as letras morais", dirá Guilhermino. "Henrique diz que esse menino é muito bom poeta", sussurrava-se em Cataguases — e aquilo, segundo Guilhermino, numa cidade pequena, "era um arraso". A população local não podia crer no que via: Henrique de Resende, moço engenheiro, passeando na praça com Rosário Fusco, o filho da dona Auta lavadeira!

* * *

Não tardou muito e, no segundo semestre de 1927, estavam eles reunidos no Café do Fonseca a sonhar com uma revista. O nome, diz Henrique de Resende, foi escolhido sem grandes elucubrações: "Verde quer dizer mocidade, e mocidade é insurreição". O mais velho era justamente Henrique, que andava pelos 28 anos e já estava casado; o mais jovem, Rosário, mal chegara aos dezessete e ainda nem sequer se matriculara, em troca de aulas de desenho, no Ginásio Municipal de Cataguases. Ascânio Lopes tinha 21, Guilhermino, dezenove, Francisco Inácio Peixoto, dezoito.

Pouco antes, em agosto, alguns dos integrantes do grupo — eram nove, dos quais apenas cinco se engajaram para valer — haviam participado de uma efêmera experiência que passariam a considerar o embrião de sua revista: o jornalzinho *Jazz-Band*, "quinzenário moderno e mundano" falecido em seu primeiro número, datado de 28 de agosto de 1927. Pela mesma altura surgiu e morreu, sem fazer jus ao nome, *O Eco*, iniciativa de João Luís de Almeida, aquele da mala de novidades literárias. Houve também, por fim, a preparar a vinda de *Verde*, os contrabandos literários que Guilhermino Cesar enfiava nas páginas de *O Mercúrio*, órgão da Associação Comercial de Cataguases, de cuja segunda fase foi o redator. Lá foram publicados os primeiríssimos poemas de Rosário Fusco, de quem se lembrará Guilhermino Cesar como "um molecote de calças curtas".

Foi também no Café do Fonseca — na rua do Comércio, depois Coronel João Duarte —, desaparecido para dar lugar a uma loja de eletrodomésticos, que os criadores da *Verde* decidiram sobre suas assinaturas literárias, "por influência de certo corretor de seguros", revela Fusco, "com quem mantínhamos deslumbrados noturnos entendimentos sobre almas do outro mundo". Conta o escritor: "O cidadão, estrangeiro na comarca, era professor de ciências ocultas, lia mão, botava cartas e consertava vidas pela numerologia: menos uma letra, mais uma letra, menos um nome, mais um nome, e o destino se amoldando, passivamente, aos desejos de cada um". Assim, porque "davam peso", foram eliminados os dois últimos sobrenomes de Rosário Fusco de Souza Guerra. Guilhermino Cesar abdicou de seu "da Silva", Ascânio Lopes cortou "Quatorzevoltas", Francisco Inácio Peixoto abreviou (mas não definitivamente) para I. o seu segundo nome e Henrique de Resende, além de banir o H, abriu mão de um Vieira.

Vale um parêntese onomástico, uma vez que esta parecia ser uma das obsessões de Rosário Fusco. Ele deu a seu filho caçula o nome de Rosário François Rosário Fusco. Seis anos depois, decidiu que o menino passaria a chamar-se Vicente Rosário Fusco Rosário François Petitjean de Souza Guerra, para que se distinguisse dos irmãos, nenhum deles Souza Guerra. Havia uma outra vantagem nessa troca, explicou a Guilhermino Cesar: o garoto poderia escolher como gostaria de ser chamado — Fusco Rosário ou Rosário Fusco.

O escritor teve seis filhos, cada um deles com uma mulher, e com a última, a francesa Annie Nöele Françoise Petitjean Fusco de Souza Guerra, mãe de Vicente, casou-se nada menos de sete vezes, embora em seu longo convívio tenha havido apenas uma única e breve separação. Segundo o filho, Rosário e Annie gostavam de casar, e se casaram em igrejas dos mais diversos cultos. (Escrevendo sobre si mesmo, disse certa vez o romancista: "Considera o casamento um sacramento e fora dele não admite outras ligações; por isso se casou muitas vezes".) Na Igreja Católica, em 1974, tiveram como padrinho o próprio filho, então com onze anos.

A história familiar do romancista de *O agressor* foi bizarra desde o início. Seu pai, também Rosário Fusco, era um vendedor italiano que veio jovem para o Brasil. Casou-se com Auta de Souza Guerra, que era mulata, e morreu pouco depois do nascimento do filho único. Este, até o final de seus dias, haveria de se queixar de nunca ter visto o pai, nem sequer em fotografia. A mãe, num gesto que o filho atribuía a impulsos matriarcais, deu ao menino seu próprio sobrenome.

Homem alto e corpulento, Fusco era mulato como dona Auta. Deixou Cataguases no começo dos anos 30 e, no Rio, se formou em direito, tendo se aposentado, no final da década de 60, como procurador do Estado. Foi no Rio que, em 1956, conheceu Annie, sua última mulher, que viera da França para conhecer um noivo que a família lhe reservara. Mas seu destino, como já vimos, foi outro.

Também no Rio, o escritor publicou, além de *O agressor*, de 1943, os romances *O livro de João* (1944), *Carta à noiva* (1954) e *O dia do Juízo* (1961). Fez crítica literária no *Diário de Notícias*. Na virada da década de 50, o casal passou dois ou três anos em Paris. Para lá Rosário planejava retornar quando se aposentou e, por um breve período, voltou a viver em Cataguases. Mas foi apanhado aí por uma sucessão de doenças, e nunca mais saiu. Sua figura impressionante lhe valeu, por essa época, entre os cataguasenses, o apelido de Monstro da Granjaria, nome do bairro onde morava. No muro de sua residência mais de uma vez se pôde ler a inscrição "Casa de Loucos". O aspecto de Rosário Fusco, além de seus modos espalhafatosos — tinha voz poderosa, falava alto e dizia muito palavrão —, conferia certa verossimilhança a esse conceito em que a cidade o tinha.

Durante muito tempo, em seus anos de Rio e Paris, o escritor se cuidava, vestia-se nos melhores alfaiates. A doença, porém, tornou-o relaxado com a aparência. No final da vida, quem batesse em sua casa veria abrir a porta um homem de cabelos desgrenhados e barba por fazer, embrulhado num roupão azul, metido numa calça jeans com a braguilha eternamente aberta, e com um copo na mão. Quando a cidade o homenageou, dando seu nome a uma rua (onde, por sinal, morou enquanto esteve separado de Annie), Rosário Fusco não gostou. Até sua morte, de câncer e outras complicações, a 17 de agosto de 1977, ele foi um homem que fazia saber, com veemência, o que pensava.

Houve um momento, nos anos 40, em que Rosário Fusco tentou relançar a *Verde*. Deixou registrada essa tentativa em seus diários, ainda inéditos. Fracassou, anota ele com amargura, por falta de apoio. Queixava-se do desprezo de escritores aos quais pediu colaboração, como

Carlos Drummond de Andrade, e que não lhe deram a mínima — talvez por não verem sentido na ressurreição, tantos anos depois, de uma revista que já cumprira, e bem, o seu papel.

E até mais do que isso. Além de se desdobrar em meia dúzia de números, feito raro entre publicações de jovens escritores, a *Verde*, em 1928 e 1929, foi também editora de livros. Limitou-se, como disse Guilhermino Cesar, "ao pão amassado em casa" e não foi além de quatro títulos: *Poemas cronológicos* de Enrique de Resende, Ascânio Lopes e Rosário Fusco; *Meia-Pataca*, de Guilhermino e Francisco Inácio Peixoto; *Treze poemas*, de Martins Mendes; e *Fruta-de-conde*, de Rosário Fusco.

A revista andou longe de passar despercebida — pelo contrário, deu inesperada notoriedade a um município que, no depoimento insuspeito de Humberto Mauro, tinha até então, como solitário motivo de orgulho, a glória de haver inventado o picolé. "Sem palito, mas picolé", brincava o cineasta.

Também ele, Humberto Mauro, com seus filmes, estava pondo Cataguases no mapa da cultura brasileira, naqueles anos 20, e é espantoso que dois movimentos tão vivos, um na literatura, outro no cinema, coexistindo na mesma cidadezinha, jamais tenham se entrelaçado. A não ser, ressalva Paulo Emílio Salles Gomes em seu estudo sobre o cinema de Humberto Mauro, na pessoa do jornalista português Luiz Soares dos Santos, de *O Cataguases*, "que recebia e encorajava com simpatia — menos na política — tudo o que acontecia de novo".

No primeiro número de *Verde*, um artigo de Rosário Fusco, assinado com iniciais, faz restrições mas no geral elogia o filme *O tesouro perdido*, que estreara em Cataguases poucas semanas antes. No número 5, um certo J. Martins aplaude "[...] muito gostosamente os nossos conterrâneos, que se empenham na vantagem [sic] de uma grande fábrica cinematográfica em nossa terra", e antevê o momento em que Cataguases se transformará "em uma Hollywood-mirim". Mas ficaram aí as referências da revista ao esforço de Humberto Mauro. "Eles não se interessavam e não entendiam nada de cinema", dirá o cineasta a Paulo Emílio, nos anos 60. "Foi pena que não houvéssemos atentado para o trabalho de Humberto Mauro", vai deplorar Francisco Inácio Peixoto num texto da década de 80. "Pena que assim acontecesse. Mas a verdade é que, maior do que o nosso, era o desinteresse de Humberto pela *Verde*. Foi pena, mas estávamos taco a taco."

Guilhermino Cesar também lamenta o desencontro. "Quem nos revelou seus méritos foram as revistas e jornais do Rio", reconheceu em 1978. "Residimos ali mesmo, a seu lado, uma porção de tempo, mas não chegamos a ajudá-lo em sua atividade desbravadora." Algo para ele fácil de explicar: "A arte de Humberto Mauro era destinada às multidões; a nossa, uma elucubração solitária, reservava-se a poucos e duvidosos receptores".

De todos os "verdes", o que mais próximo esteve do cinema de Humberto Mauro foi o irrequieto Rosário Fusco — que, a rigor, não se limitou a redigir aquela crítica simpática nas páginas do *Cataguases*. De certa forma, ele se ligou à aventura da produtora Phebo, graças à participação que teve nas filmagens de *Na primavera da vida*, em 1925 ou 1926. Na última cena, debaixo de uma jaqueira — é ainda Paulo Emílio quem conta —, o herói e a mocinha vão finalmente se beijar, quando uma jaca despenca na cabeça do rapaz. Para não machucar o artista, Humberto Mauro decidiu que uma jaca seria colocada sobre sua cabeça e, em seguida, içada com a ajuda de um arame. Projetada ao contrário, a sequência daria, e deu, a impressão da fruta desabando. Era preciso que alguém subisse na jaqueira e puxasse a jaca — aquele garoto de quinze anos, Rosário Fusco, o futuro autor de *Fruta-de-conde*, que, desta forma, num mesmo dia, inaugurou e encerrou sua carreira no cinema.

Ficou mais à vontade, em todo caso, no papel de editor da *Verde*, desdobrando-se para conseguir não apenas colaboração como também anúncios e assinaturas. De fora chegaram contos, artigos e poemas, entre outros, de Carlos Drummond de Andrade, Emílio Moura, Pedro Nava e João Alphonsus, da turma de Belo Horizonte; Mário de Andrade, Oswald de Andrade, Sérgio Milliet e Antônio de Alcântara Machado, de

São Paulo; do Rio, Prudente de Moraes, neto, Marques Rebelo, Murilo Mendes e Augusto Frederico Schmidt; do Norte, Ascenso Ferreira e Jorge de Lima. De Paris, datado do Rio e assinado por Blaise Cendrars — que um manifesto do grupo *Verde* havia desancado ("[...] o 'modus' bárbaro do sr. Cendrars e outros franceses escovados ou pacatíssimos") —, chegou, para o número 3 da revista, um poema sob medida, "Aux jeunes gens de Catacazes":

Tango vient de tanguer
Et jazz vient de jaser
Qu'importe l'étymologie
Si ce petit klaxon m'amuse?

De São Paulo veio, e foi publicado no número 4, de dezembro de 1927, um poema a quatro mãos, de dois grandes poetas que ainda não estavam rompidos — longe disso, planejavam até um livro conjunto, *Oswaldário dos Andrades*, do qual só desceram ao papel os versos desta "Homenagem aos homens que agem", assinado por Marioswald:

Tarsila não pinta mais
Com verde Paris
Pinta com Verde
Cataguases

Os Andrades
não escrevem mais
Com terra roxa
NÃO!

Escrevem
com tinta Verde
Cataguases

Brecheret
Não esculpe mais
Com plastilina
Modela o Brasil
Com barro Verde
Cataguases

Villa-Lobos
Não compõe mais
Com dissonâncias
De estravinsqui
NUNCA!
Ele é a mim Verde
Cataguases.

Todos nós
Somos rapazes
Muito capazes
De ir ver de
Forde Verde
Os ases de
Cataguases

 Mário e Oswald, os Andrades em questão, não chegaram a embarcar num "Forde Verde" rumo à Zona da Mata mineira, mas o primeiro, pelo menos, se derramou em bilhetes, como este citado por Rosário Fusco: "Guilhermino, Peixoto, Fusco, gente: um abração de saudade e inveja de ver os três juntos no Café do Fonseca, e eu não. Paciência". No Rio, Prudente de Moraes, neto, não se limitou a mandar colaboração escrita — colaborou também ao batalhar assinaturas e anúncios. Estes se misturavam à publicidade cavada em Cataguases. Cavada, e só em raros casos dada sem choro ou resistência. Seu Cesar, o pai de Guilhermino, pôs anúncio de um vermífugo que levava seu nome, com a foto do menino

José, "interessante filhinho do sr. João Ferreira Vargas e d. Maria das Dores Lisboa Vargas", residentes em Leopoldina, que, tendo tomado apenas uma dose da benfazeja beberagem, expeliu "mais de 500 lombrigas, ficando alegrezinho, sadio e forte como se vê".

Mas não faltaram críticas à revista, achincalhada no Rio por Medeiros e Albuquerque no *Jornal do Commercio*. Mesmo escritores simpáticos aos rapazes da *Verde* fizeram reparos a ela. Tristão de Athayde, tendo lido os três primeiros números, julgou que havia neles "muita bagaceira, muito modernismo de encomenda, muito 'tá bom'", ao lado de "algumas coisas realmente interessantes e novas, reunindo a colaboração dos melhores nomes atuais". Quase ninguém gostou e muitos detestaram francamente os desenhos, de fato medonhos, feitos por Rosário Fusco para suprir a falta de um ilustrador. Mas houve também quem visse em seus rabiscos, "feitos a machado", "um sem jeito delicioso".

No *Cataguases*, o semanário municipal, o português Luiz Soares dos Santos, embora sonetista, publicou nota saudando o nascimento da revista modernista. Quanto à cidade, ignorou-a solenemente. Quem conta é Guilhermino Cesar: "Já leram? Um negócio incompreensível. Sorriam os próprios tipógrafos, sorria o vigário, o presidente da Câmara, o coletor, os caixeiros, o escrivão do crime, as árvores da praça Rui Barbosa, os sapos do brejo — sorria a cidade inteira do desconchavo juvenil".

E só não sorriu mais porque, aos poucos, aqui e ali, a imprensa do Rio de Janeiro, de São Paulo, de Belo Horizonte começou a publicar referências elogiosas aos moços de Cataguases. Havia, por vezes, nessas manifestações, uma ponta de condescendência paternalista para com aqueles jovens, que, em seu manifesto — impresso em papel verde e lançado entre o primeiro e o segundo números da revista —, se desdobraram em copiosos parágrafos, no afã de afirmar sua independência em relação a qualquer outro grupo.

"Não temos pais espirituais", anunciaram. Nem mesmo os rapazes de Belo Horizonte. "Somos nós", acentuaram. "Somos VERDES. E este manifesto foi feito especialmente para provocar um gostosíssimo escândalo interior e até vaias íntimas." Mais adiante, diziam não esperar "aplausos ou vaias públicas", explicando que "os aplausos de certos públicos envergonham a quem os recebe".

Se receberam afagos de procedência comprometedora, não se deram ao trabalho de recusá-los. Mas certamente se vingaram do desdém municipal colecionando manifestações como esta, do poeta Ribeiro Couto: "Nem Astolfo Dutra, que chegou à presidência da Câmara dos Deputados, nem Astolfo Resende, que se tornou uma das glórias do Direito brasileiro, conseguiram projetar o nome de Cataguases. Só os meninos de *Verde* o fizeram". José Américo de Almeida, o romancista de *A bagaceira*, também se entusiasmou. "Eu sonhei com [...] todo o Brasil espiando pra Cataguases e Cataguases dando as costas a vocês. Cidade pequena é assim mesmo. Tem raiva de quem fica maior do que ela dentro dela."

A antiga Santa Rita da Meia-Pataca, de alguma forma, ganhou ressonância para além da rival Leopoldina — e, a crer no maledicente Marques Rebelo, chegou mesmo a experimentar um discreto *boom* turístico pós-*Verde*. Conta o romancista carioca que de tanto ouvir falar na cidade um grupo de turistas resolveu ir conhecê-la. E que, tendo visto em pouquíssimo tempo tudo o que Cataguases tinha para mostrar, ficaram os visitantes, de repente, sem ter o que fazer. Neste momento, numa irônica inversão das leis do turismo, a população local saiu à rua para ver os turistas.

Sem mudar de nome, a *Verde*, em seu quinto número, por alguma razão mudou de cor — a capa ficou vermelha. Sentiu-se madura, em todo caso, para anunciar-se como "a melhor revista literária moderna do Brasil". Mas não foi muito além do mês em que circulou essa versão rubra, janeiro de 1928. Estava empacada quando, um ano mais tarde, a 10 de janeiro de 1929, morreu de tuberculose um de seus melhores talentos, o poeta Ascânio Lopes. Tinha 22 anos e vivera algum tempo em Belo Horizonte, onde teve seu primeiro poema publicado por Emílio Moura e Carlos Drummond de Andrade, no *Diário de Minas*. Acadêmico de direito que não levava o curso a sério, chegou a anunciar, na *Ver-*

de, a publicação de um macabro estudo jurídico, *O direito da família sobre o cadáver*. Seu brevíssimo tempo de vida, escreveu Drummond, não foi suficiente para que o conhecesse a rua da Bahia, então o centro da vida intelectual de Belo Horizonte. Ascânio Lopes passou por ela como um automóvel, disse o poeta itabirano, um automóvel que "desceu com o farol apagado, sem buzinar, e desceu para sempre".

Estas palavras foram publicadas, em maio de 1929, no sexto número da *Verde*, apresentado como o primeiro de uma segunda fase e quase todo dedicado ao companheiro morto. Ficaria sendo o último. O desaparecimento de Ascânio precipitou o fim de uma aventura já ameaçada, a esta altura, pela fatalidade que, década após década, se imprime na história das gerações literárias em Minas Gerais: a diáspora.

Guilhermino Cesar se mudara para Belo Horizonte, onde faria carreira na imprensa, no serviço público e no magistério (deixou marcas indeléveis na formação de jovens aspirantes à literatura, como Fernando Sabino, que gravaria alguns de seus traços na personagem Toledo, do romance *O encontro marcado*). Francisco Inácio Peixoto também andava ausente da terra, naquele fecho dos anos 20. E Rosário Fusco, o verdadeiro motor do grupo, não tardaria a partir.

7. A luz da "Electrica"

Verde foi a melhor e a mais conhecida das publicações modernistas do interior de Minas Gerais — mas não a primeira: antes dela, quatro meses antes, em maio de 1927, surgiu a revista *Electrica*, editada numa cidadezinha ainda mais obscura que Cataguases — Itanhandu, no Sul do estado, com 5 mil habitantes, a 220 quilômetros de São Paulo, 240 do Rio de Janeiro e 420 de Belo Horizonte. Seria, também, entre todas as revistas modernistas do país, a que mais longa vida teve, com dez edições.

O autor da façanha foi um poeta (e engenheiro) carioca, Heitor Alves, nascido em 1898, que uma tuberculose condenou aos bons ares da serra da Mantiqueira em 1925. Ligado ao grupo da revista *Festa*, do Rio de Janeiro, onde pontificavam Tasso da Silveira, Murilo Araújo e Andrade Muricy, ele já era, então, autor publicado. Tinha estreado em 1921, com *Sons rythmados*, coletânea de poemas ainda simbolistas. Haveria de se converter ao modernismo com *A vida em movimento*, de 1927, a que se seguiram *Rythmos da terra encantada*, em 1928, e, dois anos mais tarde, *Siqueira Campos, o Bravo*, homenagem a um dos heróis do levante do Forte de Copacabana, em 1922.

Sua obra mais importante, contudo, não foram esses livros, todos eles de poesia, e sim a agitação que promoveu como editor de *Electrica*, entre maio de 1927 e maio de 1929. Assim como Rosário Fusco fará com Cataguases, Heitor Alves colocou Itanhandu no mapa da literatura brasileira da época. Mais, dizia o poeta Ribeiro Couto: se Fusco fez o Brasil *descobrir* Cataguases, Heitor Alves *inventou* Itanhandu. E o fez com uma revista nada parecida com as demais publicações modernistas. De fato, *Electrica* não se limitava a divulgar poesia, ensaio e ficção — era uma espécie de almanaque, um tanto caótico, revista de variedades a que não faltaram, por exemplo, anedotas, noticiário social e até um concurso para eleger a Princesa e a Princesinha do Sul (vencido, aliás, por duas filhas da terra, as irmãs Maria e Elisa Gomes Pinto).

Electrica chegou com a ambição nada modesta de ressoar muito além dos limites de Itanhandu, cidadezinha que só em 1923 adquirira o status de município. Norteada pelo lema "Síntese/Intensidade/Rapidez" (depois "Velocidade"), anunciava-se como "revista moderna e ilustrada do Sul de Minas (letras, arte, atualidades, propaganda, informações)" e se gabava de ter "colaboradores escolhidos" — entre eles, Carlos Drummond de Andrade, Pedro Nava e Ribeiro Couto. Sua vocação plurimunicipal buscava exercer-se através de suplementos dedicados a cidades da região, como Passa Quatro, onde por sinal era impressa.

E impressa, pelo poeta Heli Menegale, com requintes gráficos insuspeitados naquelas paragens. Os textos em prosa estampados nas capas — em cores — da revista tomavam formas variadas: lâmpada, sino, taça, ampulheta, guarda-chuva, berrante e, na edição de dezembro, árvore de Natal. A assinatura do autor, invariavelmente Heitor Alves, podia encurvar-se para ser o cabo do guarda-chuva, ou o badalo do sino. A escolha da lâmpada como símbolo foi motivo para que Francisco Inácio Peixoto, lá em Cataguases, nas páginas da *Verde*, ironizasse *Electrica*, chamando-a de "órgão de propaganda das lâmpadas Osram-Mazda".

Embora admitindo ter gostado de alguns versos de Heitor Alves, Chico Peixoto qualificou o poeta carioca de "pomposo" e um dos seus livros de "maravilha de teteiazinhas"; achou a revista "cheia de infantilidade" e de "reclames na maior parte deles malfeitos". E observou, impiedoso, que "o serviço tipográfico de *Electrica* obriga o leitor a dar cambalhotas", indagando o que faria "o pobre tipógrafo". No mesmo número de *Verde*, porém, Rosário Fusco saudava o "vitorioso aparecimento" da revista de Itanhandu. E em Belo Horizonte, no *Diário de Minas*, Drummond falou de Heitor Alves como "[...] um poeta que sente viver, que tem olhos para a infinita variedade das paisagens e ouvidos para a infinita melodia do mundo".

Não foi só com a aventura de *Electrica* que o irrequieto vate carioca agitou Itanhandu, onde desembarcou com a mala repleta de ineditismos. Professor do Ginásio Sul-Mineiro (depois Escola Estadual Prof. Souza Nilo), por exemplo, onde um de seus alunos foi o já poeta Dantas Motta, Heitor Alves dinamitou a rígida segregação dos sexos e entronizou a ousadia das classes mistas. Liberou o cigarro na sala de aula. Provocou estupefação na cidade ao levantar uma casa em forma de estrela de quatro pontas — destruída depois de sua morte, de tuberculose, aos 37 anos incompletos, em fevereiro de 1935. Por essa época, contam as filhas, a tuberculose serviu de pretexto para que mãos desconhecidas tocassem fogo em seus livros e arquivos, onde haveria preciosos originais. Na verdade, o extravagante poeta Heitor custou a ser integralmente assimilado pela cidade adotiva, que só décadas mais tarde lhe concederia o reconhecimento, sob a forma de um nome de rua e de uma sala no museu municipal.

Ao casar-se com Amélia Guedes Alves, de um ramo empobrecido da família Scarpa, o criador de *Electrica* escandalizou duplamente a sociedade itanhanduense: por envergar um terno branco, num tipo de cerimônia em que o traje escuro era então *de rigueur*, e por não se limitar, como todos os noivos, a um casto beijo na testa — aos pés do altar, atracou-se a sua eleita num beijo cinematográfico. Já viúva, dona Amélia relataria aos filhos a vergonha que não raro passou com as excentricidades do marido. Chegou a chorar quando ele encasquetou batizar um filho como Homem — e só por força daquelas lágrimas o garoto veio a chamar-se Heitor Homem. A primogênita, no que dependesse do pai, teria tido por nome apenas uma letra, a letra L — L de Liberdade, Lealdade, Literatura, justificava o poeta. Como o tabelião se recusasse a registrar com uma consoante um ser humano, Heitor Alves conformou-se com Helle (a futura mãe do cineasta Lael Rodrigues, o diretor de *Bete Balanço*, que ao morrer levou consigo o projeto de fazer um documentário sobre o avô, *O homem novo*).

Duas outras filhas de Heitor chamaram-se Vida e Poema, e o caçula, Ritmo. Numa das moças, pelo menos, parece haver subsistido um pouco do pioneirismo paterno: atriz e autora de rádio e de televisão durante quarenta anos, Vida Alves protagonizou, em 1951, nos braços de Walter Foster, em *Sua vida me pertence*, da TV Tupi, o primeiro beijo da história da telenovela brasileira.

8. A cidade que Gutenberg esqueceu

Aboletados nas mesinhas de seu bar preferido, em Belo Horizonte, os rapazes do Grupo do Estrela não se davam conta de que estavam sendo observados — e observados com irrestrita admiração. Nenhum de seus gestos ou ditos escapava aos olhos e ouvidos de outros moços, ligeiramente mais novos, abancados nas mesinhas próximas. Ali estava, embevecida, a segunda fornada da geração modernista de Minas Gerais. Em breve as turmas iriam fundir-se, mas por ora havia entre elas uma intransponível barreira de timidez.

"Deus meu, os matutos que éramos!", escreveria, já nos anos da maturidade, um daqueles basbaques, Guilhermino Cesar.

> Urrávamos de gozo toda vez que o Simeão, o garçom dos garçons, nos servia uma xícara de café na mesa em que haviam sentado, horas antes, tantas celebridades paroquiais: Nava, Capanema, o poeta Emílio, Abgar, Heitor de Souza, [Mário] Casassanta, Albertinho Campos, Gabriel Passos, Martins de Almeida, Cyro dos Anjos, o Carlos.

Uma daquelas "celebridades paroquiais", Cyro dos Anjos, também tivera, como Guilhermino, seu tempo de matuto. Vindo de sua Montes Claros, morava em Belo Horizonte desde novembro de 1924 e frequentava uma roda que se movia a boa distância dos então chamados "futuristas". Conhecia tão mal a topografia das letras belo-horizontinas que incluía entre esses novidadeiros um conservador como Eduardo Frieiro. Os amigos mais chegados eram seu primo Arthur Versiani Veloso, filósofo, em quem se inspiraria, dez anos mais tarde, para criar o Silviano do romance *O amanuense Belmiro*, e Newton Prates, então iniciando o que seria uma bem-sucedida carreira jornalística.

Dos "futuristas", Cyro conhecia apenas Abgar Renault, com quem tomava aulas de inglês e de quem lia, maravilhado, os *Sonetos antíguos*. Não sabia que a essa altura o poeta já se havia bandeado para o modernismo. E, quando soube, ficou decepcionadíssimo: "O Abgar dos *Sonetos antíguos*! Como admitir uma deserção assim?", relembrará em *A menina do sobrado*.

Nem um nem outro, na verdade, Cyro dos Anjos ou Abgar Renault, jamais aderiu integralmente ao modernismo. Ou pelo menos com o entusiasmo de outros companheiros. O romancista de *O amanuense Belmiro* não está apenas fazendo uma boa frase quando diz que não aderiu ao modernismo e sim a Carlos Drummond de Andrade, a quem atribui papel decisivo em sua formação literária.

Quanto ao poeta de *A lápide sob a lua*, basta ver seu apego à ortografia do tempo de moço. "Aceitei certas liberdades e recusei outras, como o desrespeito à gramática, a piada convertida em tema poético", disse Abgar Renault, já passado dos noventa anos, ao avaliar o grau de sua adesão ao movimento modernista.

"Para ser exato, direi que, de início, ele não me despertou entusiasmo", admitiu em outra ocasião o poeta, que estreou por volta de 1917, no jornal *Cidade de Barbacena*, com "umas tolices em prosa", seguidas de um soneto, sob o pseudônimo Tarlton.

Não o compreendi bem. Por deficiência crítica ou por preconceito, recebi--o inicialmente como um processo de alteração ou, melhor, de destruição formal, e deixei-me enganar pelos poemas do tipo busca-pé, cujo objetivo era apenas criar escândalo e chamar a atenção pública para a revolução que já se achava em processo de eclosão. Deve ter contribuído, e muito, para essa postura, a minha formação rigidamente parnasiana.

Na tentativa de livrar-se dos preconceitos e abrir-se às conquistas da poesia moderna, Abgar Renault chegou a compor, para depois arrepender-se, uns versos com pretensões humorísticas, "Habeas corpus", dedicados a Drummond, Emílio Moura e João Alphonsus e apresentados como "poema mui sincero de adesão ao modernismo".

Cyro dos Anjos, como Abgar, também recebeu com pé-atrás as novidades do movimento, contra o qual andou atirando farpas num jornal de Montes Claros, a *Gazeta do Norte*, que em suas memórias vai aparecer como *Sentinela de Santana*. Em 1929, quando Gregoriano Canedo lhe ofereceu o lugar que ocupava na redação do *Diário de Minas*, Cyro esbarrou na secura inicial de Carlos Drummond de Andrade, redator-chefe, e não pôde deixar de atribuí-la àqueles artigos infelizes que andara escrevendo. Mas sua má vontade em relação ao modernismo se dissolvera bem antes disso — já não existia ao tempo em que Cyro, com outros rapazes do Norte de Minas, começou a frequentar o Estrela. Conta o memorialista de *A menina do sobrado*:

> Não raro o nosso grupo via chegar ao Estrela o pessoal da Revista [...] Queríamos, espichando o ouvido, recolher aqueles reparos breves, cortantes, entremeados de vastas gargalhadas e exclamações zombeteiras. Nada escapava à devastação. Escritores de fama eram sumariamente desalojados de seus nichos, enquanto nomes até ali desconhecidos do público vinham à tona festejados: o Oswald, o Mário, o Prudente, o Manuel, o Couto, o Milliet... Quando partiam, ficávamos a digerir o dito ou o inferido. Recém-chegado de Santana, eu fazia enormes confusões. Newton me acudia: "Não, rapaz, o Manuel de que falam vive no Rio, é aquele do 'Madrigal melancólico'... Você até copiou os versos. O *Pau-Brasil* é do Oswald, não do Mário. Apareceu há pouco. E os poemas são uma coisa, o manifesto, outra. Do Mário é a *Pauliceia desvairada*".

Empertigados em suas cadeiras de palhinha, o jovem Cyro e seus amigos emaranhavam-se em outros equívocos:

> Não conseguíamos distinguir qual deles era o Carlos Drummond — se o magro, de óculos e de fala incisiva, lacônica, ou aquele outro não menos magro, sem óculos e de compridíssimas pernas, em quem depois identificaríamos o Emílio Moura. E a João, filho do Mestre Alphonsus, por algum tempo confundimos com o Pedro Nava [...] Não era só a curiosidade que nos atava a língua, no Estrela, quando ali chegavam os rapazes da Revista. Era também o receio de virmos a ser objeto de chacota, na remota hipótese de que prestassem atenção às nossas querelas.

Até que, certo dia, os frangotes se encheram de coragem, foram até a mesa onde estavam os confrades mais velhos e lhes pediram colaboração para uma revista que estavam fundando, a *Cidade Verde*. Foram recebidos com simpatia — e, aos poucos, se tornaram amigos.

Para Guilhermino Cesar, mais atirado, a abordagem do Grupo do Estrela foi menos tortuosa. Até deixar Cataguases, em 1927, ele não teve qualquer contato com Drummond, a não ser por intermédio de Ascânio Lopes. Instalado na capital, foi conhecer o poeta de Itabira no ano seguinte, na rua da Bahia — "a mais intelectual das ruas belo-horizontinas", definiu mais tarde, espécie de "via Appia da burguesia liberal".

Mandou-lhe uma carta, apresentando-se e pedindo a publicação de um poema. Drummond lhe respondeu dizendo que no dia seguinte, às três da tarde, apareceria no Estrela "o malandro do Nava" — e acrescentou: "Eu estou cansado de conhecê-lo, mas você, não. Venha vê-lo". Encontraram-se os três, à hora marcada, e em poucos minutos, conta Guilhermino, dissolveu-se por completo toda e qualquer cerimônia. Ao se despedirem, já como velhos camaradas, Drummond lhe pediu que de vez em quando lhe mandasse um poema — "mas que não seja ruim, viu?".

O sonho de Guilhermino, na época, era trabalhar no *Diário de Minas*. Não conseguiu. Quanto a Cyro dos Anjos, tocava um curso de direito e começava a se livrar de aflições financeiras. Tão graves que, volta e meia, precisava lançar mão de recurso extremo para ter o que comer: frequentar velórios — "os abastados, onde a empadinha e o pastel eram certos", recordará em suas memórias, ou "os modestos, assistidos apenas a biscoito Maria e café".

A fase de velar defuntos, felizmente, ia passando, mas os problemas de caixa ainda eram preocupantes. Convertido em professor de português, inglês e francês, durante semanas Cyro dos Anjos esperou, inutilmente, que lhe aparecesse algum aluno. Tentou também, sem maior êxito, adaptar para o leitor brasileiro um *Manual do perfeito secretário*, ao qual julgou útil acrescentar um modelo para carta de suicida.

Durante o ano de 1927, o futuro romancista de *Abdias* embarcou em sucessivos desastres jornalísticos. Começou pelo *Diário da Tarde*, o primeiro deste nome, de cuja brevíssima existência os leitores de Belo Horizonte mal chegaram a tomar conhecimento. Não por falha de seus repórteres e redatores, que, abnegados, ficavam pelas esquinas a gritar para os jornaleiros, na tentativa de chamar atenção para a folha: "Me dá aí o *Diário da Tarde!*".

Em seguida surgiu, para morrer ainda mais rapidamente (durou de julho a dezembro de 1927), o *Diário da Manhã* — aquele jornal do Liminha, o historiador Augusto de Lima Júnior. Num esforço de imaginação para conquistar leitores, Cyro dos Anjos por pouco não foi linchado quando alguns deles descobriram ser pura invencionice sua série de reportagens sobre uma casa mal-assombrada.

Cyro haveria de meter-se, no mesmo ano, em outra canoa furada, a do *Diário do Comércio*, que pelo menos lhe deu uma carteira de repórter, com a qual pôde entrar, sem pagar ingresso, num baile do Palestra Itália, primeiro nome do Cruzeiro Esporte Clube, no Carnaval de 1928, quando o jornal já não circulava.

Não que o escritor montes-clarense fosse um pé-frio em matéria de imprensa. A mortalidade jornalística, na Belo Horizonte do início do século, é que era impressionante. "Ano após ano, jornais nasciam e, com poucos meses, morriam de inanição", anotou o próprio Cyro. "Nem só por falta de dinheiro: também de assunto e de público."

Em seus primeiros 25 anos de vida, a cidade viu brotarem nada menos de 160 publicações, sem contar aquelas, numerosas, que nasceram e se extinguiram sem deixar traço nos arquivos e bibliotecas. Em 1930, passava de duzentos o número de jornais surgidos desde a inauguração da capital, 33 anos antes. "Alguns eram brilhantes", admite o cronista Moacyr Andrade, "mas todos pirilampejavam e morriam." Ele conta, a propósito, que em 1926 um diário do Rio de Janeiro, *A Manhã*, lhe encomendou um artigo sobre a imprensa de Belo Horizonte — publicado sob o título "A cidade que Gutenberg esqueceu".

Entre muitas outras, o veterano jornalista participou da experiência do *Correio Mineiro*, fundado em 1927 por Victor da Silveira e melancolicamente extinto em 1930. Não por falta de luta para tentar sobreviver, ele explica: "Nossos repórteres pelejavam para arranjar sensacionalismo noticiando crimes, mas voltavam suados à redação, com atentados insignificantes ao Código, que mal mereciam uma coluna".

Em desespero de causa, os responsáveis pelo *Correio Mineiro* lançaram mão de recursos pouco ortodoxos — um deles, por sinal, idêntico ao que Cyro dos Anjos utilizara no *Diário da Manhã*. "Inventamos pitonisas, assombrações e até um faquir indiano, que dissemos estar aqui incógnito, vindo de um mosteiro do Himalaia", confessará Moacyr Andrade. Um dos editores, Alberto Deodato, sergipano de Maruim, vivia momentos diários de exasperação. "Que cidade horrorosa, que não dá crimes!", bradava a cada manhã. "Não dá nada de sensacional! E temos de encher um jornal!"

Quando, finalmente, houve um bom crime — um certo sargento Anhambira matara um tenente Humberto no quartel do 1º Batalhão —, o *Correio Mineiro* explorou a história o quanto pôde, esticando-a ao longo de três meses, relembra Moacyr Andrade, "para que o povo não perdesse o seu sabor, assim como se conserva carne no congelador..."

Ameaçados, já no nascedouro, pelo estigma da vida breve, muitos jornais mineiros, da capital e do interior, buscavam garantir mais fôlego publicando uma advertência na primeira página: "Quem receber este primeiro número e não o devolver será considerado assinante para todos os efeitos". Nem assim se conseguia assegurar uma sobrevida razoável, a julgar pelo que diz Abílio Barreto em seu *Resumo histórico de Belo Horizonte (1701- -1947)*: "O jornal que então conseguisse durar um ano, tirando só algumas centenas de exemplares, composto em tipo de caixa e mal impresso em pequenos prelos movidos a pedal, era tido como resultado de esforço heroico".

Houve um tempo, conta o historiador, "em que a fundação de jornais na capital se tornara iniciativa de porta de café";

> os redatores e colaboradores eram arranjados gratuitamente, e, em geral, recrutados entre intelectuais festejados da cidade, que se sentiam desvanecidos com o convite, dando-se por bem pagos com os bilhetes permanentes de cinemas e teatros e com a satisfação de poder frequentar os clubes sociais e os banquetes políticos, naquela saliente condição que a muitos causava inveja.

Chegou a existir, relata Abílio Barreto, um jornal que, embora se apresentando como diário, só circulava quando seu editor — que era também redator e tipógrafo, com a solitária ajuda do filho — conseguia anúncios. Nesses casos, o homem saía rodando os cafés, à procura de algum homem de letras disposto a redigir o jornal, de ponta a ponta, contra o pagamento de quatro mil-réis. Moacyr Andrade se lembrava de ter escrito muita coisa nas mesas do Café Java, "para atender à solicitação, imediatamente".

A compulsão jornalística em Belo Horizonte era tamanha, anota ainda o historiador, que uma tal Adelina Corroti, "não dispondo de recursos para pagar a impressão, manuscrevia o seu quinzenário *O poste* em uma folha de papel almaço e o afixava num dos pontos mais movimentados da cidade".

Mais afortunado que Cyro dos Anjos, Guilhermino Cesar não precisou aventurar-se em jornais natimortos, redigir cartas de suicida, entrevistar assombrações ou fazer cara compungida em velório para garantir um sanduíche. A luta pela sobrevivência, em todo caso, o levou a inovar, ao mesmo tempo, no campo do direito e da literatura, fazendo dele o pioneiro no uso da poesia como insuspeitado instrumental forense.

É uma história que Guilhermino contava entre gargalhadas.

Recém-formado, ele imaginava tirar parte de seu sustento da advocacia, e chegou a abrir escritório. Estava à espera do primeiro cliente quando lhe apareceu um colega, o futuro deputado, ministro da Fazenda e vice-presidente da República José Maria Alkmin, já então com alguma estrada percorrida na profissão. Tinha sido contratado para defender, em São João del Rei, o autor de um assassínio, e queria a assistência de Guilhermino Cesar.

Não se tratava de um crime qualquer. Havia em São João dois sapateiros, muito amigos, e um deles, Giuseppe Bina, certo dia de muita libação, matou o outro de maneira nada convencional: pregou-lhe a cabeça no chão com um enorme prego. O promotor que ia atuar no caso era um filho da terra, Tancredo Neves. O futuro presidente da República tinha sido colega de Guilhermino na Faculdade de Direito, em Belo Horizonte — circunstância que Alkmin por certo tinha em mente, ao convidar o escritor para se incorporar à defesa de Giuseppe Bina.

Em nome da camaradagem nos bancos de escola, explicou ele, não ficaria de todo indecoroso cumular de gentilezas a mãe do promotor, dona Sinhá Neves, levando-lhe um ramo de flores. Seria preciso, além disso, providenciar uma investida junto às filhas do juiz de Direito — e também aqui a escolha de um assistente com fumaças literárias nada teve de casual. As moças adoravam poesia, descobriu Alkmin. "Você vai ficar quatro dias falando sobre poesia moderna com elas", planejou, "vai narcotizá-las com poesia."

Sessenta anos mais tarde, Guilhermino Cesar não sabia dizer até que ponto funcionou a estratégia armada pela futura raposa da política mineira. Mas lembrava-se bem da euforia de Alkmin, ao ver condenado a nove anos de cadeia um homem que mereceria 9 mil.

9. Um forasteiro taciturno

Guilhermino Cesar tinha alguns meses de Belo Horizonte quando, em 1928, foi apresentado a um amigo e conterrâneo de Cyro dos Anjos. Chamava-se Newton Prates e era secretário do *Estado de Minas* — jornal nascido, a 7 de março do mesmo ano, dos escombros do *Diário da Manhã*, de Augusto de Lima Júnior. Tinha, ao surgir, apenas quatro páginas, funcionava numa casa na esquina da avenida João Pinheiro com a rua Timbiras e carregava no título um artigo *O*, que perderia em 1929. No ano seguinte, foi comprado por Assis Chateaubriand, o fundador daquele que viria a ser o mais poderoso império de comunicação do país, os Diários e Emissoras Associados.

"Você é o Guilhermino Cesar da *Meia-pataca?*", quis saber Newton. Referia-se ao livro que o jovem poeta acabara de publicar, em parceria com um companheiro da revista *Verde*, Francisco Inácio Peixoto. "Você não quer um emprego?" Guilhermino mal acreditou no que ouvia. "Isso não é oferta que se faça", exultou. "Eu não te beijo as mãos porque é uma coisa meio antiquada. Quando é que eu começo?"

Começou no dia seguinte, e em uma semana já era secretário do jornal, lado a lado com Newton Prates, que viria a ser um de seus maiores amigos. Tão logo se sentiu à vontade, pôs-se a contrabandear modernismo para as páginas do Estado de Minas. "Nós ocupamos a imprensa mineira", contará muitos anos depois. "Eu no *Estado*, Drummond no *Diário de Minas*."

O próprio Guilhermino veio a ser um dos líderes de uma variante do movimento modernista, corporificada no jornal *Leite Criôlo*, publicado em algumas edições do *Estado de Minas* em 1929. "Foi um sarampo romântico que Guilhermino Cesar, Aquiles Vivacqua e eu contraímos no ambiente carregado do indianismo paulista", explicou trinta anos depois o historiador João Dornas Filho. "Seria a vacina africana contra a antropofagia que ameaçava comer (e comeu) os próprios pajés que a criaram... Fundamos então um jornal — o *Leite Criôlo*, que saiu intencionalmente a 13 de maio e por ele pretendíamos combater o romantismo paulista com o romantismo bantu..."

Guilhermino também haveria de tentar, pelos anos 60, uma avaliação do movimento, cujo "objetivo era fazer com que a cultura negra fosse examinada com sentido crítico". Não custou a perceber, no entanto, que *Leite Criôlo*, "querendo quebrar os tabus, caiu no exagero, na macaqueação da linguagem de Mário de Andrade e do negro".

Já curado desse sarampo, Guilhermino Cesar veio a conhecer, na redação do *Estado de Minas*, um outro Newton, também excelente figura: Newton Braga, capixaba de Cachoeiro de Itapemirim, desterrado em Minas desde 1929 para se tratar de uma tuberculose — estava "fraco do peito", como então se usava dizer. Não só se restabeleceu como reuniu energias para integrar, como zagueiro, o segundo time do América mineiro. Formou-se em direito e, na hora de voltar para casa, no início de 1932, perguntou se não poderia deixar seu emprego para um irmão mais novo, em Belo Horizonte desde o ano anterior.

O garoto estava com dezenove anos e se chamava Rubem. Rubem Braga.

Não tinha experiência de jornal, mas havia publicado umas crônicas no *Correio do Sul*, de Cachoeiro, jornal de propriedade da família. Sua estreia se dera nas páginas de *O Itapemirim*, jornalzinho do Grêmio Domingos Martins, do Colégio Pedro Palácios, com uma crônica intitulada "A lágrima", que decididamente não incentivava apostas num grande futuro literário: "Quando a alma vibra atormentada as pulsações de um coração amargurado pelo peso da desgraça...".

No *Correio do Sul*, Rubem escrevia sobre os mais variados assuntos. No verão, passando férias na cidade capixaba de Marataízes, de lá enviava "crônicas praieiras" para uma seção que denominou "Correio Maratimba". No resto do ano, mandava seus artigos do Rio de Janeiro, onde estudava. (Expulso do colégio por causa de uma briga com um professor, foi parar em Niterói e em seguida no Rio, onde, em 1929, estava matriculado na Faculdade de Direito.)

Não raro, metia sua colher adolescente na discussão política — o que, certa ocasião, lhe valeu um susto, o primeiro de uma série que iria incluir até mesmo a prisão, ao tempo do Estado Novo. Às vésperas da Revolução de 1930, ele andou criticando a Aliança Liberal, que em outubro derrubaria o presidente Washington Luiz. Vitorioso o movimento, foram procurá-lo na redação do jornal. Rubem, por sorte, estava no Rio, e quando voltou a Cachoeiro, em dezembro, para o enterro do pai, os revolucionários já não queriam seu sangue.

Agora lá estava ele, em Belo Horizonte, com o serviço militar recém-feito, matriculado na Faculdade de Direito, morando numa pensão na rua Pernambuco e precisando daquele emprego nos Diários Associados. Quem conta é Newton Prates, num artigo dos anos 70: "À sua chegada, foi recebido com pouca simpatia. A turma da casa não topou muito o jeitão daquele camarada de ar agreste, mal-ajambrado, sobrancelhas cerradas, rosto fechado, arisco, desconfiado". Deram-lhe, como teste, a tarefa de cobrir, para o *Diário da Tarde* — o vespertino dos Associados de Minas, lançado a 14 de fevereiro de 1931 e dirigido por

Newton Prates —, a primeira exposição de cães de Belo Horizonte, a se realizar dentro de uns dias no estádio do América Futebol Clube. Não faltou quem jurasse que o rapaz não voltaria. Voltou. Sentou-se em silêncio e produziu uma pilha de papéis cheios de rabiscos e borrões. "Não tivemos ânimo para enfrentar aquela maçaroca", confessará Newton Prates.

Passamos as tiras a Guilhermino Cesar, redator-chefe, que, por sua vez, achando aquelas tiras pouco convidativas, passou-as a Otávio Xavier, secretário da redação, que, mal-humorado, começou a examinar a reportagem — enquanto o autor espiava de longe, indiferente. Pouco depois, o secretário da redação chamava o redator-chefe, os dois leram a reportagem com muita atenção, trocaram impressões e foram juntos à mesa do diretor.

— Está nascendo um sujeito novo no jornal, no Brasil. Escreve diferente de todo mundo e escreve muito bem. Vai longe este rapaz.

A primeira reportagem do futuro "Sabiá da crônica" (como o apelidou Sérgio Porto, o humorista Stanislaw Ponte Preta) resultou em "uma página preciosa, até hoje relembrada por velhos colegas", como atestará nos anos 80 outro grande cronista, Paulo Mendes Campos. Foi publicada, sem assinatura, no *Diário da Tarde*, a 7 de março de 1932. (Na mesma edição, aliás, em que o mano Newton, com um bilhete, "Tchau", se despedia dos leitores e de Minas Gerais. Voltou para Cachoeiro e acabou no Rio, onde morreria em 1962, com 51 anos incompletos e um romance de Simenon nas mãos. Deixou dois livros publicados — *Lirismo perdido* e *Cidade do interior* — e alguns poemas, que Rubem reuniu no volume *Poesia e prosa*, lançado em 1964 pela sua Editora do Autor.)

Marco inaugural de uma carreira que se estendeu praticamente até sua morte, em dezembro de 1990, a reportagem de Rubem Braga, "Os homens festejando o seu fiel e grande amigo...", principiava oferecendo ao leitor o que, em jargão jornalístico, se chama de nariz de cera — uma digressão antes de entrar no assunto:

Na escola primária a gente aprende que o cão é o melhor amigo do homem, que é inteligente e leal. Na escola secundária, a gente lê com muita emoção o "Fiel" de Guerra Junqueiro. Mas só se aprende a amar verdadeiramente os cães muito mais tarde, em plena escola da vida, quando se começa a conhecer melhor os homens...

Vai crescendo, como o de Pinóquio, o nariz de cera de Rubem Braga, para lembrar uma "fábula moderníssima" do escritor italiano Pitigrilli, sobre "um cão de luxo, mimado e adulado, que se enfastiou da boa vida e fugiu"; "naturalizado vira-lata", vivia feliz, até despertar a comiseração de "um homem bem instalado e caridoso, que teve pena de sua miséria e espalhou os seus miolos com uma bala de revólver". Rubem conta então um caso acontecido em Alegre, no Espírito Santo (e que ele próprio já relatara, sob o título "Um cão feliz", no *Correio do Sul*), onde um homem fora condenado — com inteira justiça, a seu ver — por matar um cachorro. Só então, com o texto já pela metade, a reportagem diz a que veio: "Em tudo isso pensava o repórter ontem à tarde na Exposição Canina".

Segue-se a notícia propriamente dita, com os resultados do desfile, vencido por "Lord, magnífico Pointer de propriedade do dr. José dos Santos Bicalho".

Escrita com leveza nada habitual no jornalismo sisudo e enfeitado da época, a reportagem fez tanto sucesso que a direção do *Diário da Tarde* resolveu aproveitar o autor também como cronista. Entregou-lhe a abertura da seção "Notas sociais — Nos lares e nos salões", sempre sob o título "Qualquer coisa". A primeira crônica, datada de 14 de março de 1932, já trazia lampejos do mais genuíno Rubem Braga:

> A noite está desapontada porque não compareceu nenhum violão, nenhum poeta, nem qualquer pingo de tristeza.
> O meu cérebro trabalha apreensivamente. Queria estar perto de você recitando a gritante poesia do meu silêncio.

Havia de lhe dizer, depois, uma frase alucinada:

— Você parece Greta Garbo com dezessete anos e meio!

Oh, minha pobre mocinha quase feia, que gosta tanto de mim, eu confessaria o poema supremo do meu desejo de amar:
— Se você fosse bonita, seria linda...

A crônica do dia seguinte foi dedicada a Belo Horizonte, cidade "onde mesmo os urubus navegam mais serenos". Poucas semanas depois, Rubem Braga era convidado a escrever uma crônica diária no outro jornal da casa, o *Estado de Minas*, bem mais prestigioso. A primeira, conta Newton Prates, saiu sem título; para ganhar tempo, o texto foi mandado para as oficinas, com uma indicação do corpo em que deveria ser composto. O linotipista, por alguma razão, achou que aquele era o título — e a seção ficou se chamando "Grifo sete".

Diretor do *Estado* nessa época, Afonso Arinos de Melo Franco se recorda do cronista principiante numa passagem de *Alma do tempo*:

Rubem Braga era magro, e, já então, silencioso, caçoísta e meio casmurro. O *Estado de Minas*, jornal grave, tinha na sua crônica diária, leve, aérea, colorida, franjada sempre de ironia e ternura, às vezes tornadas sarcasmo e revolta, uma espécie de janela aberta sobre a vida natural e livre. Os meus editoriais políticos, os severos tópicos de [Luís de] Bessa sobre matéria econômica, a massuda contribuição vinda do Rio, bem como o monótono noticiário municipal compensavam-se com o gavrochismo de Rubem Braga, que passava na rua assobiando e atirando pedras em qualquer vidraça, inclusive nas da sua própria casa. Entre as severas colunas do *Estado*, preso aos filetes marginais daquela crônica, como nas grades da gaiola, um passarinho cantava perdidamente.

Quem um dia se empoleirou nessa gaiola, para se divertir um pouco, foi o mesmo Afonso Arinos. Não satisfeito em exumar e publicar, como vimos, velhos escritos de seu amigo e ex-chefe Carlos Drummond de Andrade, que as disputas políticas daquele ano de 1933 haviam convertido momentaneamente em adversário, o diretor dos Diários Associados em Minas Gerais resolveu espicaçar os "escritores oficiais". Ou seja, João Alphonsus, Emílio Moura e Cyro dos Anjos, além do poeta itabirano. Todos eles, agora, com o fim do *Diário de Minas*, trabalhavam no não menos oficioso *A Tribuna* ou no oficial *Minas Gerais*. Afonso o fez num texto que não só tentava imitar o estilo de Rubem Braga como trazia a assinatura do cronista, que nada tinha a ver com a picuinha.

Sob o título "Confidência", esse falso Braga, no dia 13 de julho de 1933, ironizava o *Minas Gerais* por haver publicado, como matéria exclusiva, um artigo divulgado antes, sem qualquer exclusividade, pela revista europeia *Le Mois*. "Fiquem tranquilos, porque eu não contarei nada a ninguém, senhores do *Minas*", espezinhava o autor da crônica. De Ouro Preto, onde fora fazer uma reportagem, o Braga verdadeiro telegrafou ao chefe: "Afonso, não abuse do meu santo nome em vão".

(Quando, mais tarde, se mudou para São Paulo, foi a vez de Rubem abusar do santo nome de outrem. Mais exatamente, de um santo pseudônimo. Sem ânimo para escrever as crônicas que prometera a um semanário humorístico, *O Interventor*, e pressionado pelo editor, ele simplesmente copiou, certo dia, um texto que Carlos Drummond de Andrade publicara no *Minas Gerais*, apropriando-se também do pseudônimo do poeta, Antônio Crispim. O editor do semanário, Laio Martins, sem saber do furto, ficou encantado e pediu mais. Rubem se lembra dos chopes que bebeu por conta de Antônio Crispim. "O remorso não era, na verdade, muito", contou na crônica "O crime (de plágio) perfeito", escrita em agosto de 1956: "Carlos não sabia de nada, e o que eu fazia não era propriamente um plágio, porque nem usava matéria assinada por ele, nem punha o meu nome em trabalho dele. E Laio Martins sorria feliz, comentando com meu colega de redação: 'O Rubem não quer assinar, mas que importa? Seu estilo é inconfundível!'".)

* * *

No momento em que Afonso Arinos se fazia passar por Rubem Braga nas páginas do *Estado de Minas*, naquele mês de julho de 1933, o jovem repórter capixaba vivia aflições mais do que jornalísticas, relatadas meio século depois numa crônica deliciosa, "Com a Marinha de guerra em Ouro Preto". Ele tinha ido à antiga capital de Minas para cobrir uma visita do ministro da Marinha, almirante Protógenes Guimarães. A comitiva ministerial incluía um assessor de imprensa — Augusto de Lima Júnior, o Liminha, aquele que não gostava dos Mello Franco. E, como os Associados de Minas eram dirigidos por um Mello Franco, Liminha resolveu sabotar a cobertura de Rubem Braga.

Nem por isso o enviado especial entregou os pontos — pelo contrário, não apenas furou o cerco armado pelo assessor como arrancou do ministro uma declaração desastrada, a respeito dos preparativos para a Constituinte que se reuniria naquele ano de 1933: "Eu perguntei ao ministro da Marinha se aqui [Ouro Preto] não é bom para se instalar a Constituinte e ele me respondeu que ela deve ser instalada no quartel dos Fuzileiros Navais", escreveu Rubem Braga na crônica "Praetiosum tamen nigrum" — precioso ainda que negro, latinório que o jovem repórter garimpou na bandeira de Ouro Preto e que ali, sem ressaibo racista, apenas faz alusão ao nome da cidade. De quebra, recheou uma reportagem com detalhes constrangedores para alguns integrantes da comitiva — como dona Maria Eugênia Celso, ilustre dama carioca, neta do visconde de Ouro Preto e filha do conde Afonso Celso, o autor do célebre *Por que me ufano de meu país*, flagrada ao declamar um poema caipira, "Meu home", de sua lavra.

Identificado, no trem de volta para Belo Horizonte, como o autor do texto, Rubem por pouco não foi obrigado a engolir, literalmente, o que havia escrito. Correu o risco, também, de ser atirado pela janela. Salvou-o Gustavo Capanema, secretário do Interior, que providencialmente embarcara em Sabará. Em Belo Horizonte, porém, o cronista teve o dissabor de ver o jornal publicar um pedido de desculpas pela reportagem.

* * *

Não foi esta a única tribulação por que passou o repórter Rubem Braga. Nem a primeira. Em julho do ano anterior, quando eclodiu em São Paulo a Revolução Constitucionalista, ele foi destacado para cobrir as movimentações das tropas mineiras junto ao túnel da Mantiqueira, em Passa Quatro, no Sul do estado. Em Cruzeiro, no lado paulista do túnel, o correspondente dos Diários Associados era um repórter do *Diário da Noite*, do Rio de Janeiro — Arnon de Mello, pai do futuro presidente Fernando Collor de Mello.

As duas coberturas eram publicadas por todos os jornais dos Associados, que na revolução se alinhavam com os paulistas — razão pela qual os despachos de Rubem Braga eram censurados na redação, depois de haverem passado, no front, por outro censor: Benedicto Valladares, prefeito de Pará de Minas, que ano e meio depois seria nomeado interventor no estado como inesperado tertius na disputa que se travava entre Virgílio Mello Franco e Gustavo Capanema. (Mais tarde, já sob a vigência da Constituição de 1934, foi eleito governador pela Assembleia Legislativa.)

Entre os oficiais e a soldadesca, Rubem Braga tornou-se conhecido pelo apelido de "Estado de Minas" e por alguns desatinos que cometeu, como bater pernas para além das trincheiras, compactamente bêbado, pondo em perigo outras vidas além da sua. No final de julho, após escaramuças de que resultaram mortes — entre elas a de um coronel, Fulgêncio dos Santos, operado sem êxito pelo capitão-médico Juscelino Kubitschek —, o chefe do Estado-Maior considerou que "Estado de Minas" vinha correndo riscos demais e, para protegê-lo, prendeu-o, mandando-o de volta para Belo Horizonte.

Nos últimos meses de 1933, Rubem Braga teve atritos com um dos caciques do jornal, Caio Júlio César Vieira, e foi tentar a vida nos Associados de São Paulo. Já era, a essa altura, irreversivelmente jornalista, conforme contará, com a graça de sempre, numa crônica de 1982:

Duas vezes pedi dinheiro em casa para registrar meu diploma de bacharel em Direito e ir para Cachoeiro advogar, e duas vezes perdi o dinheiro em uma casa de jogo clandestina da rua Caquende, ou Kakende, em Sabará. Vergonha. Mandei dizer que tinha arranjado um emprego muito bom e fui ficando em jornal, fui ficando, e eis-me ainda aqui, senhores, precisamente 50 anos depois. "De jornalista é que não me demitem" — conforme disse Rui Barbosa na abertura de um artigo que, segundo parece, ele nunca escreveu, pois um dia citei esta frase e fui tão contraditado que hoje estou convencido de que eu mesmo a fiz, sonhando. Não será uma grande frase; mas que parece Rui, parece.

Em 1936 — ano da publicação de seu primeiro livro, *O conde e o passarinho* —, Rubem Braga voltou a Belo Horizonte e foi trabalhar na *Folha de Minas*. Segundo Newton Prates, foram complicações com a polícia política que o tangeram de volta às montanhas, naqueles tempos agitados que precederam o golpe que instaurou a ditadura do Estado Novo, em 1937: "Para que ele pudesse transpor sem riscos a Mantiqueira, os amigos tiveram que incluí-lo numa delegação de futebol do Flamengo, como jogador de emergência". Em maio e junho de 1936, a *Folha de Minas* publicou uma série de reportagens de Rubem Braga sobre os índios louros e de olhos azuis do vale do Rio Doce.

Bicho-carpinteiro, o cronista uma vez mais não esquentou lugar em Minas: casou-se, naquele mesmo ano, com a escritora mineira Zora Seljan, mãe de seu único filho, Roberto — e foi-se embora novamente.

10. Os quatro cavaleiros de um íntimo apocalipse

Rubem Braga ainda estava em Belo Horizonte quando, em 1933, Afonso Arinos de Melo Franco se desentendeu com Assis Chateaubriand e deixou a direção do *Estado de Minas*. O motivo, como vimos, foi o desfecho da luta pelo posto de interventor federal no estado: quando se pensava que o escolhido seria Gustavo Capanema, interino no cargo desde a morte de Olegário Maciel, ou Virgílio Mello Franco, irmão de Afonso, Getúlio Vargas sacou do bolso do colete a surpresa do deputado Benedicto Valladares.

A frustração de ver preterido o mano Virgílio precipitou o jovem diretor do *Estado* na mais implacável oposição aos governos federal e estadual. Atirando para todos os lados, o futuro prócer udenista acabou atingindo o ex-presidente Antônio Carlos, num artigo que Assis Chateaubriand, o dono do jornal, mandou censurar. No dia seguinte, 14 de junho de 1934, Afonso Arinos se demitiu dos Associados. Mas não desistiu de ocupar uma tribuna jornalística: com Virgílio, resolveu fundar um diário em Belo Horizonte — a *Folha de Minas*. Na empolgação dos grandiosos projetos iniciais, conseguiu arrastar consigo praticamente toda a redação e a reportagem do *Estado*. Atraiu também, no Rio de Janeiro e em São Paulo, colaboradores de nome, como Manuel Bandeira, Gilberto Freyre, Gastão Cruls, Mário de Andrade, Sérgio Buarque de Holanda e Rodrigo M. F. de Andrade.

O jornal chegou às bancas no dia 14 de outubro de 1934 e, segundo Afonso Arinos, teve uma "saída extraordinária para o tempo": a edição de estreia vendeu 11 mil exemplares. "Quem percorrer a coleção do bravo diário provinciano verá que ele, de certa maneira, renovou a técnica da imprensa em Minas", avaliará Afonso Arinos em suas memórias.

A experiência, contudo, não foi muito longe. Às voltas com problemas financeiros, a folha dos irmãos Mello Franco começou a naufragar. A bordoada terminal teria sido, segundo Afonso, a censura imposta à imprensa após a Intentona Comunista de 1935. No fim do ano, o jornal, que surgira para combater os ocupantes do Catete e do Palácio da Liberdade, passou, melancolicamente, para as mãos dos bancos oficiais mineiros de que era devedor. Em outras palavras, para as mãos de seu adversário Benedicto Valladares.

Afonso Arinos tomou o trem para o Rio de Janeiro e, a partir de então, só voltou à terra como visitante. Com cada vez menos clorofila jornalística, a *Folha de Minas* descreverá uma trajetória periclitante até secar de vez, em 1964, numa penada do governador Magalhães Pinto que nem sequer provocou lamentações.

Numa cidade em que jornais nasciam e morriam em poucos meses, a imprensa mineira vivia um momento particularmente rico naqueles anos 30. O *Estado de Minas* se firmava como o grande jornal mineiro e puxava o *Diário da Tarde*. A *Folha de Minas*, bem ou mal, iria atravessar três décadas. E outro novato, de fôlego ainda mais largo, *O Diário*, era lançado, em fevereiro de 1935, pela Boa Imprensa S. A., empresa por detrás da qual estava a arquidiocese de Belo Horizonte.

Apresentando-se, a partir de certa altura, como "o maior jornal católico da América Latina", *O Diário* existiu até os anos 70, quando, já sem forças, perdeu seu nome e diluiu-se no irrelevante *Jornal de Minas*, homônimo daquele que marcou a estreia de Carlos Drummond de Andrade na imprensa belo-horizontina, em 1920. Por muito tempo, contudo, foi uma publicação importante — e, em seus melhores momentos, soube dar ressonância à literatura produzida no estado.

Nem poderia ser de outra forma, tal a quantidade de escritores que por lá passaram, sobretudo nos primeiros anos de vida do jornal, quando o comando da redação esteve nas mãos de Guilhermino Cesar e Edgar da Mata Machado. Entre outros, Oscar Mendes, Aires da Mata Machado Filho e Milton Amado.

Com poucos meses de vida, a equipe ganhou o reforço de um adolescente, João Etienne Filho, mineiro de Caratinga, que não apenas dedicaria a O Diário 34 anos de sua vida como ficaria sendo, por período ainda mais longo, um dos maiores incentivadores de talentos literários em Minas Gerais.

A carreira de Etienne acabou por se confundir com a própria história do jornal. De tal forma se entregou a ele que por mais de dois anos chegou a morar na redação, dormindo num quartinho ao lado da capela que existia no prédio de O Diário e onde, todo sábado, à meia-noite, se rezava missa.

(O jornal do arcebispo teve uma capela, também, quando mais tarde se transferiu para a avenida Francisco Salles. Certa noite, em meados dos anos 60, tendo faltado luz na redação, alguns jornalistas — entre eles Wander Piroli, Jacob Cajaíba e Alberico Souza Cruz — tiveram a ideia literalmente luminosa de recorrer aos enormes círios para escrever suas matérias. Lamentavelmente, esqueceram-se de devolvê-los à capela — e, no dia seguinte, foram todos demitidos.)

Etienne dispersou-se por muitas outras atividades, além do jornalismo. Foi professor de mais de uma disciplina, no curso secundário e na universidade, técnico e juiz de basquete, além de ator e diretor de teatro —

tudo isso ao mesmo tempo. Houve uma noite em que fez uma conferência na Academia Mineira de Letras, trocou de roupa dentro de um táxi e foi apitar uma decisão entre Minas e Ginástico. Na quadra, correndo de lá para cá, não era um juiz como outro qualquer. Certa ocasião, na tentativa de aplacar um sururu entre jogadores do Minas e do Cruzeiro, puxou um deles pela camiseta e, dramático, dobrou-o com uma súplica: "Fulano, eu lhe peço duzentos réis de complacência!" Não havia como não atendê-lo.

Na década de 50, Etienne arregimentou a parentada — e durante anos não houve em Belo Horizonte dezembro sem *O Natal na praça*, de Henri Ghéon, com o Grupo Teatro em Família. Fez também *A cantora careca*, de Eugène Ionesco; desdobrou-se em nada menos de oito papéis em *Galileu Galilei*, de Bertolt Brecht; e em *O estripador da rua G*, de Roberto Drummond, encarnou uma personagem criada especialmente para ele — um bêbado filósofo sempre a discutir com um papagaio.

Seu grande momento como ator, no entanto, foi vivido em 1982, quando o diretor Paulo César Bicalho lhe confiou dois papéis na sua adaptação teatral do romance *O encontro marcado*, de Fernando Sabino: o do fascinante Germano, um diplomata aposentado, inspirado no compositor e poeta Jayme Ovalle, e o do garçom Tininho, que, praticamente inexistente no livro, ganhou consistência no palco.

Como escritor, João Etienne Filho publicou dois livros de poesia — *Dia e noite*, de 1947, e *As desesperanças*, de 1957 — e uma coletânea de contos, *Os tristes*, de 1971. Chegou à Academia Mineira de Letras em 1959 e, mal tomou posse, protagonizou um episódio saboroso do folclore literário da casa — e da chamada mineiridade. Revoltado com a insignificância do *jeton* pago aos imortais, Etienne fez uma candente reivindicação de aumento, encerrada de modo peremptório: "Ou 500 cruzeiros, ou nada!" Imediatamente levantou-se um confrade, o calejado Djalma Andrade, e ponderou: "Pera lá: 500 cruzeiros — ou 200 mesmo".

A importância maior de João Etienne Filho como intelectual, no entanto, não está propriamente naquilo que escreveu, e sim no seu trabalho de mineração de novos talentos para a literatura. Incansável no esforço de formação de poetas e ficcionistas, sempre disposto a ler originais, referiu-se a si mesmo, em mais de uma ocasião, como "um Mário de Andrade dos pobres".

Dele se dizia que a cada seis meses revelava ao mundo uma nova fornada de escritores. Nos anos 50, por exemplo, emprestou sua experiência aos garotos — o romancista, crítico e poeta Silviano Santiago, entre outros — do grupo que o escritor José Nava rotulou de "geração passarinho"; passarinho porque, no dizer do irmão do grande memorialista, seus integrantes vinham comer alpiste literário na mão de Etienne. Seu mestre Alceu de Amoroso Lima, de quem foi secretário por alguns anos, no Rio de Janeiro, via nele "o Pedro Álvares Cabral das novas gerações mineiras".

"Eu não descobri ninguém", habituou-se a retrucar Etienne, inchado de modéstia. Foi por seu intermédio, em todo caso, que escritores como Paulo Mendes Campos, Otto Lara Resende e Hélio Pellegrino fizeram sua entrada na literatura.

Dos quatro "vintanistas", como os chamava Mário de Andrade, só Fernando Sabino não era inédito quando conheceu Etienne: precoce, aos doze anos publicara um conto na revista *Argus*, da polícia mineira. (Gerson, seu irmão mais velho, era amigo de Guilhermino Cesar, a essa altura assessor do chefe de polícia, Ernesto Dornelles — e por suas mãos o conto de Nandinho, como o chamavam em família, chegou à redação de *Argus*.) A alegria do estreante, naquele glorioso mês de maio de 1936, só não foi total porque "O misterioso assassinato" saiu como sendo de Fernando Tavares *Sobrinho*. Começava assim a primeira incursão do futuro autor de *A faca de dois gumes* no gênero policial:

> O inspetor James Smith, um rapaz de seus trinta anos aproximadamente, estava espichado pachorrentamente na cadeira de seu gabinete de trabalho, quando o telefone tilintou. Era ele um rapaz forte, que entrara para a

polícia como simples aspirante e, pelos seus méritos, alcançara o posto de inspetor da Scotland Yard.

— Alô! Como? — em dez minutos estarei aí.

Já Paulo Mendes Campos era um eficiente ala, como então se dizia em jargão de basquete, do Cicle Moto Clube, cuja equipe de juvenis João Etienne Filho dirigia no final dos anos 30. Não só dirigia como também jogava — e jogava bem, no depoimento de Paulo, apesar de só medir 1,59 metro. Um dia, no vestiário, para sua surpresa, o garoto lhe mostrou um soneto. Não demorou para que o futuro autor de *O domingo azul do mar* começasse a colaborar em *O Diário*, onde estreou com um artigo sobre a poesia de Raul de Leoni. Ficou orgulhosíssimo. "Na carreira literária, a glória está no começo", escreverá Paulo Mendes Campos bem mais tarde, já próximo dos sessenta anos. "O resto da vida é aprendizado intensivo para o anonimato, o olvido."

Quanto a Otto Lara Resende, desembarcou no jornalismo em 1940, com um artigo intitulado "Panelinhas literárias", escrito a partir das leituras que fazia de publicações do Rio de Janeiro e estampado num espaço nobre de *O Diário*, a coluna "Tapete mágico". O romancista de *O braço direito* costuma dizer que entrou no jornal porque encontrou a porta aberta: seu pai, o professor Antônio de Lara Resende, fazia parte da diretoria quando ele chegou a Belo Horizonte, em 1938, com dezesseis anos, vindo de São João del Rei, onde nasceu. "Para não ficar vadiando, e também porque o jornal me seduzia, meu pai para lá me encaminhou", contou ele. Etienne guardou a lembrança daquele "sujeito magro, pálido, cara meio esverdeada", com quem topou um dia na redação. Sem saber que se tratava de um filho do diretor-gerente do jornal, pediu-lhe que fosse entregar em casa de Guilhermino Cesar uns exemplares da revista literária *Mensagem*, da qual era secretário. Otto tinha visto Etienne em São João del Rei, e já o lia.

Hélio Pellegrino, por sua vez, chegou precedido de um poema, no início de 1940: mandou um ordenança do pai, que era diretor do Hospital Militar, levar à redação de *O Diário* os versos de "O mar", que Etienne, entusiasmado, publicou no dia seguinte na seção "Sociedade":

Geme o mar dentro da noite escura...
Geme, gigante atormentado,
e do seu grito que se esvai
pela amplidão
nunca chegou um eco de resposta...

Mal completara dezesseis anos e jamais tinha visto o mar — o gemebundo "gigante atormentado" de seu poema, confessaria depois, foi inspirado na represa da Pampulha, que o prefeito Otacílio Negrão de Lima fizera construir em 1938 para abastecer de água a capital mineira e que ainda não ganhara seu revolucionário conjunto arquitetônico. Animado com a publicação, Hélio mandou mais petardos poéticos, e um dia apareceu para conhecer Etienne. Começou a frequentar, toda semana, seu quarto de pensão, na rua Timbiras, para apanhar livros emprestados.

Foi ali que Hélio conheceu Paulo Mendes Campos e Otto Lara Resende — e se reencontrou com Fernando Sabino: colegas na Escola Infantil Delfim Moreira, no Grupo Escolar Afonso Pena e no Ginásio Mineiro (Colégio Estadual, a partir de 1943), os dois, por essa época, andavam um tanto distanciados. Otto e Paulo, por sua vez, conheciam-se de São João del Rei, cada qual aluno de um colégio e ambos apaixonados pelo basquete. Apaixonaram-se também, irreversivelmente, pelo uísque, bebida que Paulo apresentou a Otto, sob a forma de uma garrafa de White Horse. Ainda no terreno das paixões, por algum tempo namoraram a mesma garota — sem que o outro soubesse, naturalmente.

As reuniões na pensão da rua Timbiras, contava Etienne, ajudaram a consolidar o grupo, alicerçando uma amizade exemplar. O quarteto formado pelos jovens amigos de João Etienne Filho tornou-se legendário. "Os quatro cavaleiros de um íntimo apocalipse", rotulou Otto Lara Resende em 1980, quando a produtora Marilda Pedroso os convenceu a gravar um disco duplo com poesia, prosa e depoimentos autobiográficos, Os 4 mineiros. Curiosamente, o quarteto — mutilado pela morte de Hélio Pellegrino, em março de 1988, e de Paulo Mendes Campos, em julho de 1991 — sempre funcionou mais como um trio, que se comprazia em desancar, amorosamente, o amigo ausente. Essa peculiaridade do grupo irá refletir-se no romance O encontro marcado, no qual Fernando Sabino retratou sua geração: são três, não quatro, as personagens principais da primeira parte do livro.

Também ele recriado no romance, onde transparece nos traços, entre outros, de Veiga, o companheiro mais velho que acolhe jovens escritores numa redação de jornal, João Etienne Filho lamentava que Sabino não tenha feito, nesse romance, a mais remota referência ao seu quarto-biblioteca da rua Timbiras, tão importante na formação dos vintanistas. Seus quatro amigos tinham permissão para entrar a que hora fosse, mesmo que o dono da casa lá não estivesse — bastava empurrar a pesada porta da rua, que ele deixava apenas encostada. Às vezes carregavam suas frutas, mas jamais surrupiaram um livro. Quem o fez, um dia, foi o anfitrião, afanando na biblioteca de Fernando Sabino um exemplar de O Aleijadinho e Álvares de Azevedo, de Mário de Andrade. Descoberto o delito, admitiu em versos sua culpa:

Roubei um livro, que diabo
de um diabo tão mofino
que mando os dois ao diabo
o livro e o diabo Sabino.

Graças à sua coluna no Diário, a "Literária", que manteve ininterruptamente por trinta anos, de 1942 a 1972, Etienne recebia o que de melhor se publicava no país. Conhecia Mário, Drummond, Bandeira, Erico Verissimo, Octavio de Faria, Lúcio Cardoso, José Geraldo Vieira. Para seus protegidos, de quatro a seis anos mais novos, era um deslumbramento, um manancial de informações. Ele não só lhes emprestava livros como orientava as leituras. "Etienne nos abria a cabeça e nos dava importância", creditou em mais de uma ocasião Hélio Pellegrino. Fernando Sabino reconheceria um outro débito para com o amigo: "Ele me ensinou a ler com o cotovelo na mesa, quer dizer, ler até o fim, estudando, destrinchando, e não por mera distração, numa poltrona".

Originais eram trocados, lidos, implacavelmente criticados. É ainda Sabino quem conta: "Havia uma coisa que chamávamos *pegar no banho* — você pegar o outro numa circunstância em que ele não pudesse tirar o corpo fora, tinha que ler e opinar". À menor restrição levantada por Etienne, Hélio Pellegrino, radical, rasgava o poema. "Pelo amor de Deus, não faça isso!", protestava, já arrependido, o autor dos reparos. "Você disse que não presta, então não presta", encerrava Hélio.

Etienne franqueava aos amigos sua "Literária". Otto reclamava: o espaço era grande demais para encher e pequeno demais para que se pudesse dizer alguma coisa. Às vezes, de brincadeira, aquele que estava à máquina se levantava e um dos companheiros arrematava o artigo. "Ao fim não se sabia mais de quem era a autoria do que saía — e pode-se imaginar o que saía", contou Fernando Sabino. Etienne se recordará de um daqueles frankensteins jornalísticos, assinado por Otto Mendes.

Com a seriedade que lhe conferiam seus poucos anos a mais (nasceu em março de 1918), além de sua condição de bacharel em direito e professor do Instituto Padre Machado, João Etienne Filho não embarcava nas estripulias dos companheiros. Procurava manter-se sóbrio, para cuidar deles. Entrou em pânico na madrugada em que viu Fernando Sabino encarapitado no arco do viaduto, na postura de quem vai saltar do trampolim (não fosse ele campeão de natação), e anunciando, teatral: "Vou precipitar-me no abismo!".

Hélio Pellegrino também gostava de brincar com Etienne. Tinha mania de carregá-lo na avenida Afonso Pena — como, aliás, Paulo Mendes Campos fez um dia com Monteiro Lobato na avenida São João, no centro de São Paulo, na euforia de estar diante de um dos heróis de sua infância. (Numa crônica em que contou essa história, incluída na coletânea *Os bares morrem numa quarta-feira*, o escritor preferiu esconder-se atrás da terceira pessoa.)

O convívio nem sempre era idílico, e houve momentos em que Etienne se magoou de verdade com os quatro amigos — ao ponto de escrever uma carta a Mário de Andrade, queixando-se dos vintanistas. "Eles foram se emplumando, começaram a publicar em outros jornais e me puseram para escanteio", lembraria anos depois. Recebia mal as brincadeiras de Otto, por exemplo. Quando publicou seu primeiro livro, *Dia e noite*, Etienne morava no primeiro andar da farmácia de uns tios, em Copacabana, que se chamava exatamente Dia e Noite — e Otto espalhou que o título da obra visava promover o estabelecimento. O segundo livro, *As desesperanças*, também não passou incólume: "Etienne Filho, autor de *As nove esperanças, As dez esperanças, As onze esperanças...*", dizia Otto, para enorme irritação do autor, homem de pavio curto.

Nada o magoou mais, no entanto, que as insinuações de que seria ele o inspirador de Hugo, personagem de *O encontro marcado* a certa altura envolvido com um aluno, "um negócio meio escandaloso". "Foi uma safadeza do Fernando", reagiu Etienne, lembrando que Hugo, homossexualidade à parte, foi basicamente inspirado em Otto Lara Resende, assim como Mauro é quase todo Hélio Pellegrino, e Eduardo Marciano, o próprio romancista.

Otto, Hélio e Paulo chegaram a trabalhar em *O Diário*, onde Fernando colaborava com frequência. O futuro psicanalista não era exatamente um funcionário exemplar. Ligava para o jornal avisando a Etienne que estava doente e não podia ir trabalhar — mas daí a pouco o chefe topava com ele, fagueiro, ali na esquina, na leiteria Nova Celeste. Na redação, conta o romancista Autran Dourado, Hélio certa noite quase ficou sem seu emprego: "Morra dom Antônio dos Santos Cabral!"

berrou de sua mesa, em uníssono com Otto Lara Resende, durante uma visita do arcebispo de Belo Horizonte.

(Não foi esta, por sinal, a única vez em que Hélio Pellegrino, embora católico, se manifestou contra o velho pastor, um sergipano de Propriá instalado em Minas desde 1922. Num episódio que Fernando Sabino aproveitaria no *Encontro marcado*, ele ficou revoltado, uma noite, ao deparar com uma leva de retirantes ao relento, na praça da Estação — e bateu o telefone para o arcebispado, exigindo que aquela gente fosse acolhida no Palácio Cristo Rei, afinal uma casa de Deus. Mais adiante — quem conta é o jornalista José Maria Rabêlo —, ao tempo em que militava no microscópico Partido Socialista Brasileiro, Hélio Pellegrino provocou hilaridade e indignação entre os passantes ao escrever, de fora a fora, no placar que o PSB mantinha na praça Sete: "Fugiu a zebra do sr. Arcebispo".)

11. "Minas está onde sempre esteve"

Dos quatro pupilos de João Etienne Filho, só Otto Lara Resende faria carreira no jornalismo. Passou por *O Diário*, foi diretor do suplemento da *Folha de Minas* e, no Rio de Janeiro, para onde se mudou dia 14 de janeiro de 1946, iniciou pelo *Diário de Notícias* — levado por Edgar da Mata Machado — uma trajetória que o fez percorrer praticamente todas as redações cariocas. Foi diretor da revista *Manchete*, do *Jornal do Brasil* e da Rede Globo, da qual foi também um dos fundadores. Nesta emissora, durante algum tempo, fez um programa diário, *O pequeno mundo de Otto Lara Resende*. Numa intrigante coincidência, de que se deu conta ao reler um dia as anotações de sua carteira profissional, por quatro vezes deixou um emprego (*Última Hora*, Rede Globo, *Jornal do Brasil* e *Diário de Notícias*) na mesma data, 10 de dezembro.

Coube a Otto Lara Resende, em mais de uma ocasião, executar tarefas delicadas nas redações por onde passou. Na Rede Globo, trabalhando com o diretor-geral Walter Clark, o escritor, quando lhe perguntavam o que exatamente ele fazia, explicava que era um "walter ego". Quando Clark deixou a casa, em 1977, foi Otto quem redigiu as duas cartas que selaram seu afastamento: a do diretor, pedindo demissão, e a do proprietário da rede, Roberto Marinho, lamentando-a e aceitando-a.

Nos anos 40, foi redator, ao mesmo tempo em *O Globo* e no *Diário de Notícias*, tendo nascido, daquela dupla militância, a lenda de que polemizava consigo mesmo por meio dos editoriais. Mais adiante, em 1951, repórter do *Diário Carioca* no Senado Federal, Otto Lara Resende pôs em circulação uma personagem, Jubileu de Almeida, invenção de Hélio Pellegrino, que era obcecado por certas palavras — achava que alguns substantivos comuns, como jubileu, eram na verdade nomes de gente. Numa nota sobre candidatos ao governo do Maranhão, para não cortar uma vírgula que descera ao papel por engano, Otto resolveu acrescentar o nome de Jubileu de Almeida. A personagem ganhou notoriedade; vários outros repórteres e colunistas — Rubem Braga, Sérgio Porto, Vinicius de Moraes, Fernando Sabino, Paulo Mendes Campos — passaram a mencioná-la em seus textos. Mesmo alguns políticos aderiram à brincadeira. E assim foi até que Rubem Braga furasse a bolha de sabão, ao escrever no *Correio da Manhã* uma crônica dizendo que Jubileu de Almeida seria o candidato ideal não só ao governo do Maranhão como à presidência da República, não tivesse um defeito: não existia...

Por força do que chamou de sua "dissipação espiritual e intelectual", Otto Lara Resende foi um punhado de coisas — professor secundarista e universitário, advogado da prefeitura do Rio de Janeiro, adido cultural em Bruxelas e Lisboa. Foi, também, por pouco tempo, diretor de um banco oficial, o Mineiro da Produção, durante o governo de Magalhães Pinto, nos anos 60; ficou sendo um caso raríssimo, dizia, quem sabe único, de mineiro que se demitiu de uma diretoria de banco. Jânio Quadros nomeou-o coordenador da Assessoria Técnica da Presidência da República, mas não chegou a se empossar no cargo.

Ainda assim, achou tempo para escrever e publicar quatro livros de contos — *O lado humano* (1952), *Boca do Inferno* (1957), *O retrato na gaveta* (1962) e *As pompas do mundo* (1975) — e um romance, *O braço direito*, de 1963, que, insatisfeito, reescreveu de ponta a ponta quase trinta anos depois. Com eles — ou "a despeito deles", como costumava dizer —, chegou à Academia Brasileira de Letras, em julho de 1979. Referiu-se a si mesmo, uma vez, como "escritor que foge de sua convocação". Hélio Pellegrino acreditava, no entanto, ser a literatura a única atividade em que Otto nunca foi um diletante. Ele viveria, segundo o psicanalista, sempre às voltas com um complexo de Jonas — "pula do barco, tenta nadar para longe, mas acaba invariavelmente engolido pela baleia da literatura".

É certo, de qualquer maneira, que a legenda da personagem Otto, frasista brilhante ("o genial frasista de São João del Rei", brincava Sérgio Porto), *causeur* admirável, jogou sombra sobre o escritor — cuja obra tem sido prejudicada, também, por sua inapetência editorial —, e mesmo sobre o cronista saboroso, a partir de 1991 instalado nas páginas da *Folha de S.Paulo*. Para essa folclorização, que o incomodava, ninguém contribuiu mais que Nelson Rodrigues, ao transformá-lo em personagem obsessiva de suas crônicas e em título alternativo de sua peça *Bonitinha mas ordinária*. Nelson divulgou *ad nauseam* as suas *boutades*, a começar da mais célebre, cuja autoria Otto jamais confirmou: "O mineiro só é solidário no câncer". "Sua grande obra é a conversa", dizia o dramaturgo. "Deviam botar um taquígrafo atrás, anotando tudo, depois vender ou alugar numa Loja de Frases."

(Nas prateleiras dessa loja, se um dia for aberta, terá lugar de destaque um dito frequentemente atribuído a outros bons frasistas, entre eles o político mineiro José Maria Alkmin. Logo após a renúncia de Jânio Quadros, em agosto de 1961, Otto Lara Resende seguiu para Minas, levado por José Aparecido de Oliveira, secretário do governador Magalhães Pinto. No Palácio da Liberdade, torcendo pela posse do vice-presidente João Goulart, àquela altura ameaçada pelos golpistas, Otto volta e meia se via questionado sobre a posição que adotaria o governo estadual. Cansado de ouvir a mesma pergunta, sentou-se um dia e redigiu um manifesto que, sem se definir, trazia como arremate a frase imediatamente celebrizada: "Minas está onde sempre esteve".)

* * *

Fernando Sabino, ao contrário de Otto Lara Resende, procurou desde o início manter distância das redações, como forma de preservar sua literatura. Aceitaria ser, dizia, um escritor fazendo jornalismo, jamais um jornalista militante. Mesmo assim, em Minas como no Rio, percorreu uma fieira de jornais e revistas, como cronista — ofício a que ajudou a dar mais substância literária, nas pegadas de Rubem Braga e ao lado de Paulo Mendes Campos — mas também, eventualmente, como repórter. Em todas essas redações, afirmava, sentiu-se "um estranho no ninho".

O começo foi na *Folha de Minas*, onde, em 1939, 1940, a convite de Newton Prates, andou escrevendo reportagens — uma delas, contava, sobre tiro ao pombo. Ao lado do contista Murilo Rubião — que trabalhava na *Folha de Minas* e o chamava de "Benjamin", por ter apenas dezesseis anos —, Sabino colaborou também na *Belo Horizonte*, "revista semanal literária e noticiosa", onde lhe encomendavam reportagens sobre temas nada palpitantes. Teve de escrever, por exemplo, sobre uma padaria, a Padaria Menin. Ou sobre uma loja de vestidos de noiva. "Inocente que eu era", contava, "não sabia que, depois de publicada a reportagem, aparecia nesses lugares um corretor da revista para tentar conseguir anúncios."

Sua lembrança mais forte daquela passagem pela *Belo Horizonte* ficaria sendo a figura de Augusto Siqueira, o diretor da revista, "um sujeito de olhos verdes saltados, que vivia para cima e para baixo em carros de praça (ainda não se dizia táxi), debruçado para fora da janela". Era conhecido na cidade por essa mania. "Naquele tempo", esclareceu o romancista, "quem frequentava restaurante ou tomava táxi tinha registrados na sua ficha bancária estes hábitos perdulários, que o faziam cliente de alto risco."

No Rio, para onde se mudou em 1944, Fernando Sabino manteve no *Correio da Manhã* uma coluna chamada "Quinzena literária de Minas", com informações (e até textos prontos, segundo Etienne) que os amigos lhe mandavam de Belo Horizonte. Nos anos que viveu em Nova York, de 1946 a 1948, enviava crônicas semanais para o *Diário Carioca*, a convite do diretor, Pompeu de Souza, e *O Jornal*, cujo secretário era

Samuel Wainer. De volta ao Rio, fazia, às vezes, reportagens — policiais, inclusive — para o *Diário Carioca*. Cobriu, por exemplo, todos os lances do famoso Crime do Sacopã, em que um jovem tenente da Aeronáutica era acusado de haver matado um bancário na ladeira do Sacopã, no Rio, no início dos anos 50.

Ainda no *Diário Carioca*, sob o pseudônimo Pedro Garcia de Toledo, Sabino tentou imitar Nelson Rodrigues, que fazia então grande sucesso com a coluna "A vida como ela é". Ilustrada pelo desenhista Santa Rosa (capista de seu segundo livro, a novela *A marca*, publicada em 1944 pela editora José Olympio) e alimentada, quase sempre, por notícias policiais, a que dava tratamento ficcional, sua seção era rodriguiana até no nome — "O destino de cada um" —, mas nem por isso fez sucesso. "Nenhum sucesso", reconhecia humildemente o autor. Maior repercussão teria o incidente que Sabino provocou em Cuba, em 1960, quando, enviado especial do *Jornal do Brasil*, na comitiva de Jânio Quadros, então candidato à presidência da República, indagou a Fidel Castro sobre o paradeiro de Camilo Cienfuegos, um dos comandantes da revolução vitoriosa, desaparecido — de maneira suspeita, segundo alguns — num acidente aéreo. Tomando a pergunta como provocação, Fidel desferiu um soco na mesa e encerrou a entrevista coletiva.

Um pouco mais insistentemente que Fernando Sabino, Paulo Mendes Campos também borboleteou pela imprensa, em Belo Horizonte e no Rio de Janeiro, quase sempre acumulando empregos não necessariamente jornalísticos. "Não sei bem (naquela época também não) como fazia para trabalhar no escritório de construção civil de um tio, tomar conta da biblioteca da Diretoria de Saúde Pública, dirigir o suplemento da *Folha de Minas*, escrever para este jornal e para o *Estado de Minas*", recordará vinte anos depois. "À noite ainda costumava ajudar de graça no *Diário*, redigindo noticiário que vinha do Rio por telefone." Havia uma hora, entre as onze e a meia-noite, em que um redator punha fone nos ouvidos e penava para captar as notícias que chegavam em transmissões por vezes inaudíveis. "Era preciso ser muito bom datilógrafo", lembrava-se Otto Lara Resende.

O poeta de *O domingo azul do mar*, que começou como mata-mosquito na Secretaria da Saúde de Minas e se aposentou como "técnico em comunicação social" da Empresa Brasileira de Notícias, hesitou bastante antes de escolher um rumo na vida prática. Passou o ano de 1940 na Escola Preparatória de Cadetes, em Porto Alegre, decidido a ser aviador. Aterrissou nos cursos de odontologia, direito e veterinária, sem concluir nenhum — dizia que só foi até o fim nas aulas de datilografia. Vivia propondo abrir um escritório de "fazeção de texto". "Tenho feito de tudo na máquina de escrever", contou no começo dos anos 80. "Publicidade, roteiros e textos de cinema documentário, traduções, reportagens, entrevistas, crônicas e até alguma poesia." Poesia que, infelizmente, ficou sendo a face menos visível de sua produção intelectual: quando morreu, em julho de 1991, aos 69 anos, bem poucos leitores sabiam do belo poeta escondido por detrás do cronista de *O cego de Ipanema*, *O anjo bêbado* e *Homenzinho na ventania*.

Como repórter, Paulo Mendes Campos haveria de viver uma experiência dramática em 1947, quando foi a Bocaiuva, Minas Gerais, cobrir um eclipse do sol para o *Correio da Manhã*. Lá estava também, entre outros jornalistas, Otto Lara Resende, enviado especial do *Diário de Notícias* e de *O Globo*. Na volta, o avião C-47 em que viajavam, um aparelho americano de transporte de tropa, quase foi apanhado por outro, da brasileira Panair, que entrou na sua rota em meio a uma tempestade. Para evitar o choque, o comandante do C-47, um certo Burlando, cortou os motores e deixou o avião despencar — e, a apenas quatrocentos metros do solo, quando tudo parecia perdido, arremeteu magistralmente. Na queda livre e na arremetida, Otto se feriu na cabeça (precisou levar 22 pontos), no braço e no ombro, tendo chegado em estado lastimável a Belo Horizonte, onde, num aeroporto às escuras, o C-47, já sem combustível, pousou à luz dos faróis de automóveis. "Vítima, meu retrato saiu nos jornais", contará Otto muitos anos mais tarde. "Disseram que sofri perda de substância. De fato quebrei a cabeça, mas nunca soube que substância é essa. Sinto, porém, que me faz muita falta."

Hélio Pellegrino, o mais novo dos vintanistas (é de janeiro de 1924, Sabino de outubro de 1923, Paulo e Otto de fevereiro e maio de 1922), também viveu situações de risco, embora não exatamente aeroviárias. Viveu os riscos da política, atividade que, ao lado da psicanálise, contribuiria para afastá-lo da carreira literária a que parecia destinado. Nelson Rodrigues chamava-o "o nosso Dante", mas ele acabou sendo, dos quatro "cavaleiros", o único que, em vida, não publicou livro — apenas uma plaquete com tiragem insignificante, *Poema do príncipe exilado*, lançada em Belo Horizonte em 1947.

"Fiquei dividido entre uma identidade de escritor, que não cheguei a realizar, e a identidade de psicanalista, que eu assumo", disse Hélio numa entrevista em 1979. "Talvez eu seja exigente ou vaidoso demais." Como psicanalista, teve textos incluídos em livros coletivos, como *Crise na psicanálise*, de 1982, e *Os sentidos da paixão*, de 1987. Depois de sua morte, saiu uma seleta de artigos, *A burrice do demônio*, e uma razoável quantidade de poemas, além de escritos em prosa, ainda aguardava edição. Nos últimos anos de vida, recusou inúmeros e insistentes convites para publicar sua produção engavetada. Uma editora de São Paulo, por exemplo, queria lançar *Os melhores poemas de Hélio Pellegrino*. Ele não quis. "Os que não entrarem nesse livro", alegou, bem-humorado, "ficarão sendo *os piores poemas de Hélio Pellegrino*."

Orador bem-dotado, mitingueiro incoercível ("um homem-comício", disse o historiador Francisco Iglésias, seu amigo), "socialista histórico, eventualmente histérico", como gostava de se definir, Hélio Pellegrino foi candidato dos estudantes a deputado federal, pela União Democrática Nacional, tão logo desabou a ditadura getulista, em outubro de 1945; fez uma campanha de apenas duas semanas, e quase se elegeu. Pouco antes, aos vinte anos, fundou em Belo Horizonte uma Liga Intelectual Antifascista. Mais tarde, foi um dos dirigentes do pequeno Partido Socialista em Minas Gerais. Tão pequeno que o jornalista Geraldo Teixeira da Costa, certa vez, vendo na praça Sete três militantes a confabular — Hélio Pellegrino, o jornalista José Maria Rabêlo e o sociólogo Fernando Correia Dias —, comentou: "Olha lá, hoje tem convenção do Partido Socialista...".

(A minúscula organização desenvolvia atividades culturais, tendo ficado célebre uma conferência de Hélio Pellegrino sobre Castro Alves, na sede do partido. Em dado momento, quando ilustrava a palestra com o poema "O navio negreiro", o conferencista comunicou à plateia que, não sendo admissível declamar Castro Alves ao rés do chão, iria fazê-lo de pé sobre uma cadeira. Poucas estrofes adiante, numa exaltação crescente, subiu na mesa, sobre a qual em seguida pôs a cadeira — e, conta José Maria Rabêlo, teria arrematado lá de cima os versos condoreiros do poeta baiano se um momentâneo blecaute não tivesse provocado a queda do declamador.)

Muitos anos mais tarde, na segunda metade da década de 60, no Rio de Janeiro, psicanalista de renome nacional, Hélio Pellegrino haveria de participar da luta contra mais uma ditadura. Publicava no *Correio da Manhã* artigos de grande repercussão, frequentemente sobre temas políticos. No emblemático ano de 1968, marcado por movimentos libertários em vários pontos do mundo, ele foi um dos oradores da mitológica Passeata dos 100 mil, realizada no centro do Rio de Janeiro. Integrou, por isso, uma comissão que foi a Brasília negociar — sem êxito — com o presidente da República, marechal Costa e Silva, o fim da violência policial contra as manifestações políticas que então se multiplicavam no país.

Sua atuação política nesses episódios faria de Hélio Pellegrino uma das personagens centrais do livro *1968, o ano que não terminou*, do jornalista Zuenir Ventura, um best-seller do final da década de 80. E o levaria à prisão, por longas semanas, após a edição do ato institucional nº 5, que em dezembro de 1968 liquidou de vez o que restava de liberdades democráticas no país. Mais adiante, haveria de liderar uma batalha contra o que chamou de "barões da psicanálise", encastelados na Sociedade Psicanalítica do Rio de Janeiro. Expulso da entidade, foi reintegrado pela via judicial — e conseguiu reduzir o poder absoluto dos "barões".

Obteve, também, a exclusão de um membro da sociedade, o psicanalista Amílcar Lobo, que durante a ditadura prestara serviços a um grupo de torturadores. Era ainda na luta contra a tortura, aliás, que Hélio Pellegrino estava envolvido quando um infarto o matou, em março de 1988, aos 64 anos. Católico e marxista, sustentava, no final da vida, que o Partido dos Trabalhadores, do qual era militante, deveria consagrar em seu programa o dogma da ressurreição da carne — "porque", explicava, "não há nada mais materialista e mais revolucionário do que você ressurgir com esta carne que aqui está".

Não foi só no *Correio da Manhã* que Hélio Pellegrino combinou política e jornalismo. Lambiscou também em outras redações, como a do semanário *Flan*, do Rio de Janeiro, onde escreveu ao lado de Otto Lara Resende, Vinicius de Moraes e João Cabral de Melo Neto, entre outros. Fazia uma página de ciência popular, por sugestão de Joel Silveira, que o chamava de "o nosso cientista popular". No Partido Socialista, ajudou a editar um jornal, *Luta Operária*.

Antes disso, em 1943, ao lado de Simão Viana da Cunha Pereira, líder estudantil que faria carreira na política, Hélio foi um dos editores de um jornal clandestino, o *Liberdade*. Era feito manualmente numa velha máquina plana que requeria quatro impressões, comprada em Barbacena com dinheiro providenciado por Virgílio Mello Franco, o irmão de Afonso Arinos. Temerariamente, funcionava numa casa atrás da praça da Liberdade, a poucos metros da Chefatura de Polícia, como então se chamava a Secretaria de Segurança Pública. Em um sentido, pelo menos, era um ambiente abafado: numa entrevista, Hélio Pellegrino contou que trabalhava só de cueca, tamanho o calor que ali reinava.

Liberdade — nome sugerido a Hélio Pellegrino pelo escritor francês Georges Bernanos, o romancista de *Diário de um pároco de aldeia*, então exilado em Barbacena — contou com as luzes, ainda, de Otto Lara Resende, que participou dos nove meses em que a publicação teve existência legal: de 1º de março a 2 de dezembro de 1945. "Trabalhei ali diariamente, como editorialista e escrevendo um artigo assinado, com essa característica extraordinariamente comum na imprensa brasileira:

sem receber um único tostão", recordaria Otto em 1979. O futuro antropólogo, romancista e senador Darcy Ribeiro, mineiro de Montes Claros, também colaborava.

Na fase clandestina, o romancista Autran Dourado e o poeta e jornalista Wilson Figueiredo ajudavam a distribuir o *Liberdade*. O historiador Francisco Iglésias, numa página de reminiscências, recuperou a figura aflita de Autran Dourado correndo pela rua da Bahia, a enfiar exemplares do jornal nos bueiros, depois de ver um guarda.

"Era época da Segunda Guerra Mundial", rememorou Iglésias, um dos jovens escritores que a partir de certa altura compartilharam com os vintanistas as mesas de bar e a paixão da literatura, na Belo Horizonte dos anos 40. O grupo era altamente politizado, contava o autor de *História e ideologia*: "Torcia pelos Aliados contra o eixo Roma-Berlim, era antifascista. Torcia também contra o governo local. Torcia, não, tramava, na medida do possível então. No meio acanhado dos últimos anos do Estado Novo, a juventude era contra o arremedo do fascismo brasileiro, chefiado por Getúlio Vargas".

Houve jornais clandestinos (como o *Liberdade*), gostava de lembrar o historiador, cuja distribuição, à noite, era uma "aventura com o encanto e a atração da clandestinidade". Os rapazes empenhados nessa tarefa, dizia Francisco Iglésias, "sentiam-se heróis". Com o fim da guerra e da ditadura varguista, "rearticularam-se antigas forças políticas e surgiram algumas novas, de caráter radical", quase todas de esquerda, agora. A experiência, afirmava, "não foi brinquedo nem coisa de somenos"; "por certo não saiu daí nenhum Lenine", admitia, "mas a experiência não foi leviandade. Marcou os participantes que envolveu"; eles dela se afastaram — "mas não a renegaram".

12. Encontros marcados

Caso raríssimo entre as gerações literárias de Minas Gerais, os vintanistas não tiveram sua própria revista. (Sonharam com uma, a *Literária*, quando já moravam no Rio, e chegaram a recolher colaboração. Acabou não saindo, mas alguma coisa ficou: o *Itinerário de Pasárgada*, encomendado a Manuel Bandeira.)

Não lhes fez falta, parece: havia sempre portas abertas em publicações alheias. Como *Clima*, a revista que um grupo de rapazes — Antonio Candido, Paulo Emílio Salles Gomes, Décio de Almeida Prado, Lourival Gomes Machado e alguns outros — editava em São Paulo, e em cujas páginas Fernando Sabino andou pontificando, em janeiro de 1942, com um artigo sobre Eça de Queirós "em face do cristianismo". Em Belo Horizonte, havia *Mensagem*, dirigida por Guilhermino Cesar e secretariada por João Etienne Filho, e para a qual o mesmo Sabino produziu um arrazoado contra o dicionário de Laudelino Freire. *Mensagem* teve uma fase como revista e outra como jornal, e em ambas conseguiu atrair colaboradores de peso, como Murilo Mendes, Jorge de Lima, Octavio de Faria, Cornélio Pena, Lúcio Cardoso, Augusto Frederico Schmidt e Godofredo Rangel.

Também em Belo Horizonte, durante alguns meses de 1946, existiu uma revista literária de qualidade. Chamou-se *Edifício* e foi feita por uma turma na média mais jovem que os vintanistas. A turma do historiador Francisco Iglésias, futuro consultor da UNESCO para assuntos de História e Cultura, além de professor universitário; do ficcionista Autran Dourado, traduzido em vários cantos do mundo; do historiador e crítico de teatro Sábato Magaldi; dos poetas Wilson Figueiredo, Jacques do Prado Brandão e Octavio Melo Alvarenga; de Francisco Pontes de Paula Lima, o Chico Pontes, que além de escrever sonetos em inglês (morou anos em Londres, trabalhou na BBC, foi amigo de Orson Welles) se tornou autoridade em teatro elisabetano; e de muitos outros.

O engate com o grupo mais velho — "os quatro grandes", como os vintanistas ironicamente se autointitulavam — foi facilitado pela circunstância de Sábato Magaldi e Hélio Pellegrino serem primos. Boa camaradagem se estabeleceu entre as duas turmas, embora Fernando Sabino, Paulo Mendes Campos e Otto Lara Resende tenham deixado o convívio belo-horizontino entre 1944 e 1946. Mas havia, a separá-las, uma diferença nítida: o maior grau de politização dos mais jovens. "As aproximações da nova geração literária são mais políticas que estéticas", deixou claro Sábato Magaldi num dos números de *Edifício*.

Fernando, Otto, Hélio e Paulo eram católicos, e faziam questão de afirmá-lo — atitude que não deixava de comportar um grão de ousadia, num tempo em que a religião ainda era vista, no mundo masculino, como coisa de mulher ou de carolas. E seu catolicismo, embora progressista, impregnado da doutrina social da Igreja, volta e meia se chocava com o esquerdismo de boa parte de seus amigos da *Edifício*.

Eram, estes, quase todos comunistas, vários deles filiados ao partido — e foi, aliás, um pouco nos moldes dessa organização que estruturaram sua revista: nela não havia, como em qualquer outra, um diretor, e sim um secretário, Wilson Figueiredo, e um redator-chefe, Autran Dourado. A exaltação de militante levaria este último, num mau momento, a transbordar do terreno da prosa, que era o seu, para o que lhe pareceu ser poesia. Tangia assim Autran Dourado sua lira em "Jornal mural", que não apenas escreveu como publicou na *Edifício*:

> *Em cal e argamassa*
> *compõe-se o canto*
> *do povo, sirene,*
> *da fábrica o grito,*
> *mil bocas de fome*
> *fazem a Revolução.*

Num deslumbramento que dois acontecimentos ainda muito recentes certamente podem explicar — o fim da Segunda Guerra e, no Brasil, a derrocada da ditadura Vargas —, a revista, em seu segundo número, ao apresentar os participantes de uma enquete sobre política e literatura, não hesitou em informar quem era comunista e quem era católico.

Já o primeiro número da *Edifício*, em janeiro de 1946, deixara exposto um antagonismo entre uns e outros, através de um editorial, não assinado, em que Sábato Magaldi alfinetou o "suposto vigor maritainista" do grupo católico, numa referência a um de seus *maîtres à penser*, o escritor francês Jacques Maritain. As divergências ganhariam registro mais explícito, ficcional *ma non troppo*, quatro décadas depois, no livro *Um artista aprendiz*, em que Autran Dourado relata os anos de formação de seu alter ego João da Fonseca Nogueira. Ali, Hélio Pellegrino é o inflamado Júlio Gadda, a desafiar os amigos comunistas a romper com ele quando o partido lhes proíbe relações com quem não pertença à organização.

Obediente à fatalidade que ronda as publicações literárias, *Edifício* não foi longe — ficou no quarto número, de julho de 1946. Acabou pela razão de sempre, falta de dinheiro — embora Sábato Magaldi tenha uma explicação bem mais prosaica: uma briga entre ele e Wilson Figueiredo, os dois de quem a revista mais dependia para sair, porque durante as suas férias o amigo tentou surrupiar-lhe a namorada. Wilson tem outra versão: a revista acabou porque ele, tendo ido ao Rio, em julho, para um congresso da União Nacional dos Estudantes, por lá ficou, fazendo "bicos" na imprensa, até o final do ano.

Sábato, por essa altura, já havia sido fisgado pela paixão do teatro, embora não exatamente como historiador ou crítico — atividades em que seu talento iria frutificar, a partir dos anos 60, com obras importantes como *Panorama do teatro brasileiro*, *O cenário no avesso*, *Nelson Rodrigues: dramaturgia e encenações* e *O texto no teatro*. O jovem Sábato queria ser dramaturgo e chegou a escrever uma peça, *Os solitários*, cujos originais, emprestados a Paulo Mendes Campos, sumiram de cena para todo o sempre.

O melhor momento da revista *Edifício* foi o número 2, no qual se pôde ler não só colaboração de primeira ordem — Carlos Drummond de Andrade, Murilo Mendes, Vinicius de Moraes, Augusto Frederico Schmidt, Emílio Moura, Henriqueta Lisboa e Bueno de Rivera, entre outros poetas — como também a já citada enquete sobre política e literatura, realizada entre os escritores novos de Minas. Essa interessante radiografia de grupo foi levada a sério pela maioria dos entrevistados — embora a apresentação de cada um, escritas quase todas por Wilson Figueiredo, viesse em tom jocoso.

Hélio Pellegrino, por exemplo, em seu cristianismo libertário, é descrito como "um Maiakovski em batina". Autran Dourado é um comunista que "vocifera dia e noite contra a burguesia, com um bom humor espantoso". Otto Lara Resende, além de "antifascista oitenta por cento", é "o sujeito mais desafinado do mundo". O crítico Edmur Fonseca, "um nome civil à procura de alguém". Hélio, logo de saída, avisa que não vai embarcar na seriedade da enquete. Perguntado se haverá "uma nova orientação para a literatura", responde: "Sim. Os escritores terão de usar sobretudos obrigatórios".

Fernando Sabino, já casado, morando no Rio, pôs no correio algumas ironias. Indagado sobre os autores que o haviam influenciado, retrucou com o título de um livro de Oscar Mendes: *Papini, Pirandello e outros*. Sábato Magaldi ficou indignado e o chamou às falas, na primeira vez que Fernando voltou a Belo Horizonte. O bate-boca varou a noite e só acabou, alta madrugada, quando os dois perderam a voz.

A experiência de *Edifício* — nome pinçado no poema "Edifício Esplendor", de Carlos Drummond de Andrade ("— Que século, meu Deus! diziam os ratos./ E começavam a roer o edifício.") — foi além dos quatro números da revista. Desdobrou-se em livros que assinalaram a estreia de alguns dos integrantes do grupo. A novela *Teia*, de Autran Dourado. *Vocabulário noturno*, poemas de Jacques do Prado Brandão. *Mecânica do azul*, de Wilson Figueiredo, livro que autorizou generalizadas esperanças num futuro invulgar na poesia: Figueiró (indelével apelido posto por Hélio Pellegrino), de fato, surgiu com uma voz muito pessoal, num momento em que a maioria dos estreantes trazia marcas por demais visíveis de Drummond, Augusto Frederico Schmidt ou Murilo Mendes. Publicaria mais um livro, *Poemas narrativos*, antes de mergulhar, em regime de monogamia, na carreira jornalística, na qual entrara, pela mão de Carlos Castello Branco, em 1944, e que o levaria, no início dos anos 90, à direção do *Jornal do Brasil*.

Separados, às vezes, pela política, não havia, entre os vintanistas e o pessoal da *Edifício*, diferenças que não fossem solúveis em chope, na confraternização a que literatos e jornalistas estavam condenados na acanhada capital mineira, uma cidade de 250 mil habitantes. "A gente vivia em grande camaradagem", relembrará Otto Lara Resende.

Quase que não dava para distinguir uma redação da outra: a *Folha de Minas* na rua da Bahia, era pertinho de *O Diário*, na Goitacazes, e também do *Estado de Minas*, na Goiás. A gente se encontrava nos cafés, nos botequins e nos próprios jornais. Todo mundo via todo mundo, mesmo que não quisesse. Mas não havia incompatibilidades pessoais ou literárias graves.

Isso permitiu, entre outras coisas, que *Poema do príncipe exilado*, a plaquete de Hélio Pellegrino, saísse com o selo das edições Edifício. E, quando ele resolveu tirar, com o arquiteto e historiador Sylvio de Vasconcellos, o número único de uma revista, a *Nenhum*, em 1947, não pensou duas vezes antes de abri-la aos camaradas mais novos. O que há de mais saboroso nessa revista tosca, impressa pelo sistema multilite, é uma "Balada social", do próprio Hélio:

> Andróginas, repolhudas,
> Lídimas corças no cio,
> Vosso amor como um cicio
> Vem transgredir meus recatos!
> [...]
> Licenciosas burguesas!
> Que nas mesas assentais
> Vossas nádegas marquesas!
> Vos amo assim, repolhudas,
> Gordas aves estivais!
> Vos amo nos vossos ais
> Plenilunares, que aos ares
> Transmitem toda a delícia
> De vossa ardente sevícia!
> Vos amo assim, transfugadas,
> Vulvais ou recatadas,
> Na estrada do descaminho,
> À cata de laranjais!

Ao contrário dos vintanistas, a turma da *Edifício*, com duas ou três exceções, não se interessou em reproduzir a proeza de Carlos Drummond de Andrade, escalando os arcos do viaduto Santa Teresa. "Coragem besta eu não tenho", descarta, peremptório, João da Fonseca Nogueira, personagem principal de *Um artista aprendiz*. Ele prefere a coragem mais consequente de pichar muros com mensagens ideológicas — know-how de

RETRATOS NA PAREDE

Lembranças de meio século em Minas

Interior do mitológico Bar do Ponto, na avenida Afonso Pena, aberto em 1907 e por três décadas "meca boateira" de Belo Horizonte. Havia quem bebesse sua pinga na xicrinha de café, para não cair na língua do povo.

CINEMA PATHÉ

SABBADO, 10 DE ABRIL

Todos ao Pathé — **10 de Abril**

Diana a Caçadora

Foto que Drummond mandou ao amigo Mário de Andrade em outubro de 1927. Tinha 25 anos de idade e estava a três de publicar seu primeiro livro, *Alguma poesia*.

O filme *Diana, a caçadora*, na avaliação do crítico Carlos Drummond de Andrade: "uma grossa pinoia".

15 de abril de 1920: aos 17 anos, Drummond estreia na "grande imprensa" com uma crítica do filme *Diana, a caçadora*.

Do interior de Minas, o frangote Rosário Fusco pediu ao famoso Mário de Andrade que mandasse "uma bosta qualquer" para sua revista, a *Verde*.

Feita por um bando de moleques na pequena Cataguases, a *Verde* foi uma das publicações mais interessantes do movimento Modernista.

O viaduto de Santa Teresa, em Belo Horizonte, onde o jovem Drummond lançou a moda de caminhar sobre os arcos, muitos metros acima de uma linha de trem.

A rua da Bahia em 1920, época em que era o centro da boemia literária e jornalística de Belo Horizonte.

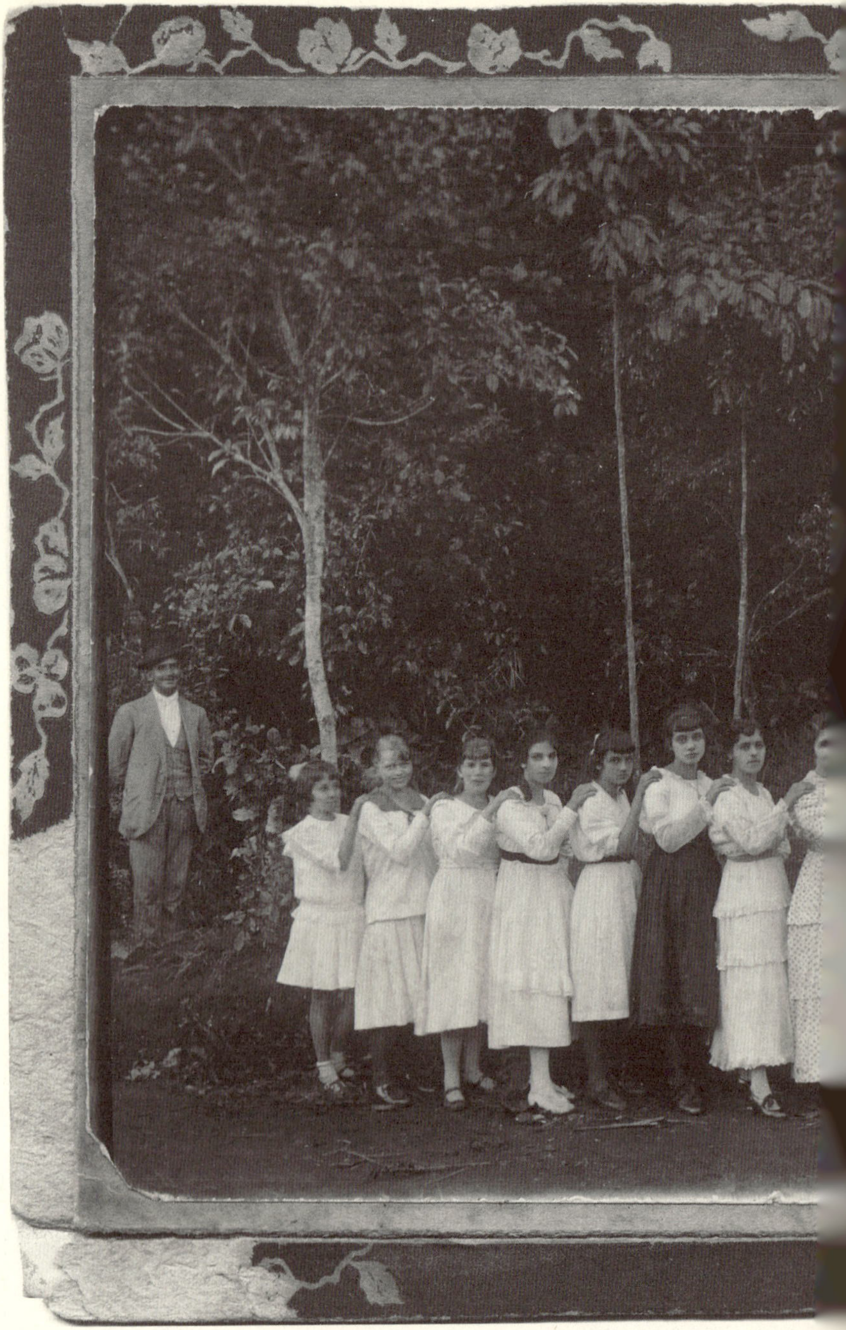

A normalista Emília Soares *(primeira à direita)*, que uma operação transformou no mancebo David.

Belo Horizonte, dezembro de 1942: Cid Rebelo Horta, Alphonsus de Guimaraens Filho, Otto Lara Resende, Fernando Sabino e Hélio Pellegrino carregam Murilo Rubião, que se formava em direito.

Rubem Braga (com o irmão Newton) em Belo Horizonte: às vésperas de se revelar um talentoso cronista nas páginas do *Diário da Tarde*, em março de 1932.

Fernando Sabino e Hélio Pellegrino na avenida Afonso Pena, em Belo Horizonte. Um acidente fotográfico acendeu estranha luz no peito dos amigos de vida inteira.

A igrejinha de São Francisco de Assis, na Pampulha, criada por Oscar Niemeyer nos anos 1940, não deixa de ser um desatino arquitetônico. Durante quinze anos, o arcebispo não deixou que se rezasse missa ali.

Otto Lara Resende, Hélio Pellegrino, Fernando Sabino e Paulo Mendes Campos na praia de Copacabana, em 1981, ano em que lançaram o disco *Os 4 mineiros*.

Edifício, revista literária do grupo de Autran Dourado e Francisco Iglésias, teve quatro edições, em 1946.

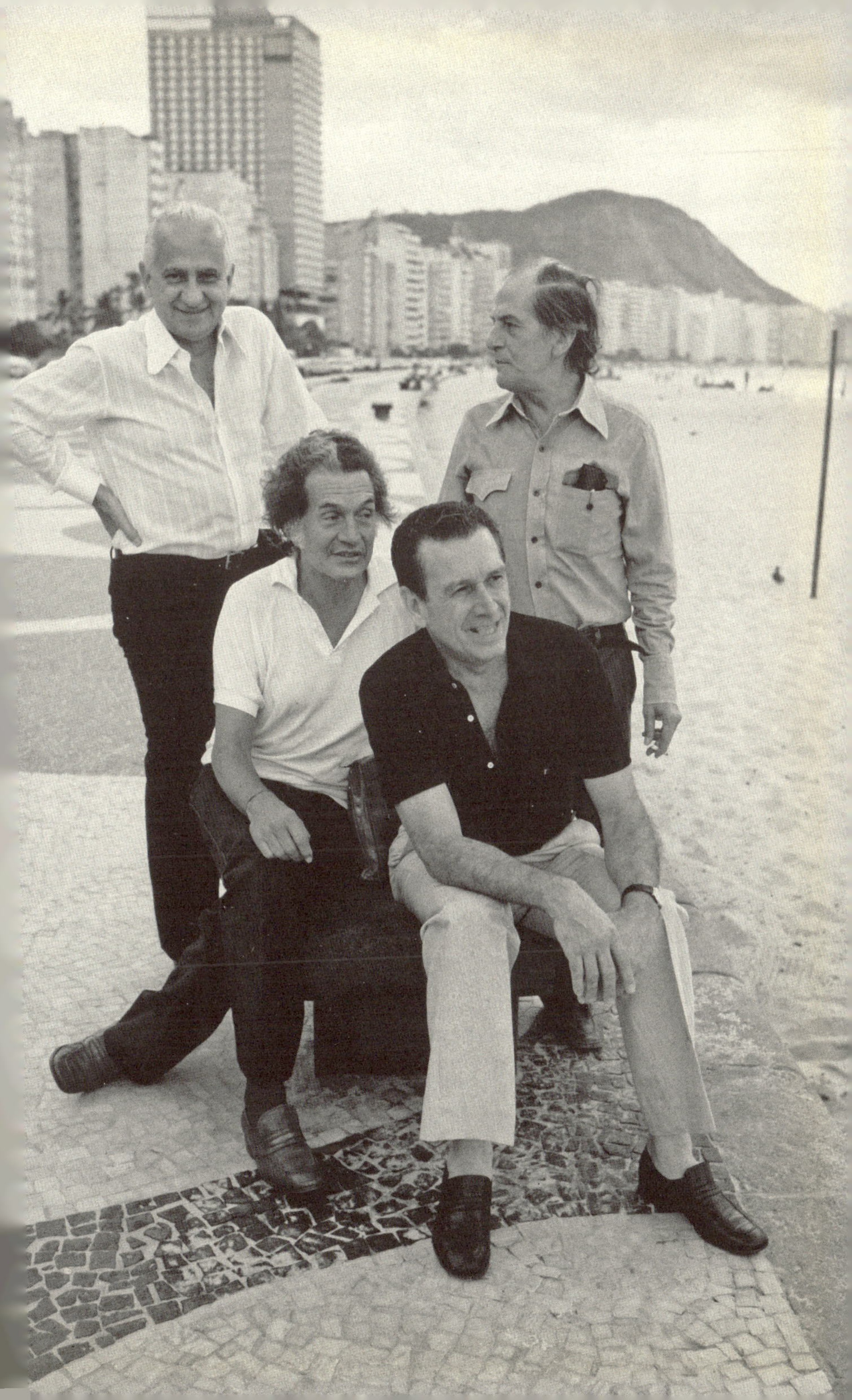

Fernando Gabeira — aqui como pauteiro do *Jornal do Brasil*, em 1967 — começou nas páginas do *Binômio*.

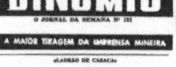

Feroz opositor do então governador JK, o *Binômio*, lançado em 1952 e fechado no golpe de 1964, pode ser visto como um precursor d'*O Pasquim*.

BINOMIO

ORGÃO QUASE INDEPENDENTE

ANO I ★ BELO HORIZONTE — DOMINGO, 20 DE JULHO DE 1952 ★ NUM. 8

Sombra e agua fresca

JUSCELINO FOI A ARAXÁ E LEVOU ROLLA

GRAVE DENUNCIA SOBRE A VERDADEIRA FINALIDADE DA VISITA DO CHEFE DO GOVERNO MINEIRO AQUELA ESTANCIA

ARAXÁ, 10 — (Pela estação clandestina) — Esteve há dias nesta cidade, sem os protocólos das visitas oficiais, o atual chefe do governo mineiro... os dois companheiros irreparáveis já se preparavam para regressar a Belo Horizonte, foi que descobrimos o mistério que se escondia por...

Acabou na policia a última conquista do banqueiro Luciano

ATÉ MENORES VITIMAS DE SUA PERVERSIDADE — UM HOMEM SEM ESCRUPULOS QUE VIVE DESAFIANDO A FAMILIA BELORIZONTINA

Apesar de depredados pelo povo, o sr. Antonio Luciano mandou abrir todos os seus cinemas. E' um homem que não pode ver nada fechado.

BINOMIO

SOMBRA E AGUA FRESCA
ORGÃO QUASE INDEPENDENTE

ANO I — BELO HORIZONTE, 17 DE FEVEREIRO DE 1952 — NUM. 1

TAMBEM SOMOS DA QUEBRADEIRA

Quando há falta de dinheiro, o povo se desespera
Mas êsse é um direito que a policia não pode desconhecer

Duzentas e sessenta e nove palavras ao leitor

Qualquer outro comentarista teria colocado no título: "Duas palavras ao leitor". Nós somos mais exatos. Avisamos logo: "duzentas e sessenta e nove palavras ao leitor". Porque BINOMIO é um jornal deferente: sincero e honesto. O leitor, na certa, já ouviu o anuncio daquele dentifricio que "não faz milagres mas é um bom dentifricio". Pois é, BINOMIO é assim. Não é independente, como dizem ser todos os nossos colegas. Mas é quase independente, como nenhum de nossos colegas conseguem ser. Temos noventa e nove por cento de independencia e um por cento de ligações suspeitas. O oposto exatamente do que acontece com os nossos ilustres confrades, que têm um por cento de independencia e noventa e nove por cento de ligações mais suspeitas do que mordomo de filme policial norte-americano. Por isso não afrontamos o leitor com aquele cínico "orgão independente" no cabeçalho. Somos mais exatos. Colocamos logo: "orgão quase independente".

Mas há outros pontos que nos separam dos nossos quase indígenos colegas. Por exemplo:

1) A direção do jornal se responsabiliza por toda materia publicada, inclusive pelos artigos assinados.
2) Devolvemos os originais não publicados.
3) Não aceitamos publicidade:
 a) do governo do Estado
 b) da Prefeitura Municipal
 c) da Companhia Telefônica
 d) da Companhia Força e-Luz
 e) das empresas de cinemas do Luciano
 f) de toda e qualquer firma, organização ou entidade que tenha por norma controlar a imprensa por intermedio da publicidade.

Tais fatores (honestidade, sinceridade, e noventa e nove por cento de independencia) fazem de BINOMIO um jornal fadado ao sucesso. Quando nada, pelo menos uma vantagem nós levamos: não temos concorrentes na praça.

A fim de evitar possíveis dúvidas, avisamos a todos os nossos leitores que esse jornal é serio, muito embora as pessoas e episódios que aqui aparecem nem sempre o sejam.

Os redatores, diretores e censores (sim, porque os últimos nós também os temos) deste jornal não estão de acôrdo com a interferência da policia naquilo que o povo chama acertadamente de quebradeira, instituição que nos ultimos tempos vem adquirindo grande e crescente popularidade em Belo-Horizonte. Para dizer a verdade, todos nós aqui deste apreciado e discutido periódico somos inteiramente da quebradeira. É, porque não? É êste um direito que a Constituição nos garante e pelo qual lutaremos até morrer, salve, salve. Aliás, não se compreende um país democrático onde o povo não possa, de vez em quando, sair às ruas e botar os complexos para fora, e só voltar para casa quando estiver tudo quebrado. Por isso mesmo menos ainda se compreende a atitude de nossa Associação Comercial, velho nicho de tubarões incorrigíveis, protestando contra aqueles que também praticam tão salutar esporte. E somos capazes de jurar que mesmo entre os venerandos e esperidos elementos da Associação há aqueles que sabem muito bem como quebrar várias coisas, tais como galhos, etc. etc. Mas, como isso é assunto de família, naturalmente não nos interessa...

Isso é Belo Horizonte:

Enquanto a população, já conformada, faz grande economia de água, gastando-a como se fôsse dinheiro, o prefeito da cidade gasta dinheiro como água, para que os jornais digam diariamente que êle está fazendo uma ótima administração.

Tambem o governo tem o seu binômio

ENERGIA E — **TRANSPORTE**

A *Revista de Cinema*, dos anos 1950, deu projeção internacional à crítica mineira.

"Os Novos": edição especial do *Suplemento Literário* do *Minas Gerais* que lançou, em janeiro de 1968, uma fornada de jovens escritores e artistas plásticos.

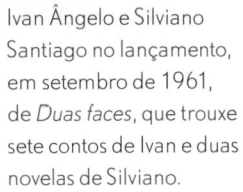

Ivan Ângelo e Silviano Santiago no lançamento, em setembro de 1961, de *Duas faces*, que trouxe sete contos de Ivan e duas novelas de Silviano.

João Etienne Filho, animador de várias gerações literárias, aqui como ator na versão teatral (1982) do romance *O encontro marcado*, de seu ex-pupilo Fernando Sabino.

Alguns integrantes da Geração Suplemento, na redação do semanário que lhe deu nome, no início de 1970. Em pé: Duílio Gomes, Luiz Gonzaga Vieira, Sérgio Sant'Anna, Luís Márcio Vianna, Antônio Carlos Braga (atrás), Sérgio Tross e Humberto Werneck. Agachados: Jaime Prado Gouvêa, Márcio Sampaio, Luiz Vilela e Valdimir Diniz.

Fernando Morais tomando notas para uma reportagem sobre a Transamazônica, em 1970.

que se vale para, em noite de licença política, grafitar no muro da casa da namorada: "Aurélia, eu te amo". Na vida real, as expedições pichadoras e a distribuição de publicações clandestinas ganhavam agilidade com o carrinho do futuro embaixador José Sette Câmara — o único membro do grupo que tinha automóvel, um DKW alemão.

Os moços da *Edifício* não subiam no viaduto, mas alguns deles chapinharam, nus em pelo, nos laguinhos da praça da Liberdade. Certa vez — na noite do casamento de Autran Dourado, por sinal, em janeiro de 1949 — o banho noturno acabou na delegacia, e se não teve consequências mais sérias foi porque um dos banhistas, José Bento Teixeira de Salles, pressionado pelos demais, declinou sua condição de oficial de gabinete do governador Milton Campos.

Com os escritores mais velhos, eram suaves e gratificantes as relações dos jovens da década de 40, fossem eles comunistas ou católicos. Ao contrário do que tantas vezes acontece, a geração mais nova não precisou hostilizar a precedente para abrir espaço. Era enorme sua admiração pelos veteranos — a começar por Mário de Andrade, a quem os vintanistas se ligaram por meio de Fernando Sabino. Fernando lhe mandara seu livro de estreia, *Os grilos não cantam mais* — coletânea de treze contos publicada em novembro de 1941 com o selo da editora Pongetti, do Rio de Janeiro, numa edição de mil exemplares financiada pelo pai do autor. Um deles foi ter às mãos de Mário, que não apenas o leu como registrou em carta as suas impressões.

Para começar, recomendou ao contista que escolhesse uma assinatura literária — Tavares Sabino, Fernando Tavares, Fernando Sabino; "o impossível", explicou, "é Fernando Tavares Sabino". Em seguida, arriscou:

> Se você está rodeando os vinte anos, de vinte a vinte e cinco como imagino, lhe garanto que o seu caso é bem interessante, que você promete muito [...] Mas se você já tem trinta ou trinta e cinco anos, já estudou muito (você

parece de fato se preocupar com a expressão linguística) e está homem-feito, não lhe posso dar aplauso que valha.

O autor de *Os grilos não cantam mais* exultou: mal havia completado dezoito anos, e alguns daqueles contos vinham do fundo da sua adolescência. Respondeu imediatamente, pondo em marcha uma correspondência que se estenderia por três anos, até as vésperas da morte de Mário, em fevereiro de 1945. Em pouco também os seus amigos estavam frequentando a caixa de correio da rua Lopes Chaves, em São Paulo. A certa altura, um incidente quase veio comprometer a amizade de Mário e seu pupilo, trinta anos mais novo: ao se casar com a filha do governador Benedicto Valladares, em junho de 1944, Fernando Sabino quis ter o amigo entre os seus padrinhos. Mas um deles seria Getúlio Vargas — e o escritor, adversário da ditadura do Estado Novo, não se sentiu à vontade para comparecer. Alegou impossibilidade de conseguir lugar nos aviões e se fez representar por Murilo Rubião. Fernando se magoou — até receber da rua Lopes Chaves uma carta que apagou de vez o incidente.

Quando esteve em Belo Horizonte pela última vez, em outubro de 1944, a poucos meses de morrer, Mário circulou para baixo e para cima com os vintanistas. (Da janela da Biblioteca Municipal, na rua da Bahia, vendo passar o escritor, cercado por aqueles felizardos, um adolescente morria de inveja. Era Autran Dourado, que ainda carregava o prenome Waldomiro e um ano antes publicara seu primeiro conto, "O canivete de cabo de madrepérola", menção honrosa num concurso da revista *Alterosa*.)

A admiração era recíproca. A 10 de fevereiro de 1945, quinze dias antes que um infarto o matasse, Mário escreveu a Rodrigo M. F. de Andrade, escusando-se por não tê-lo acompanhado à estação, em São Paulo, depois do congresso de escritores realizado em janeiro.

> [...] estava exausto com os fins do congresso, que pela primeira vez nele não me deixei levar, escolhi um grupinho, com o risco de ser indelicado, mas pra ser mais eu e me expandir mais livremente. Eram os quatro vinta-

nistas que mais me dão o mistério, o insolúvel, mais me inquietam, mais me acaparam, mais amo: o Fernando Sabino e o Hélio, o Paulo e o Otto, do grupo dele.

Todos, sem exceção, veneravam Carlos Drummond de Andrade, vinte anos mais velho, cujos poemas incorporavam a seu dia a dia. "Minha geração", escreveu Paulo Mendes Campos, "falava fluentemente um idioma oarístico, colhido nos versos de Drummond. Era a maneira mais econômica, secreta e eloquente de nos entendermos." Como as três personagens da primeira parte de *O encontro marcado*, bichos literários soltos pelas ruas de Belo Horizonte:

> Perdi o bonde e a esperança, volto pálido para casa, cismando na derrota incomparável, sem nenhuma inclinação feérica, com a calma que Bilac não teve para envelhecer, tudo somado devias precipitar-te de vez nas águas, seria uma rima, não seria uma solução — eta vida besta, meu Deus.

"Conhecemos o poeta numa tarde memorável, na avenida Afonso Pena, em Belo Horizonte", registrou Paulo Mendes Campos numa crônica. "Carlos Drummond de Andrade não se lembra mais dos alinhadíssimos sapatos de camurça que usava, mas nós, os mineirinhos da época, salvamos do olvido a elegância sóbria do escritor."

As apresentações foram feitas por um outro poeta, Emílio Moura, extraordinária figura que até sua morte, em 1971, haveria de costurar todas as gerações literárias de Belo Horizonte ao longo de meio século — do velho *Diário de Minas* do PRM ao *Suplemento Literário* do *Minas Gerais*, criado por Murilo Rubião em 1966. Alto, esguio, Hélio Pellegrino chamava-o Pernalta. "Cegonha figura", comparou Drummond. Era o último remanescente do Grupo do Estrela em Belo Horizonte, e os rapazes o adotaram como se não houvesse entre eles diferença de idades. "O Emílio Moura foi um anjo", dirá Otto Lara Resende alguns anos depois da morte do escritor de Dores do Indaiá. "Nós descobrimos o Emílio e ele nos descobriu. Nós alegramos o Emílio e ele nos alegrou."

Andava por Minas, ainda, o romancista Cyro dos Anjos, que em 1946 se transplantaria para o Rio de Janeiro, depois viveria um interregno brasiliense e voltaria em definitivo para Copacabana. Também ficou amigo dos colegas mais novos. O mesmo se deu com o poeta Bueno de Rivera, que entrava na casa dos trinta anos e que, a exemplo de Emílio Moura, se repartiria com sucessivas gerações de escritores. Nos últimos anos de sua vida, aparecia quase toda tarde na redação do *Suplemento Literário*. O autor de *Mundo submerso*, *Luz do pântano* e *Pasto de pedra* foi um dos poetas mais importantes da chamada geração de 45, à qual, embora mais velho, foi incorporado pela crítica, por haver estreado em meados da década de 40.

Na vida prática, Bueno saltou entre atividades prosaicas — de editor de um árido guia de ruas de Belo Horizonte, o *Guia Rivera*, a locutor da Rádio Mineira. Dos estúdios da emissora, no prédio do Conselho Deliberativo, na rua da Bahia, ele se esforçava por passar aos ouvintes a impressão de que transmitia de um fervilhante salão de baile: "Dançam animadamente na rua Erê, 34, no Prado...", dizia — e tome música de disco. Era uma brincadeira inventada por Hélio Pellegrino: na rua Erê morava o amanuense Belmiro de Cyro dos Anjos.

É Bueno de Rivera, sem dúvida possível, o Jonas Ribeiro que aparece em *Um artista aprendiz*, o romance de formação de Autran Dourado, no qual se disfarçam sob pseudônimos as figuras mais notórias da vida literária belo-horizontina dos anos 40. Como Bueno de Rivera, Jonas Ribeiro é homem ladino, para dizer o mínimo. Laboratorista do serviço público, não quer saber de contato com as amostras que recebe para examinar — e para evitá-lo concebe o que Wilson Figueiredo, seu colega de trabalho, batizou de "exame sociológico de fezes": classificava as amostras conforme a procedência, se de bairro pobre ou rico da cidade. Vindo da Pampulha, por exemplo, o material muito possivelmente trazia a esquistossomose, e assim por diante.

Em algum momento da noite, abastecidos de muito chope, era quase certo que os jovens escritores fossem ter à praça da Liberdade. Ali, nos velhos bancos, punham-se a "puxar angústia". "Descer ao fundo do poço escuro, onde se acham as máscaras abomináveis da solidão, do amor e da morte", explicará o poeta Paulo Mendes Campos. Ou, nas palavras do narrador de *O encontro marcado*:

> Puxar angústia era abordar um tema habitual, como el sentimiento trágico de la vida, la recherche du temps perdu, to be or not to be [...] Era a palavra-chave; bastava dizer, a certa altura, com um suspiro de desalento: "mas que cooooisa!" e a angústia baixava logo as asas negras sobre os três.

A expressão seria adotada pelas gerações seguintes, assim como o hábito de frequentar a praça da Liberdade — em cujos canteiros os três heróis do romance de Sabino enterraram, por não conseguirem convertê-lo em chopes, o esqueleto furtado do pai de um deles, professor da Faculdade de Medicina. Na vida real, esse esqueleto pertencia a José Pellegrino, irmão de Hélio, estudante de medicina; mas nunca foi furtado e muito menos se tentou vendê-lo.

A turma do Café Estrela, nas madrugadas dos anos 20, já se abancava ali. O mais talentoso do grupo fotografará num poema de seu primeiro livro: "Jardim da Praça da Liberdade,/ Versailles entre bondes".

Versailles porque esse "jardim tão pouco brasileiro" (como observa Drummond noutro verso do mesmo poema) foi copiado, sem maior cerimônia, do modelo francês. Ele sofreu, ao longo do tempo, plásticas radicais, por vezes desastradas. Um dos presidentes de Minas, por exemplo, Francisco Salles, inquilino do Palácio da Liberdade entre 1902 e 1906, julgou útil acrescentar ao jardim uma grotesca réplica do Itacolomi, o pico que domina a paisagem de Ouro Preto, na tentativa de trazer consolo aos funcionários públicos desterrados na nova capital. (Era tão grande a rejeição a Belo Horizonte que muitas famílias só bebiam a água e comiam o pão trazidos de Ouro Preto; a água do lugar, dizia-se, seria explicação para a quantidade de papudos — na verdade, inexistentes — entre os nativos da antiga Curral del Rei.) O presente de Salles foi recusado por um cidadão anônimo, que fez publicar num jornal esta quadrinha:

O monumento aí fica,
Afinal, foi imposto.
Achincalhe a Vila Rica,
Obra-prima de mau gosto.

Ao mesmo tempo que a praça ganhava esse Itacolomi anão, a mulher do presidente Salles, em nome do decoro, mandava expulsar as estátuas de três ninfas seminuas que adornavam o repuxo de um laguinho. A miniatura do pico foi banida em 1919, mas as ninfas, de mármore italiano, passariam por algumas décadas de exílio no Almoxarifado da Prefeitura, até que uma anistia as devolvesse às águas do laguinho.

Em 1920, por ocasião da visita do rei Alberto e da rainha Elizabeth, da Bélgica, a praça da Liberdade foi redesenhada. Ganhou a aleia central, com seus renques de palmeiras imperiais, e o aspecto que só voltaria a ter, após anos de sucessivas desfigurações, em 1991, com a reforma empreendida pelo prefeito Eduardo Azeredo.

Não havendo tempo para gramar o jardim, e não sendo desejável oferecer aos soberanos belgas o espetáculo de canteiros calvos, o doutor Gustavo Pena, conhecido advogado, escritor, jornalista e político, sugeriu que se plantasse alpiste, erva de crescimento rápido. Deu certo. De quebra, foi uma farra para os pardais, que, segundo cronistas da época, teriam sido introduzidos na capital de Minas por Sua Majestade.

(Há quem afirme, como Delso Renault em *Chão e alma de Minas*, que o introdutor da novidade foi o mesmo Gustavo Pena — logo ele, coitado, que andou protestando contra a importação dessas aves europeias, que são feias, hostilizam as outras e, ainda por cima, não cantam. Um filho do dr. Gustavo, Otávio Pena, prefeito de dezembro de 1932 a dezembro de 1933, sustenta em suas *Notas cronológicas de Belo Horizonte* que a praga pousou no município por iniciativa de outro administrador da capital, Olinto Meireles, exatamente a 6 de setembro de 1914, na véspera de passar o cargo a seu sucessor, Cornélio Vaz de Melo. De pouco adiantou o esclarecimento: para uns tantos belo-horizontinos, o introdutor do pardal na cidade ficou sendo mesmo o dr. Gustavo — aquela ideia de plantar alpiste, mais o sobrenome emplumado... só podia ser ele.)

13. Sob as asas de JK

Um dos pontos de encontro dos jovens escritores, na Belo Horizonte dos anos 40, além da praça da Liberdade e de algumas livrarias, como a Civilização Brasileira, a Alemã e a Oscar Nicolai, era uma leiteria — a Nova Celeste, assim chamada porque havia uma outra Celeste, na rua Rio de Janeiro. Situada a pequena distância de três redações de jornais — o *Estado de Minas*, *O Diário* e a *Folha de Minas* —, funcionava na esquina da rua Goiás com a rua da Bahia, onde mais tarde existiu a Lanchonete Nacional. (Quando a Nova Celeste fechou as portas, seus jovens frequentadores subiram meio quarteirão da rua da Bahia, sem mudar de calçada, e, por algum tempo, acamparam no Atlântida — um boteco que, de tão vazio, ganhou o apelido de Mar Morto.)

Na Nova Celeste praticava-se uma bizarra boemia, à base de café com leite, broa de fubá, biscoito de polvilho e pão de queijo. A novidade, em relação a outros estabelecimentos das imediações, naquela Belo Horizonte de 214 mil habitantes, é que a suas mesas costumavam sentar-se também algumas moças de família, muitas delas aspirantes à literatura — para a imensa inveja do poeta Emílio Moura, cuja roda literária, nos anos 20, tinha sido exclusivamente masculina.

No tempo de Emílio havia, é verdade, duas ou três moças que escreviam. A poetisa Miêta Santiago, autora de *Namorada de Deus*. Ou Berenice Martins Prates, coautora do romance em folhetins *O capote do guarda*. Tinham ideias avançadas — Berenice chegou a comandar, em 1922, uma Liga Mineira pelo Progresso Feminino —, mas nem por isso se permitiam uma cadeira na roda boêmia dos escritores. Audácia que não teve, tampouco, Lúcia Machado de Almeida, a irmã caçula de Aníbal Machado, colaboradora, desde os catorze anos, da imprensa belo-horizontina, onde se iniciou com o pseudônimo Isolda. Moça que se prezasse, depõe o poeta Abgar Renault, não ousaria abancar-se no Estrela, no Trianon, no Bar do Ponto, por mais literária que fosse a causa. Não era como as de hoje, torce o nariz.

Vinte anos depois, o panorama era mais alentador. Não o bastante, porém, para rapazes que sonhassem com voos mais soltos com as namoradas. Pode não corresponder exatamente a um fato acontecido, mas é bastante verossímil, no romance de formação de Autran Dourado, o episódio em que João da Fonseca Nogueira, a personagem principal, não tendo onde estar mais à vontade com sua amada, recorre ao consultório de um amigo dentista. É o mesmo João quem vai observar, com doses iguais de grosseria e precisão, que a mulher mineira, naqueles anos 40, é como a loteria estadual: dificilmente dá.

Aquecida no portão de uma casa de família, ou no *footing* da praça da Liberdade (onde havia uma aleia para a gente "bem" e outra para o populacho), a noitada de um moço belo-horizontino, como nas gerações anteriores, geralmente ia ferver na cama de alguma profissional. Quando se tratasse de amadora — uma "bagageira", mulher que se capturava na rua —, rapazes como João da Fonseca Nogueira aliviavam suas urgências em lugares então ermos: em mais de um sentido, na moita.

Bebia-se no Montanhês Dancing, na rua Guaicurus, ao som da orquestra de Delê, espécie de Glenn Miller local, que abria a noite, às 22 horas, com a protofonia de *O Guarani* em ritmo de samba. Ao lado ficava a Pensão Inglesa. Na esquina, bem à mão, o Maravilhoso Hotel, outra casa concorrida, em cujo quarto 304 um romancista de outra geração, Roberto Drummond, hospedará sua personagem Hilda Furacão. Os costumes, em todo caso, haviam mudado. Sinal dos tempos: Dora, uma daquelas Vivacqua dos saraus literários abrilhantados por Drummond e Nava nos anos 20, dera para atriz — e atriz de teatro de revista; em pouco tempo estaria se apresentando nua, enrolada numa cobra, no Rio de Janeiro, sob o nome artístico de Luz del Fuego. Morreria assassinada, bem mais tarde.

A inauguração da praça de esportes do Minas Tênis Clube, em novembro de 1937, permitiu um desvendamento de corpos que até então não fora ousado em Belo Horizonte. Aos domingos, no final da manhã, dançava-se no salão de festas do clube — não tardou a surgir o apelido: missa dançante. Nos bares, ainda não, mas numa leiteria como a Nova Celeste já não causava escândalo a presença de moças, em sua maioria alunas da recém-criada Faculdade de Filosofia. Todas elas, diz Autran Dourado, tinham seu continho *à la* Katherine Mansfield. Yone Giannetti, Maria Léa de Oliveira, Maria da Abadia Oliveira.

E sobretudo Vanessa Netto, morena bonita, inteligente e sensível, musa de todo o grupo, namorada dos mais afortunados. Prima do romancista Lúcio Cardoso. Seu pai, Oscar Netto, era um empresário conhecido, metido sempre em operações audaciosas, de quem disse alguém, ao vê-lo a boiar na piscina do Minas Tênis Clube: "Ali está a verdadeira dívida flutuante...". Vanessa era dotada para a ficção e teve três contos publicados na revista *Edifício*. Acabou casando-se com um americano que apareceu por Belo Horizonte, foi para os Estados Unidos e lá morreu, atropelada, vários anos depois, sem ter publicado livro. Nenhuma daquelas moças, aliás, foi muito adiante na literatura. A única a perseverar foi a maranhense Lucy Teixeira, colega de Otto Lara Resende na Faculdade de Direito, invariável ganhadora, sob pseudônimo, de um concurso de contos que Paulo Mendes Campos promovia no suplemento da *Folha de Minas*. De volta a São Luís, juntou-se ao grupo de novos escritores de que faziam parte o poeta Ferreira Gullar e o futuro presidente José Sarney. Depois foi para a Europa e por lá ficou.

E havia, além das jovens escritoras, as alunas do pintor Alberto da Veiga Guignard no Curso Livre de Desenho e Pintura, a futura escolinha Guignard do Parque Municipal. Leda Gontijo, Wilma Martins, Mary Vieira, Maria Helena Andrés, as irmãs Yone e Marília Giannetti. Ao lado de rapazes também principiantes, como Amilcar de Castro, Jefferson Lodi e Heitor Coutinho, elas participavam de um dos momentos mais brilhantes da cultura mineira neste século.

Belo Horizonte, naquele começo de anos 40, multiplicava-se em novidades, providenciadas pelo espírito irrequieto de seu prefeito, Juscelino Kubitschek. Foi ele quem importou do Rio o talento de Guignard e instalou o Curso Livre de Desenho e Pintura, em março de 1944, criando uma alternativa de modernidade para o academicismo da Escola de Belas-Artes do pintor Aníbal Matos. Capturou também Oscar Niemeyer, Cândido Portinari e Burle Marx, repatriou o escultor mineiro Alfredo Ceschiatti, que morava no Rio — e plantou num bairro então distante a ousadia da Pampulha.

O revolucionário conjunto arquitetônico, às margens da represa, foi encomendado a Niemeyer tão logo Juscelino chegou à prefeitura, em abril de 1940. O arquiteto pediu 24 horas — e se fechou num quarto no segundo andar do Grande Hotel. Quando o prefeito lá chegou, na manhã seguinte, o projeto já havia descido ao papel. O Cassino (mais tarde, com a proibição do jogo, convertido em Museu de Arte), a Casa do Baile e o Iate Golf Clube foram inaugurados em 1943, com a presença de Getúlio Vargas, que o esfuziante Juscelino, no comando de uma lancha, conduziu num passeio pelas águas da represa.

A Igreja de São Francisco de Assis, contudo, não pôde ser entregue aos fiéis. O arcebispo, d. Antônio dos Santos Cabral, ficou chocado com as linhas nada convencionais da construção, além do mais concebida por um comunista (Niemeyer) e decorada por outro (Portinari). E durante quinze longos anos não se rezou ali uma única missa. Somente em abril de 1959 a Cúria Metropolitana admitiu que a igrejinha, embora nascida na prancheta de materialista, também era uma casa de Deus. Na pior das hipóteses, um "hangar de Deus", como a chamou Eduardo Frieiro, recorrendo ao poeta Paul Claudel, ao ver as suas formas abauladas.

Não foi só o arcebispo que ficou chocado com as linhas do conjunto da Pampulha. "É uma arquitetura rebelde, que timbra em ser diferente de todos os estilos, normas e regras clássicas, quase sempre o inverso do que é usual", escreveria o historiador Abílio Barreto, que dez anos depois parecia não ter digerido completamente as liberdades de Niemeyer com o concreto armado. "Muito discutida e combatida", acrescentou, "não deixou, entretanto, de exercer certa influência na arquitetura da cidade, tendo os nossos arquitetos conseguido um meio-termo entre esta e a arte clássica — um modernismo moderado."

Fez mais Juscelino Kubitschek para animar a pasmaceira cultural belo-horizontina. Criou também, por exemplo, uma orquestra sinfônica e o Museu Histórico da cidade. Foi muito criticado por vender o Teatro Municipal, em 1944, para construir um outro, bem maior e moderno — o Palácio das Artes, que, abandonado por vários anos, não seria inaugurado senão em 1971, ainda em obras; no seu esqueleto de concreto armado funcionou, por muito tempo, a escolinha de Guignard. O velho teatro, obra do arquiteto José Verdussen, na esquina das ruas Goiás e Bahia, em frente à leiteria Nova Celeste, foi transformado em 1941 no Cinema Metrópole, e demolido debaixo de protestos em 1983.

Para a irritação do escritor Eduardo Frieiro, que a registrava em seus diários, o prefeito volta e meia convidava escritores do Rio e de São Paulo a visitar a cidade. Um deles, em 1942, foi Vinicius de Moraes, poeta com três livros publicados — *O caminho para a distância*, *Forma e exegese* e *Novos poemas*. Não tinha trinta anos e estava no primeiro de seus nove casamentos. Conhecê-lo foi um acontecimento na vida de Fernando Sabino, Otto Lara Resende, Paulo Mendes Campos e Hélio Pellegrino, de quem seria amigo até a morte, em julho de 1980. Em outubro de 1944, dois anos depois daquele primeiro contato e após uma noitada com Otto e Fernando, no Rio, o poeta publicou no suplemento literário de *O Jornal* uma "Carta contra os escritores mineiros". O subtítulo — "Por muito amar" — não evitou que vários montanheses se ouriçassem.

"Foi um barulho dos diabos", relembraria Otto Lara Resende num artigo, quase meio século depois. "Um deus nos acuda. Todo mundo meteu o bedelho no debate e saíram dezenas de artigos, sobretudo, claro, em Minas Gerais. Gente houve que achou que o Vinicius queria que os mineiros deixássemos de ser mineiros." O poeta via os escritores de Minas como uma gente abafada pelos preconceitos, enclausurada numa "cidade mórbida" — e os concitava a se libertarem: "Precisais de água, a água do mar, a água da mulher, a água da criação", receitava. "Temeis errar: errai. Temeis desnudar a vossa nudez: desnudai-vos." Em 1950, num de seus poemas mais conhecidos, "A hora íntima" (escrito, aliás, em casa de Otto Lara Resende, no Rio de Janeiro), no qual imagina seu enterro, Vinicius voltou a cutucar os mineiros:

Quais os que, vindos da montanha,
terão circunspecção tamanha
que eu hei de rir branco de cal?

Nada disso, porém, veio turvar a amorosa relação entre o poeta e seus amigos das Alterosas. Diplomata de carreira, em 1967 ele foi colocado à disposição do governo de Minas, a convite do governador Israel Pinheiro, para estudar a criação de um Festival de Arte em Ouro Preto. Cuidou disso até pouco antes de ser brutalmente aposentado pela ditadura militar, em 1969.

Marcaram época, igualmente, na Belo Horizonte dos anos 40, algumas conferências de Tristão de Athayde na Escola Normal, das quais resultou o livro *Voz de Minas*. Ou um congresso nacional de escritores, em 1947 — durante o qual, aliás, Graciliano Ramos causou péssima impressão entre alguns de seus jovens admiradores mineiros. Uma noite, Wilson Figueiredo, Sábato Magaldi e Autran Dourado saíram pela cidade com o romancista alagoano — e dele ouviram julgamentos contundentes numa mesa de bar. Poesia era "coisa de efeminados", achava o autor de *Vidas secas*. García Lorca? "Um puto."

Em maio de 1944, 22 anos depois da histórica Semana de Arte Moderna, Juscelino promoveu em Belo Horizonte um evento semelhante — uma "semaninha", como chegou a ser chamada —, não menos decisivo para as letras e artes locais. Caravanas de escritores e artistas dos dois maiores centros culturais do país encorparam uma programação que incluiu conferências e uma exposição de arte moderna, com 150 quadros — "a maior já realizada no Brasil", informou com orgulho a *Folha de Minas*. Do Rio de Janeiro, entre outros convidados, vieram Jorge Amado, José Lins do Rego, Samuel Wainer e Millôr Fernandes. De São Paulo, Oswald de Andrade, Anita Malfatti, Sérgio Milliet, Paulo Emílio Salles Gomes, Caio Prado Jr.

Foram dias memoráveis. Modernos e acadêmicos se encararam decididamente, no debate de ideias como na troca de ironias e desaforos. E até mais do que isso: oito quadros foram retalhados a gilete, na mostra armada no Edifício Mariana. Surpreendentemente, foi poupada a obra que mais discussões ateara — o óleo sobre tela *Cabeça de galo*, depois rebatizado *O olho*, de Portinari. No quadro, de 1941 (meio século depois, propriedade de um colecionador paulista), vê-se um galo de cabeça para baixo — o bastante para chocar uma sociedade que, até mesmo em avicultura, era intransigentemente conservadora. "Existem atualmente em Belo Horizonte dois partidos políticos, duas correntes adversárias, dois grupos inconciliáveis e polêmicos'", escreveu no *Diário de S.Paulo* o cronista Luiz Martins, um dos 25 integrantes da caravana paulista: "Os que são contra e os que são a favor do *Galo* de Portinari".

Luiz Martins era a favor. Na trincheira oposta, outro cronista, Jair Silva, do *Estado de Minas*, sugeriu que se invertesse o nome do quadro, mudando-o para *Olag*, uma vez que o galo nele retratado aparecia de cabeça para baixo. Estaria naquela posição para espiar as pernas das galinhas?, ironizou Jair Silva, jornalista da velha guarda em quem o bom humor coexistia com o mais irredutível passadismo. (Durante décadas a fio, acostumou-se a levar sua coluna, "Oropa, França e Bahia", diretamente às oficinas do jornal, sem passar pela redação. Quando, nos anos 60, um jovem editor do *Estado de Minas*, Cyro Siqueira, quis mudar-lhe esse hábito, Jair Silva preferiu demitir-se.)

De qualquer forma, já não se vivia no ambiente atrasado de 1920, ano em que uma exposição da pintora Zina Aita mereceu de um jornal belo-horizontino uma crítica mal-humorada ao "impressionismo bizarro, cujas orgias cromáticas ferem, não raro, a vista do visitante".

No ciclo de conferências de 1944, realizado na Biblioteca Municipal — que funcionava no prédio do Conselho Deliberativo, na rua da Bahia, transformado em Museu de Mineralogia em 1974 —, também houve emoções fortes. Num pronunciamento exaltado, Oswald de Andrade cobrou dos intelectuais de Minas um engajamento mais decidido ao lado das forças antifascistas, naquele momento em que a Segunda Guerra se ia definindo em favor dos Aliados e a ditadura do Estado Novo dava sinais de enfraquecimento. "Tomai lugar em vossos tanques, em vossos aviões, intelectuais de Minas!", perorou o autor de *A marcha das utopias*, para arrematar: "Trocai a serenata pela metralhadora!".

Para não ficar apenas na recomendação, Oswald empunhou em seguida sua própria metralhadora giratória — e despejou fogo sobre dois escritores católicos, Alceu Amoroso Lima e o romancista francês Georges Bernanos, então exilado em Minas Gerais. Além disso, lançou suspeitas sobre o passado democrático do crítico Otto Maria Carpeaux. Na plateia estava um outro Otto, Otto Lara Resende, então com 22 anos, que cinco décadas mais tarde pôs no papel suas lembranças do episódio, de que acabou sendo ativo protagonista:

> A certa altura da conferência não aguentei ficar em silêncio diante do show oswaldiano e gritei um aparte desafiador. Queria provas de que Carpeaux tinha sido mesmo secretário do nazista Dollfuss. Minha convicção estava

baseada num artigo de Álvaro Lins. Oswald parou, deu um tapa na mesa e saiu para a chacota. Misturou o nome do Carpeaux com o meu e passou a se referir a um jocoso Otto Lara Maria Carpeaux de Resende. Amigos vieram em meu socorro e Paulo Emílio Salles Gomes subiu numa cadeira e deu um morra à geração da piada. Como o bate-boca prosseguisse tumultuado, a mulher de Oswald, que estava sentada à mesa, Maria Antonieta D'Alkimin, recorreu ao extremo lance: desmaiou. Foi um escândalo. Ao fim e ao cabo, entre mortos e desmaiados, todos nos salvamos e nos divertimos a valer. Saí sem cumprimentar o conferencista. Na porta da rua, alguém me bateu no ombro. Era o Oswald, sorridente. "Vamos sair por aí repetindo o espetáculo", me disse ele. Só faltei cair pra trás, estupefato. A gente tinha uma certa reserva com o Oswald por causa da briga dele com o Mário de Andrade. Mas o fato é que começamos ali ele e eu uma relação de mútua simpatia.

    A tarefa de saudar Oswald de Andrade, nos debates na Biblioteca Municipal, coube a um piauiense baixinho e feioso — Carlos Castello Branco, a quem o futuro reservaria fama e glória como repórter e analista político, além de um fardão da Academia Brasileira de Letras.

    Castellinho, como viria a ser chamado, chegara a Belo Horizonte em 1937, com dezesseis anos, para fazer o curso pré-jurídico. Não tardou a esbarrar na prevenção belo-horizontina para com forasteiros em geral. A cidade, na época, era muito procurada para tratamento dos pulmões — e Castellinho, por vir de fora, passou logo a ser olhado como tuberculoso. Muito mais tarde, no final de 1978, quando mineiros ilustres reagiram com indignação à escolha de outro piauiense, Francelino Pereira, para o governo do estado, Castellinho, em sua coluna no *Jornal do Brasil*, denunciou o preconceito — e relatou sua própria experiência de nordestino rejeitado nas Alterosas.

    Em oito anos e meio de Belo Horizonte, queixou-se então, fez várias amizades, porém jamais foi convidado a entrar na casa de quem quer que fosse. E, para ilustrar a reclamação, lembrou um longo papo com Otto Lara Resende, seu amigo — Otto na janela de casa, na rua

Alagoas, ele na calçada. Poucos meses depois da publicação dessas magoadas recordações, em julho de 1979, o romancista de *O braço direito* foi eleito para a Academia, onde Castellinho ainda não entrara — e telegrafou ao amigo: "Agora a janela ficou mais alta".

Foi na qualidade de representante do *Estado de Minas* que Carlos Castello Branco saudou Oswald de Andrade, na "semaninha" de 1944. Trabalhava no jornal desde março de 1939, levado por Archimedes Mota, jornalista e militante comunista — o partido, supunha Castello, decidira investir nele. Fez carreira rápida e foi, aos poucos, abandonando as veleidades literárias que trouxera do Norte. Ainda assim, veio a publicar dois livros de ficção — *Continhos brasileiros*, de 1952, e o romance *Arco do Triunfo*, de 1958. Nenhum deles alcançou o sucesso que teria outra obra de Castellinho, *Os militares no poder*, coletânea de crônicas políticas lançada nos anos 70.

Trabalhava na redação do *Estado de Minas* um outro Castello Branco, Wilson, sem qualquer parentesco com o repórter de Teresina. E houve um momento em que, para reduzir despesas, se decidiu mandar embora um dos dois. "Vou ficar com o que escreve como se fosse para a lavadeira", disse a Archimedes o secretário do jornal, Orlando Bonfim Jr., também comunista, que seria assassinado pelo regime militar de 1964. Wilson, o futuro romancista de *Eu, não — o outro*, foi sacrificado. O piauiense feioso chegaria a subsecretário do *Estado de Minas*, cargo que ocupava ao deixar Belo Horizonte, em setembro de 1945. Foi para o Rio, trabalhar em *O Jornal*, que também pertencia à cadeia dos Diários Associados.

No ano em que entrou no *Estado de Minas*, Castello, aluno da Faculdade de Direito, editava a revista *Projeção*, do Diretório Central dos Estudantes, e nessa condição conseguiu arrastar a Minas Gerais ninguém menos que Mário de Andrade, para duas conferências. Foi nessa ocasião que fez amizade com outros jovens aspirantes à literatura. Otto Lara Resende, Fernando Sabino, Murilo Rubião. Trabalhando até alta madrugada e acordando às quatro da tarde, Castellinho não participava das farras de seus novos amigos. Mas com eles se reunia, de noitinha, na Nova Celeste. Aos domingos, sobretudo.

Carlos Castello Branco foi o responsável pela única e breve passagem de Autran Dourado por uma redação de jornal, a do *Estado de Minas*. O romancista de *A barca dos homens*, dez anos depois, veio a ser secretário de imprensa do presidente Juscelino Kubitschek (o mesmo cargo, aliás, que Castellinho ocuparia no breve governo Jânio Quadros); mas não foi no fio de uma carreira jornalística que chegou lá. JK, quando governador de Minas, precisou de um auxiliar que fosse, ao mesmo tempo, taquígrafo e escritor, capaz de acompanhar suas audiências e colocá-las em português potável. "Só pode ser o Autran Dourado", opinou o escritor Cristiano Martins, um dos assessores de Juscelino, tradutor brilhante da *Divina comédia* de Dante Alighieri.

Do Palácio da Liberdade, Autran Dourado saltou para o Catete, no Rio — e de lá saiu, no fim dos Anos JK, com o cartório que lhe permitiu, enfim, dedicar-se monogamicamente à literatura. A passagem pelas entranhas do poder lhe renderia material para um romance, *A serviço del-rei*, publicado em 1984.

No governo de Minas como na presidência da República, Juscelino Kubitschek buscou cercar-se de escritores. Com isso, não apenas garantiu luz e brilho para a face verbal de sua administração como neutralizou a perigosa inclinação oposicionista dos intelectuais. Para encorpar o texto palaciano, JK arrebanhou talentos como Cyro dos Anjos, Murilo Rubião, Cristiano Martins, e, mais adiante, Autran Dourado, Fábio Lucas, Rui Mourão, Affonso Ávila — todos eles filhos da terra.

Como orador, no entanto, seu *ghost-writer* mais requisitado não trazia a marca da sobriedade mineira — era um carioca, o poeta Augusto Frederico Schmidt, autor, entre várias outras, da famosa frase: "Deste planalto central, desta solidão que em breve se transformará em cérebro das altas decisões nacionais...", assinada pelo presidente e gravada num monumento na praça dos Três Poderes, em Brasília. Já nos tempos de governador Juscelino requisitava a pena de Schmidt, cabendo a Autran Dourado, frequentemente, tomar um avião na Pampulha para recolher no Rio as peças oratórias do poeta de *Fonte invisível*. Os dois escritores, que algumas vezes produziram discursos a quatro mãos, não chegaram a ser exatamente amigos. Autran conta que um dia, no final do expediente, JK os convocou para que assistissem, com ele, na sala de projeções do Palácio das Laranjeiras, a um documentário sobre seu governo. O escritor mineiro sentou-se lá no fundo, ficando Schmidt na primeira fila, ao lado do presidente e da primeira-dama, dona Sarah. A certa altura, aborrecido com o texto do filme, o poeta trovejou: "Isso me cheira a Autran Dourado". Este rebateu — "Meu estilo é duro e seco" — com a mesma rapidez com que o poeta encerrou o bate-boca: "Como o seu coração".

Por muitas décadas, os homens de letras das Gerais buscaram o aconchego da burocracia. Em Belo Horizonte, também por muito tempo uma cidade de funcionários, não lhes faltavam "boas colocações", como então se dizia. O serviço público não apenas permitiu vagares para a criação literária como também inspirou copiosa produção ficcional, da qual o conto "A morte burocrática", do burocrata João Alphonsus, é das ilustrações mais saborosas, ao lado do *Amanuense Belmiro*, de Cyro dos Anjos.

No que às vezes tem de doentio, a burocracia deu origem, também, nas Minas Gerais, a episódios entre o cômico e o trágico. Nenhum deles, provavelmente, mais expressivo que a morte de João Luís Alves, deputado, senador, ministro da Justiça e do Supremo Tribunal Federal, membro da Academia Brasileira de Letras, falecido em Paris em 1925. Quando dele só se aguardava o suspiro final, eis que Alves emerge da agonia e murmura: "Já despachei todos os papéis. Chamem o contínuo".

E exonerou-se deste mundo.

14. Paciência e esperteza

Embora não se possa dizer o mesmo do jornal em si, a redação da *Folha de Minas* chegou a ser um ponto importante no mapa cultural de Belo Horizonte, reproduzindo, vinte anos depois, o que se passara com o também inexpressivo *Diário de Minas*. Com algumas novidades: em pelo menos uma ocasião, por exemplo, a redação se converteu em galeria de arte, para uma exposição do pintor Genesco Murta. A pretextos variados, as mesas eram empurradas para os cantos e o matraquear das poucas máquinas de escrever dava lugar ao tilintar do gelo nos copos.

Em seus melhores momentos, nos anos 40, a *Folha de Minas* era visitada, todo fim de tarde, pelo que havia de mais fino na intelectualidade belo-horizontina de então: Cyro dos Anjos, Guilhermino Cesar, Emílio Moura, Eduardo Frieiro, João Alphonsus, todos eles colaboradores do suplemento literário do jornal.

Enquanto a *Folha* funcionou num casarão na rua Rio de Janeiro, esquina com Tamoios (aproveitado por Murilo Rubião para cenário do conto "Marina, a intangível", assim como João Alphonsus ambientara "O homem na sombra ou a sombra no homem" na velha redação do *Diário de Minas*), o papo se estendia ao cafezinho e ao lanche na leiteria Celeste, quase em frente, não raro com a presença, também, de forasteiros ilustres em visita à capital mineira: Mário de Andrade, Oswald de Andrade, a pianista Magdalena Tagliaferro. Para não falar no romancista Marques Rebelo, que viveu durante algum tempo em Belo Horizonte e que apadrinhou, junto à Editora Universal, do Rio de Janeiro, em 1947, a publicação de *O ex-mágico*, o primeiro livro do contista Murilo Rubião.

Não foi por falta de bons jornalistas, certamente, que a *Folha de Minas* jamais chegou a decolar. Pelo contrário, por lá passaram muitos dos melhores homens de imprensa que Minas Gerais já produziu — alguns deles também escritores, como Murilo Rubião, Wilson Figueiredo e o historiador (monarquista e católico) João Camilo de Oliveira Torres. Em suas páginas, desde os tempos de Afonso Arinos, frequentemente se publicou literatura de primeira ordem.

E se publicou, contava Rubião, com uma liberdade bem maior do que a reinante nos outros jornais de Belo Horizonte — numa reprodução, ainda aqui, do *Diário de Minas* dos modernistas: para o governo, dono da *Folha*, só importava o noticiário político. Ildeu Brandão, o contista de *Um míope no zoo*, que lá trabalhou durante doze anos e o viu morrer, dizia que o jornal passava despercebido — a não ser pelos seus erros. Quando, por exemplo — quem ilustra é outro veterano da casa, o sociólogo Fernando Correia Dias —, um repórter de polícia (apelidado Eu-era-assim, tamanha a sua magreza) produzia seus títulos surrealistas. Sandices deste tipo: "Presos por terem praticado crime que não cometeram".

À semelhança de seu esquálido repórter, também a *Folha de Minas* poderia dizer de si mesma: "Eu era assim". Vinha de longe sua anemia financeira. Desde o berço, praticamente. A situação do jornal já era aflitiva aí por 1951, quando lá foi bater o jornalista baiano Sebastião Nery. Recém-chegado a Belo Horizonte, Nery, que tinha projetos literários, ficara impressionadíssimo ao ler — ele, recém-saído do seminário — este verso de Wilson Figueiredo: "Decepei o lírio casto da masturbação...".

Informado de que o poeta dirigia a redação da *Folha de Minas*, foi conhecê-lo — e, como seus projetos eram também jornalísticos, aproveitou para pedir emprego. "Você bateu na porta errada", cortou Figueiró, apanhado num dia de especial irritação com o atraso no pagamento. "Vá procurar *O Diário*", recomendou, "lá eles pagam em dia." Sebastião Nery, de fato, nem precisou invocar sua condição de ex-seminarista para conseguir acolhida no jornal de d. Antônio dos Santos Cabral.

Teve mais sorte, na *Folha*, o humorista Ziraldo Alves Pinto, que por lá apareceu certa noite, no início dos anos 50, sobraçando uma enorme pasta com desenhos. "Quem é o chefe aqui?", perguntou a Wilson Figueiredo — e foi direto ao ponto: "Eu vim substituir o Borjalo". Borjalo, Mauro Borja Lopes, o desenhista do jornal, que acabara de se mudar para o Rio de Janeiro. Wilson não só engoliu a petulância como fez questão de apresentar aos leitores o novo colaborador: "Guardem bem esse nome!", escreveu.

Quase sem anúncios, o fôlego da *Folha de Minas* dependia das parcimoniosas injeções pecuniárias do Palácio da Liberdade. Governador do estado na segunda metade dos anos 40, Milton Campos não primou pela generosidade. Costumava dizer que a *Folha de Minas* era muito parecida com o *Minas Gerais* — a diferença, explicava, é que promovia concurso de miss.

Juscelino Kubitschek, sucessor de Milton Campos, tentou reerguer o jornal, que jamais chegou a dispor de um serviço telegráfico — o noticiário de fora era apanhado por telefone —, nem de máquinas de escrever em número suficiente. Não houve, por exemplo, um único editorial de João Camilo de Oliveira Torres que não tivesse sido escrito à mão.

JK pôs no comando da *Folha* um profissional competente, Jair Rebelo Horta, e prodigalizou publicidade oficial. As manchetes, se não ganharam mais impacto, pelo menos ganharam cor — o mesmo azul introduzido pouco antes, no Rio, pela *Última Hora* de Samuel Wainer. Cid Rebelo Horta, irmão de Jair, futuro autor de um estudo imediatamente clássico sobre as famílias governamentais de Minas, saiu à cata de reportagens de impacto — sobre a descoberta de jazidas de nióbio em Araxá, por exemplo.

Antes do final do governo Kubitschek, porém, a *Folha* perdera outra vez sua clorofila financeira. Longe de se estabelecer de vez e se solidificar, pôs-se a errar de um endereço para outro, até se dependurar, como enjeitada, num canto cedido pela Rádio Inconfidência, também ela do governo, no prédio da Feira Permanente de Amostras, substituído em 1971 pela nova Estação Rodoviária.

Viveu ali sua fase terminal, que deixaria penosas reminiscências nos que lá estiveram até o fim. Fernando Correia Dias, por exemplo, o autor de *João Alphonsus: tempo e modo*, funcionário de 1949 ao último dia. Ildeu Brandão, veterano de tempos melhores. Jacques do Prado Brandão, dez anos de casa, chefe de redação no duro momento em que o verbo *fechar* foi conjugado sem a acepção jornalística.

Os estertores da *Folha de Minas* não foram só melancolia — comportaram também seu toque de absurdo. Enquanto o governador Magalhães Pinto tramava o golpe contra João Goulart, editoriais do jornal oficioso defendiam o presidente ameaçado. Um daqueles textos questionou a tese segundo a qual a Constituição não poderia ser alterada, como queria Brasília. "Intocável por quê?", discordou um editorial da *Folha* — que no mesmo dia recebeu do Palácio da Liberdade um puxão de orelhas: o governador não tinha gostado.

Nos primeiros momentos do golpe, conta Jacques do Prado Brandão, o jornal foi invadido por militares dispostos a fechá-lo. Na portaria, apossaram-se de exemplares da *Folha* e com eles fizeram archotes, entrando pela redação em sinistro cortejo. Um dos diretores, Pedro Vicente Cardoso, teve alguma dificuldade em explicar aos invasores: não tinha cabimento fechar um jornal pertencente a um governo que apoiava o golpe. Alguns meses depois, no entanto, no final do ano, a *Folha* secou de vez.

* * *

Não merecia, certamente, o triste fim que teve. Embora nunca tenha sido, com seu hálito palaciano, um jornal de primeira linha, inegavelmente conheceu belos momentos. Chegou até a inovar a imprensa mineira, ao introduzir a crônica social, a cargo, primeiro, de Sérvulo Coimbra Tavares, que se assinava Cyrano, depois por Wilson Frade, que se iniciou no colunismo sob o pseudônimo Rohan.

Não há como negar que a *Folha* inovou também, nos anos 60, ao confiar o comentário das arbitragens futebolísticas a um juiz de futebol — e logo quem: o folclórico Alcebíades Magalhães Dias, conhecido como Cidinho Bola Nossa desde o dia em que, no calor de um clássico, atuando como bandeirinha, pôs à mostra sua paixão pelo Clube Atlético Mineiro. "Bola nossa!", deixou escapar Cidinho, em seguida a um chute que saíra pela lateral do campo. Como comentarista, porém, ele buscava a imparcialidade que não tinha no gramado. O escritor Roberto Drummond, seu companheiro na editoria de esportes (integrada, também, por um repórter cujo nome sugeria ao chefe de redação, Wilson Figueiredo, a formação de uma linha média de futebol: Ely Murilo Cláudio), gostava de reproduzir autocríticas rascantes de Cidinho Bola Nossa. "Sua senhoria se houve bem na direção da contenda", avaliava o ex-árbitro, para em seguida ressalvar: "Mereceria aplausos, não fora o pênalti que marcou a favor do Atlético e que, na verdade, inexistiu".

O melhor da *Folha de Minas* foi seu suplemento literário, comandado sucessivamente por Otto Lara Resende, Paulo Mendes Campos, Jacques do Prado Brandão, Edmur Fonseca. Não poucos escritores fizeram ali sua estreia. O crítico Fábio Lucas, por exemplo, aparecendo como contista aos dezessete anos. Roberto Drummond, de quem a única produção literária publicada, ao longo de duas décadas, foi o conto "O medo", servido aos leitores da *Folha de Minas* por volta de 1960. Ou Ivan Angelo, que em mais de trinta anos de carreira literária publicou apenas um conto na imprensa — "Menina", editado na *Folha* por Jacques do Prado Brandão.

Mais fundo no tempo, Murilo Rubião foi outro escritor mineiro que praticamente começou nas páginas do jornal do governo mineiro. Embora sua estreia tipográfica tenham sido três poemas (péssimos, dizia), foi na *Folha de Minas*, a partir de 1941, que divulgou a maior parte de seus primeiros escritos. Entre eles, uma série de contos com uma mesma personagem, o Grão Mogol, do qual não se sabia se tinha quarenta anos e sessenta mulheres, ou sessenta anos e quarenta mulheres. Nunca publicados em livro, esses contos já traziam um pouco do clima fantástico que marcaria a obra de Murilo Rubião. Eram tão estranhos, dentro do que na época se fazia, que o editor do suplemento, Floriano de Paula, à revelia do autor, julgou-se na obrigação de acrescentar um fecho a um deles, "A filosofia do Grão Mogol", publicado em junho de 1941: "Justamente neste momento, eu acordava". E justificou, quando Murilo foi reclamar: "E você acha que alguém ia acreditar na história?".

Foi na redação da *Folha de Minas*, onde trabalhou por mais de uma década, que o autor de *O pirotécnico Zacarias*, falecido em 1991, encontrou o que seria seu trilho na ficção. Ajudado por um garoto sete anos mais novo — Fernando Sabino, então com dezesseis. Quando lhe veio a ideia de "Eunice e as flores amarelas", o conto com o qual embicaria definitivamente para o realismo mágico, Murilo, antes de escrever, quis saber a opinião de Fernando — e, talvez escaldado pelo episódio com Floriano de Paula, apresentou a história como se fosse um sonho. "Tira o sonho e escreve o conto", aconselhou o garoto, num tiro certeiro.

A liberdade de publicar de que falava Murilo tinha, afinal, seus limites, de que ele próprio se deu conta ao ler o grotesco adendo àquela história do Grão Mogol. Editor do suplemento da *Folha de Minas* em substituição a Paulo Mendes Campos, que por sua vez sucedera a Otto Lara Resende, Edmur Fonseca, da geração que faria a revista *Edifício*, também esbarrou em dificuldades.

Apareceu-lhe certo dia um poetastro municipal, levando um soneto intitulado "Belo Horizonte", com uma babosa dedicatória ao prefeito Juscelino Kubitschek. Quando percebeu que Edmur não pretendia publicar a obra, o autor, primeiro, foi para um bar em frente ao prédio do jornal, na rua da Bahia, e se pôs a anunciar que ia matar "aquele moleque". Depois, subiu até o Palácio da Liberdade — de onde não tardou a vir um imperioso *imprimatur*. O editor do suplemento teve de se curvar. Sua vingança: escondeu o soneto na página de cinema e amputou-lhe a dedicatória.

Edmur acabaria perdendo o emprego, ao pisar — inadvertidamente, ele jura — num calo do interventor, Benedicto Valladares. Tinha organizado e publicado no jornal uma antologia de poesia negra, que incluía o poema "Benedito Calunga", de Jorge de Lima:

> *Benedito Calunga*
> *calunga-ê*
> *Não pertence ao papa-fumo,*
> *nem ao quibungo,*
> *nem ao pé de garrafa,*
> *nem ao minhocão.*

Essa garrafa caiu mal no Palácio da Liberdade, onde foi interpretada como alusão ao propalado — pela oposição udenista — apego do interventor à birita. E lá se foi Edmur para a rua.

Havia também pressões de outra ordem. Nenhum dos editores do caderno de livros da *Folha de Minas* escapou ao cerco dos escritores passadistas, semelhante ao que se armaria, vinte anos depois, em torno do suplemento do *Minas Gerais*, criado por Murilo Rubião. Os responsáveis pelo caderno da *Folha* tiveram de mobilizar o máximo de sua paciência para não permitir a invasão do mofo literário.

Paciência e esperteza. Edmur Fonseca, por exemplo, foi longamente assediado pelo poeta Edison Moreira, um dos donos da Livraria Itatiaia.

Após várias tentativas infrutíferas, o livreiro finalmente compareceu com um poema que o editor considerou aceitável, uma balada quinhentista. Publicou-a — e voltou a publicá-la, mais de uma vez, sempre que o vate ameaçava trazer mais colaboração. "Ah, eu gosto mesmo é desta balada", dizia Edmur, como forma de recusar o resto.

Em alguns casos, não era só a chateação — havia também o risco de que um autor enfurecido depusesse de repente a lira e passasse ao pugilato. Pois o ambiente literário da capital mineira, nos idos de 40, estimulava paixões capazes de saltar dos suplementos para a página policial. Edmur Fonseca guardou a lembrança de uma troca de sopapos em plena avenida Afonso Pena, envolvendo o poeta maranhense Da Costa Santos e o romancista Benito Barreto — tudo porque este radiografara um verso de pé-quebrado num poema do primeiro.

Paulo Mendes Campos, por sua vez, conta numa crônica a história de um cultor das formas clássicas que, uma noite, no Trianon, tendo ouvido os rapazes da mesa ao lado concluírem que o maior poeta brasileiro era Carlos Drummond de Andrade, acercou-se deles e pediu para participar da conversa. Incorporado à roda, tirou do bolso um revólver e encerrou a discussão com uma chave de ouro — ou chumbo: "Meus caros jovens, os senhores dispõem do prazo improrrogável de dez minutos para mudarem de opinião. O maior poeta do Brasil é Alphonsus de Guimaraens". Os rapazes, registrou o cronista, acharam mais prudente virar imediatamente a casaca literária.

Não é impossível que o cidadão armado de tão convincentes argumentos, cujo nome Paulo Mendes Campos prudentemente não revela, seja o poeta Sebastião Noronha, autor de doze livros de sonetos: ele é personagem, também, de uma história muito parecida, transcorrida não no Trianon, mas num boteco da zona boêmia.

Noronha, em todo caso, era bem capaz de feitos dessa natureza, a crer no que contava um de seus amigos, o escritor e político Celso Brant, que o viu abrir fogo contra um frequentador da Confeitaria Elite, na rua da Bahia, ainda que por motivos não literários. Literatura o sonetista fez mais tarde, ao descrever a cena, afinal sem maiores consequências, para um grupo de confrades: "Alguém procurou estorvar-me os passos. Fiz então uso de minha arma e ele caiu ao chão. Perguntaram-me: 'O sr. já conhece a sua vítima?' Respondi: Ainda não tenho esse prazer e essa honra".

Escribas saudosos da ordem pré-modernista, como Sebastião Noronha, abrigavam-se à sombra de *Acaiaca*, revista mensal criada por Celso Brant em novembro de 1948 e que frequentou as bancas até 1960. Em matéria de poesia, era uma publicação assumidamente tradicionalista, embora se orgulhasse da colaboração eventual de escritores modernistas, como Austen Amaro, Emílio Moura e Abgar Renault. O grosso dos que lá escreviam recrutava-se entre os remanescentes do parnasianismo, como Bahia de Vasconcelos, autor de um soneto sobre o cigarro que se fecha com uma candente profissão de fé tabagista: "Eu sempre fumarei, como hei fumado!".

Do grupo dos cultores das velhas formas fez parte, também, o não menos sonetista Renê Guimarães, que Delso Renault em *Chão e alma de Minas* descreve como "uma das mais interessantes figuras humanas que viveram em Belo Horizonte nesses anos, transmitindo um toque alegre à sisudez cotidiana da cidade". Era, no depoimento do memorialista, "poeta, romântico, galanteador, místico e sonhador" — além de incorrigível mitômano. Dizia ter tido um caso de amor, levado às últimas consequências, com uma pequena onça-pintada, da qual andou exibindo uma fotografia, guardada na carteira. Vivia anunciando um romance, *Estrada de Damasco*, de que nem sequer os amigos mais chegados puderam ler uma linha. Renê Guimarães granjeou notoriedade municipal como autor de um soneto que andou nas pontas de muitas línguas, intitulado "A mulata":

> *Mulata! Flor estranha das senzalas,*
> *misteriosa rosa dos mocambos!*
> *Tens dilúvios de amor na voz, se falas,*
> *e incêndios de paixão nos olhos bambos.*

Por tua fresca pele cor dos jambos
um cheiro quente de volúpia exalas.
Na cozinha és mais fêmea entre os molambos
que as brancas entre sedas pelas salas.

Freira de amor de carne hospitaleira,
esposa oculta a quem ninguém dá nome!
Noiva da sociedade brasileira...

Tu nos dás carne — fruto em nossa rede,
Eva trigueira da primeira fome,
Samaritana da primeira sede!

Na qualidade de editor da revista *Acaiaca*, Celso Brant — que em 1989 ganharia alguma notoriedade como candidato à presidência da República, pelo microscópico Partido da Mobilização Nacional — acabou sendo eleito pelos jovens escritores dos anos 40 e 50 como porta-voz de tudo aquilo que a boa literatura não deveria ser. Como se reunisse num bar chamado A Tirolesa, seu grupo começou a ser tratado como "Academia do Tirol".

Celso Brant não passava recibo das caneladas, mas alguns de seus companheiros eram menos estoicos. O trovador e sonetista Nilo Aparecida Pinto, por exemplo, que até sua morte, em 1974, não havia engolido aqueles anarquistas de 1922. Eduardo Frieiro, em seu *Novo diário*, dá notícia do pânico que se apossou do autor de *Canção da amargura sem fim* quando, em agosto de 1947, correu a notícia de que Carlos Drummond de Andrade voltaria do Rio de Janeiro para assumir a direção da *Folha de Minas*, a convite do governador Milton Campos. "O Nilo Aparecida Pinto declarou que abandonaria Belo Horizonte", anotou Frieiro. "E para onde iria ele? Os neoparnasianos são hoje animais raros, em qualquer parte." Ironicamente, o sonetista é que acabou indo morar no Rio, de onde Drummond jamais arredou pé.

A Nilo talvez faltasse o bom humor de outro passadista, Hermenegildo Chaves, o Monzeca, figura legendária do jornalismo de Minas

Gerais. Teve longa passagem pelas redações de Belo Horizonte, nas quais deixou a reputação de escriba erudito e de bom gosto. Foi diretor da Imprensa Oficial e da *Folha de Minas*. Figurou também entre os editores da revista literária *Cidade Verde*, ao lado de Cyro dos Anjos e Newton Prates, aparecendo no expediente como secretário até o número 3, quando passou o posto a José Maria Alkmin.

"Moreno, magro, sempre de jaquetão, era desses boêmios que não bebem e varam a madrugada na base de cafezinhos e bate-papo", disse dele um grande amigo, o cronista Rubem Braga, seu colega na redação do *Estado de Minas*. "Editorialista correto, elegante, ágil, era um profissional desencantado, capaz de malícia contra os fátuos e os impostores, mas incapaz de maldade contra quem quer que fosse: Monzeca era irremediavelmente bom." Embora escrevesse pouco e publicasse menos ainda, era também um poeta, um "inamovível, incurável, irreversível, irreparável" poeta, diz ainda Rubem Braga, que dele guardou de cor duas quadrinhas:

Glória a ti, lírio do monte,
Imagem de meus caminhos
Que me puseste na fronte
Uma coroa de espinhos.

*

Minha esperança ainda existe
Tal como outrora a quiseste:
Sempre verde, sempre triste
Como um ramo de cipreste

Embora não simpatizasse com Carlos Drummond de Andrade, Monzeca jamais ameaçaria, como Nilo Aparecida Pinto, abandonar a cidade em caso de regresso do poeta da pedra-no-caminho. Comportava-se como se a abolição da rima e da métrica fosse apenas um esquecível parêntese dentro da poesia brasileira. Cyro dos Anjos, amigo e conterrâneo, conta que Monzeca foi exemplar na sua fidelidade às formas clássicas. "Duas décadas antes de morrer, presenciou, não sem remoque, a reabilitação do soneto, pela chamada geração de 45", escreve Cyro em *A menina do sobrado*. "Meia vitória. 'Vão ter que aprender metrificação!' — exclamou."

O veterano cronista Moacyr Andrade, que duas décadas antes espicaçava os modernistas do Café Estrela, andou cutucando, também, os jovens escritores dos anos 40. Chamava-os "gibis". Um deles, Hélio Pellegrino, deu o troco num artigo que, glosando o purismo gramatical de um velho jornalista da terra, intitulou-se "Burrice de se lhe tirar o chapéu". Para não ficar só nas palavras, Hélio tirava o chapéu, literalmente, num largo gesto teatral, quando cruzava na rua com o cronista.

Os passadistas de Belo Horizonte sofreram duras estocadas da parte de um pequeno e ativo grupo que chegou à cena literária no início dos anos 50. Ficaria conhecido pelo nome da revista — *Tendência* — que editou na segunda metade da década. Praticamente resumiu-se a um trio — Fábio Lucas, Rui Mourão e Affonso Ávila —, responsável, em 1951, por uma primeira revista, *Vocação*. A esses três se juntariam, mais adiante, a ensaísta Maria Luisa Ramos e a poetisa Laís Corrêa de Araújo.

O primeiro número de *Tendência* circulou em agosto de 1957, eclético o bastante para abrigar um artigo do conservador Oscar Mendes. O cardápio de estreia incluía também Antonio Candido, já um dos maiores nomes da crítica literária no país, e o ainda escassamente conhecido ficcionista Osman Lins, que um erro de composição fez chamar-se "Osmar" na capa da revista. O time de colaboradores alargou-se até a morte de *Tendência*. O quarto número, que seria o último, trouxe um texto em que Haroldo de Campos, um dos papas do concretismo, anunciava o "salto participante" desse movimento, que se despedia assim do formalismo puro para se preocupar também com as questões sociais. A revista mineira já andava, desde o início, num trilho semelhante, o do "nacionalismo crítico", o que lhe valeria pauladas tanto da direita como daqueles que recusavam a ideia de uma literatura a serviço da política.

Exceção talvez solitária na história das gerações de escritores surgidos em Belo Horizonte, os rapazes de *Tendência* não deixaram registro de farras e desmandos etílicos. Nenhum deles subiu no viaduto, nem "puxou angústia" nos bancos da praça da Liberdade. Como grupo, conta Fábio Lucas, sua atividade extraliterária consistia em reuniões em porta de livraria, ou a encontros, nas manhãs de domingo, para esperar a chegada dos suplementos do Rio e de São Paulo.

O bom comportamento existencial da trinca de *Tendência* era contrabalançado pela iconoclastia com que ela se atirava a algumas reputações literárias estabelecidas — "a grande literatura vitoriosa", no dizer de Fábio Lucas. José Lins do Rego, então no auge de seu prestígio, levou bordoadas, o mesmo acontecendo com Otto Maria Carpeaux e Gustavo Corção. Entrevistado no dia da morte de Olegário Mariano, conhecido como "o príncipe dos poetas brasileiros", Rui Mourão não hesitou em declarar: "Foi um morto que morreu". Um dos alvos preferidos dos rapazes de *Tendência* era Celso Brant, o editor da revista *Acaiaca*, contra quem escreviam artigos tremendos, enviados à redação do *Estado de Minas* — e jamais publicados, naturalmente, uma vez que lá trabalhava o alvo daquelas catilinárias.

Alguns disparos eram feitos pela metralhadora giratória de Carlos Maurício Balsemão, nome de guerra por detrás do qual se entrincheiravam Fábio Lucas e Affonso Ávila desde os tempos de *Vocação*. Mais adiante, convidados por Edmur Fonseca para fazer um rodapé de crítica literária no *Diário de Minas*, os dois para lá carregaram o implacável Balsemão.

15. Que era isto, companheiros?

O princípio dos anos 50 marcou o nascimento de uma das experiências mais interessantes da imprensa brasileira — o semanário *Binômio*. Começou como brincadeira de dois estudantes — José Maria Rabêlo e Euro Arantes —, decididos a erguer uma voz dissonante entre os jornais do estado, unânimes em seu apoio ao governador Juscelino Kubitschek. Daí o nome da publicação, inspirado no slogan com que JK se elegera, em 1950 — "Binômio: energia e transporte". Os dois moços achavam que o slogan, para ser mais condizente com o comportamento do novo ocupante do Palácio da Liberdade, deveria ser reescrito: "Binômio: sombra e água fresca".

Com quatro páginas, composição manual e requerendo duas impressões, o jornalzinho de José Maria Rabêlo e Euro Arantes saiu pela primeira vez à rua no dia 22 de fevereiro de 1952. Não era ainda um semanário: em sua primeira fase, que durou cerca de dois anos, chegava às bancas de três em três semanas. Quando deixou de ser simples brincadeira, sua redação saltou da república de estudantes onde era feito para o Edifício Capixaba, na rua Rio de Janeiro. Mais tarde, instalou-se na rua Curitiba, esquina com Carijós — onde, em março de 1964, o jornal viria a ser fechado pelo golpe militar.

Menos irreverente que a inicial, a segunda fase do *Binômio* caracterizou-se por uma implacável oposição ao governador José Francisco Bias Fortes, contra o qual não se cansou de publicar denúncias. Uma delas provocou sua apreensão. Não foi a estreia da força bruta na conturbada história do semanário. Quando Juscelino, governador, viajou a Araxá, em companhia do empresário Joaquim Rolla, o jornal anunciou em manchete: "Juscelino foi a Araxá e levou Rolla". O secretário da Segurança Pública, Geraldo Vidigal, mandou recolher a edição, alegando ofensa às tradições morais do povo mineiro.

Foi pouco, ainda, diante do que viria durante o governo Bias. Tais foram as pressões do velho político de Barbacena sobre as gráficas mineiras que a direção do jornal não teve alternativa senão passar a rodá-lo no Rio de Janeiro. O segundo caso de exílio tipográfico na história da imprensa brasileira, observaria José Maria Rabêlo; a primeira vítima, lembrou, foi o *Correio Braziliense* de Hipólito José da Costa, transferido para Londres, por pressões políticas, no início do século passado.

Em sua terceira e última fase, marcada por uma orientação decididamente esquerdista, o *Binômio* conheceria problemas ainda mais graves, prenunciadores de seu brutal fechamento. Pelo menos um daqueles episódios, no entanto, teve também seu lado cômico. Durante a campanha presidencial de 1955, o jornal publicou montagem fotográfica em que o candidato dos integralistas, Plínio Salgado, aparecia lendo, de um lado, a *Vida de Jesus*, e, de outro, um livro da atriz nudista Luz del Fuego, *A verdade nua*, para o qual — poucos eleitores sabiam — escrevera um prefácio.

Pouco tempo depois, o partido de Plínio organizou um comício em frente à Feira de Amostras, no começo da avenida Afonso Pena. Em meio ao calor dos discursos, um orador propôs que fossem todos quebrar o *Binômio*, não longe dali. José Maria Rabêlo e Euro Arantes viram a malta cercar o Edifício Capixaba — e, como estivessem sozinhos, recorreram a um truque para intimidá-la: instalaram nas janelas alguns alto-falantes, propriedade do Partido Socialista, e se puseram a correr de um para outro, mudando as vozes e gritando insultos, para dar a ideia de que havia muita gente na redação. Não se sabe se os integralistas se deixaram enganar — o fato é que logo se dispersaram.

A história não acabaria tão bem para o semanário num célebre episódio ocorrido no final de 1961. Na maré montante do radicalismo político que se seguiu à renúncia de Jânio Quadros e à batalha pela posse do vice-presidente João Goulart, o comandante das forças federais em Belo Horizonte, general João Punaro Bley, fez uma palestra na Associação Comercial, denunciando o avanço comunista e insistindo na necessidade de se "defender a democracia".

José Maria Rabêlo escreveu então um editorial no *Binômio*, admitindo que, de fato, era preciso defender a democracia, mas pondo em dúvida as credenciais do general para essa tarefa. Um repórter do jornal, José Nilo Tavares, foi enviado ao Espírito Santo, onde Punaro Bley tinha sido interventor, e de lá trouxe o relato de violências que ele teria praticado contra esquerdistas. "Afinal, quem é esse Punaro Bley?", indagava a reportagem, e respondia: "Democrata hoje, fascista ontem".

Três dias antes do Natal, o militar irrompeu na redação do *Binômio*, levando a reportagem e seu bastão de comandante. Houve discussão, troca de sopapos — e o general, tendo levado um soco, saiu com o rosto sangrando. Duas horas depois, o prédio foi cercado e invadido, numa operação de guerra comandada por três coronéis. Toda a redação foi destruída. José Maria Rabêlo teve de passar uma semana em São Paulo até que a fervura baixasse.

(Enquanto se engatilhava a invasão, um certo major Mário, do CPOR, havia reunido os alunos, concitando-os, com um discurso exaltado, a aderir à operação. Nisso levantou-se um dos rapazes, um paraibano ruivo de dezenove anos, orador do Grêmio Sampaio, da corporação, e, num discurso igualmente emocionado, pediu permissão para não ir: "sou jornalista", explicou, "e não vou participar de nenhuma ação contra um jornal". Chamava-se Moacir Japiassu e viria a ser um profissional muito conhecido entre seus pares. Por ora, integrava a equipe que, sob o comando de Guy de Almeida, preparava os números experimentais de um novo jornal, o *Correio de Minas*, a ser lançado daí a três meses, em março de 1962. Consequência ou não de sua intervenção, os alunos do CPOR não participaram da operação *Binômio*. O fato é que Japiassu, embora aprovado em todas as matérias do curso, não obteve, no julgamento altamente subjetivo dos oficiais, o conceito mínimo para chegar ao segundo ano. Tão logo foi informado, ele deu um passo à frente, anunciou que ia se desligar da tropa — e nunca mais apareceu no CPOR. Haveria de penar, durante dez anos, com a falta de um certificado militar.)

Mesmo com a redação arrasada — não escaparam sequer os banheiros —, o *Binômio* circulou pontualmente na semana seguinte, escrito e rodado em outros jornais. Publicou de novo a reportagem sobre Punaro Bley. O célebre soco haveria de pesar na sua liquidação, às vésperas do golpe de 1964. No dia 29 de março, quando foi para as bancas a edição número 508, que ficaria sendo a última, as autoridades já desencadeavam em Minas uma "Operação Gaiola". José Maria Rabêlo escapou por pouco: descia por um elevador no exato instante em que, pelo outro, subiam os homens encarregados de engaiolá-lo.

Nos três meses que passou escondido, o jornalista chegou a se disfarçar de padre — pelo menos um amigo se assustou ao reconhecê-lo, na rua, metido numa batina. Entrou numa embaixada, foi para a Bolívia e lá criou, com outros exilados brasileiros, um jornal, *El Clarín* — até que mais um golpe de Estado o pusesse novamente em fuga, dessa vez para o Chile, onde finalmente reencontrou a mulher e os sete filhos, que não via desde a saída do Brasil.

Quando o general Pinochet tomou o poder em Santiago, a 11 de setembro de 1973, José Maria Rabêlo voltou outra vez ao zero. Teve de deixar para trás até mesmo sua coleção de *Novas cartas chilenas*, jornalzinho que editara com dois companheiros de exílio, Edmur Fonseca e Cícero Vianna. Refugiado em Paris, voltou para o Brasil com a anistia, em 1979, mergulhando então na tarefa de organizar em Minas o Partido Democrático Trabalhista, o PDT de Leonel Brizola.

Precursor d'*O Pasquim*, que surgiria em 1969 para ser um outro marco na imprensa brasileira, o *Binômio* foi também um ninho de bons jornalistas — e escritores. Entre eles, o contista Wander Piroli, que em 1962 foi bater na porta de José Maria Rabêlo. Ainda inédito em livro, o futuro autor de *A mãe e o filho da mãe* e *O menino e o pinto do menino* tinha 31 anos e vinha de uma desanimada passagem pela advocacia. Aquele foi seu primeiro emprego em jornal, início de uma carreira que o levaria, ainda, à edição mineira da *Última Hora*, ao *Estado de Minas*, ao *Hoje em Dia* e, por cinco memoráveis meses, como adiante se verá, ao *Suplemento Literário* do *Minas Gerais*.

Piroli entrou no *Binômio* como repórter e em dois meses era editor. Para seus comandados, trabalhar com ele foi uma experiência inesquecível. "O *Binômio*, nessa época, funcionou em torno do talento extraordinário de Wander Piroli", creditará três décadas depois Fernando Mitre, editor executivo do *Jornal da Tarde*, de São Paulo, que participou, como chefe de reportagem, dos últimos seis meses de vida do *Binômio*. Nunca mais esqueceu a figura de Piroli escrevendo em sua mesa, copinho de cachaça ao lado. Fazia uma coluna em que, pela primeira vez na imprensa mineira, se publicavam palavrões. Era, além disso, um dos redatores da hilariante seção "A sociedade é deles", que, assinada por um fictício Flaminio Monni, disparava notas venenosas — passadas, muitas delas, por cronistas de outros jornais da cidade, temerosos de divulgar informações mais apimentadas em suas próprias colunas sociais.

Ao noticiar, por exemplo, o aniversário de uma grã-fina, a seção dizia que dona fulana não tivera alternativa senão completar tantos anos. Sobre a mulher de um banqueiro, que fora passar dois meses de férias no Rio, informava-se que passaria os outros dez em Belo Horizonte. O *Binômio* tinha uma face assumidamente debochada. Entre outras proezas nesse particular, conseguiu convencer o folclórico deputado estadual Wilson Modesto, conhecido como "o burrinho do PTB", a posar abraçado a um burrinho, exatamente. Outra foto, feita num grupo escolar, mostrou o parlamentar a escrever, no quadro negro: "2 + 2 = 5".

O *Binômio* nunca teve uma página literária, mas não desprezava os temas culturais que fossem boa notícia. Em 1962, deu destaque ao escândalo desencadeado pela publicação do poema "O sátiro", de Carlos Drummond de Andrade:

Hildebrando, insaciável comedor de galinha.
Não as comia propriamente — à mesa.
Possuía-as como se possuem
e se matam mulheres.

Era mansueto e escrevente de cartório.

Como esse Hildebrando, personagem da infância itabirana do poeta, existisse em carne e osso, sua família ameaçou processar Drummond. Atento, Piroli despachou para Itabira o repórter Jacob Cajaíba e o fotógrafo Célio Apolinário. O homem, como se poderia prever, não quis dar entrevista. Ocorreu então aos enviados do *Binômio* a ideia de comprar umas galinhas e contratar dois garotos para jogá-las em cima de Hildebrando, à saída do cartório — momento em que Apolinário dispararia sua objetiva.

Cajaíba não coube em si de remorso quando viu as fotos do velhinho, atônito em meio à revoada de galináceos, numa reportagem de página inteira no *Binômio*. O arrependimento, confessava, foi uma das razões que o levaram a abandonar o jornalismo, poucos anos mais tarde. A história terminou com Drummond, numa crônica no *Jornal do Brasil*, pedindo a Hildebrando que se retirasse de seu poema.

Como Wander Piroli, o futuro guerrilheiro e político Fernando Gabeira, jornalista e escritor, também começou no *Binômio*. Mais exatamente, na sucursal que o semanário teve em Juiz de Fora a partir de 1958. Era comandada por Fernando Zerlottini — titular, bem mais adiante, por catorze anos, da coluna "Swann", do jornal *O Globo*. Funcionava em três salinhas minúsculas no quinto andar de um prédio da esquina da rua Halfeld com a avenida Rio Branco, bem no centro da cidade. Ao lado, no mesmo andar, ficava o escritório de um engenheiro, mais preocupado com a política do que com os cálculos estruturais: o futuro prefeito, senador e vice-presidente da República Itamar Franco. Eternamente de óculos escuros, era um precioso informante do jornal, contribuindo toda semana com notas para a seção "Fim de linha", na primeira página.

Naquelas três salinhas se fazia mais do que mandar notícias para a sede, em Belo Horizonte — fazia-se uma edição local do *Binômio*. Pouco antes de acabar, em 1964, praticamente a metade do jornal que circulava em Juiz de Fora, sempre ao meio-dia de domingo, trazia noticiário da cidade. Por sua irreverência e pelas posições que assumia, não tardou a colecionar desafetos. Deve-se a algum deles, certamente, o boato que um dia começou a correr as ruas: a redação juiz-forana do *Binômio*, na noite anterior, teria sido palco de uma bacanal, movida a drogas e incluindo práticas homossexuais. Uma "Seconal dançante", rotulou alguém, numa alusão a um comprimido então muito usado por quem quisesse atravessar aceso uma noite de farra. (Inteirado do boato, no barbeiro, pela manhã, o gerente do jornal, José Carlos Lery Guimarães, batalhou o dia inteiro para neutralizá-lo. Em vez de negar a ocorrência da "Seconal dançante", tratou, ao contrário, de aumentar as suas proporções e o número de seus participantes, incorporando à folia tudo quanto fosse gente notória de Juiz de Fora. À noite, graças ao zeloso gerente, a história já era dada como pura fantasia: afinal, teria sido fisicamente impossível enfiar tanta gente nas três salinhas do *Binômio*.)

* * *

A edição juiz-forana do semanário era feita por uma equipe diminuta — seis pessoas, incluído o gerente. Uma delas era Geraldo Mayrink, que viria a ser um dos melhores jornalistas de sua geração, com passagem luminosa, entre outras redações, pelo *Jornal do Brasil, Veja, IstoÉ* e *Revista Goodyear*. Como escritor, assinou *Juscelino*, biografia do presidente Kubitschek publicada em 1988, e a peça *Memorando*, escrita a quatro mãos com Fernando Moreira Salles. Crítico de cinema respeitado (embora, num momento de tédio, tenha dado "bola preta" para *Os sete samurais*, a obra-prima de Akira Kurosawa, no júri de cinema do *Jornal do Brasil*), foi no *Binômio* que Geraldo Mayrink publicou, em agosto de 1960, seu primeiro comentário sobre um filme — *A noite é minha inimiga*, de Anthony Asquith. Dois anos mais tarde, virou também repórter, tendo estreado com o relato de uma visita à horrenda praça da estação de Juiz de Fora.

Ao contrário de Geraldo Mayrink, Fernando Gabeira não precisou subir os cinco andares do prédio do *Binômio* em Juiz de Fora para pedir emprego. O futuro autor do best-seller *O que é isso, companheiro?* foi convidado por seu xará Zerlottini, que o vira liderar, "com brilho", uma greve de estudantes secundaristas; o próprio *Binômio* publicara foto do garoto apanhando da polícia. Ele tinha um gosto acentuado pelo *bas-fonds* — chegou a morar, literalmente, na zona boêmia de Juiz Fora, e em algum momento daquele final de adolescência mandou fazer no peito uma tatuagem, mais tarde apagada pelo bisturi de um cirurgião.

Como fosse preciso contratar mais um repórter, alguém se lembrou "daquele turquinho". Que não seria o único, aliás, na redação do semanário: havia também o fotógrafo, depois diagramador, Ivanir Yazbeck, que faria carreira na imprensa carioca. "Seus turcos filhos da puta!", costumava bradar Zerlottini, em frequentes momentos de exasperação. Explosões em geral justificadas, que se produziam, não raro, em noites de quinta-feira, quando Gabeira e Yazbeck deixavam o fechamento do jornal para acompanhar, numa casa lotérica, pelo telefone, as corridas de cavalos no Rio de Janeiro.

"Era o que interessava ao Gabeira naquele tempo", recorda Fernando Zerlottini, "jogar nos cavalinhos." Chegou a lançar um ultimato na microscópica redação juiz-forana do *Binômio*, certa quinta-feira: ou lhe pagavam a quinzena, que estava em atraso, para que pudesse fazer sua aposta, ou não contassem com ele para o fechamento daquela noite. Conseguiu o que queria.

Gabeira, contava Zerlottini, chegou à redação sem qualquer experiência no ramo, mas "já cagando regras, com muita pertinência, dando palpites ótimos". Sua primeira missão, em plena campanha do *Binômio* contra o governador Bias Fortes, foi descobrir irregularidades num sanatório para tuberculosos na Grama, na época um distrito de Juiz de Fora. "Gabeira, vai lá e acha uma merda errada", pautou o redator-chefe. O repórter descobriu que o lixo do hospital estava sendo despejado num córrego — e fez ele próprio o título da reportagem: "Mensagem de Bias para Grama: bacilos para vocês". Gabeira, na opinião de Zerlottini, "sempre foi um titulador brilhante — menos para os livros dele". Uma de suas criações nesse setor quase lhe valeu uma demissão no *Diário de Minas*, embora fosse o secretário da redação: "La vie en noir", para um artigo de Geraldo Mayrink por ocasião da morte da cantora francesa Edith Piaf. Irritado, seu chefe julgou útil informar que o nome correto da canção é "La vie en rose".

No começo dos anos 60, Gabeira estava em Belo Horizonte, onde percorreria em pouco tempo pelo menos quatro redações — *Correio de Minas, Diário de Minas, Última Hora* e revista *Alterosa* —, antes de se mudar para o Rio de Janeiro. É desse interregno belo-horizontino o que talvez tenha sido sua primeira incursão de algum fôlego na literatura: uma novela, por sinal sem título, cujas 34 laudas datilografadas Geraldo Mayrink enrustiu em seus arquivos. O começo da história: "Eram seis corcundas na sala, de tal forma que, às vezes, aprumavam-se diante do espelho, mas era uma posição falsa, as nádegas fugindo dos fundilhos, como no plaft de um tapa".

A personagem principal é jornalista, trabalha no *Mensageiro da Manhã*. Referências mordazes são feitas às "marchas da família com Deus pela democracia", que, na vida real, já estavam nas ruas, desenrolando tapetes para a entrada dos militares golpistas de 1964. Um diálogo, a certa altura, parece antecipar o destino do autor, que em nome do socialismo abandonou um excelente emprego no *Jornal do Brasil* e se meteu na guerrilha, que o levaria à prisão, com balas de metralhadora no corpo, à tortura e a quase dez anos de exílio:

— E a revolução?
— A revolução é a revolução.
— Sim, mas não atrapalhou a sua vida?
— Mais ou menos.

No *Binômio*, por onde principiou sua errância jornalística, Gabeira cruzou com outro futuro escritor de sucesso — Roberto Drummond, que se iniciara no ofício na *Folha de Minas*. Dez anos antes de vencer o então prestigioso concurso de contos do governo do Paraná, em 1971 — para estrear em livro, em 1975, com *A morte de D. J. em Paris* —, Roberto sonhava tornar-se o Jorge Amado de Minas Gerais, fazendo com os terreiros de café do vale do Rio Doce o que o romancista baiano fizera com as plantações de cacau de Ilhéus. Depois, por um bom tempo, pôs de lado as veleidades de ficcionista e foi apenas jornalista — brilhante, por sinal.

De quebra, deixou no folclore da imprensa mineira algumas passagens famosas.

Um dia mandaram-no a Montes Claros, checar a veracidade de uma informação sobre tráfico de mão de obra nordestina. Era verdade, e o repórter, para que dúvidas não houvesse, comprou um casal de nordestinos, carregando-o para Belo Horizonte. O insólito episódio, que ele aproveitaria em seu romance *Hilda Furacão*, transformou-se num grande escândalo — e não apenas nacional, pois o semanário americano *Time* também se interessou pelo assunto. O casal de nordestinos foi longamente exibido num programa de televisão. O comprador acabou tendo alguma dificuldade em se desvencilhar deles — afinal, argumentavam os dois, negócio é negócio.

16. Coisa de cinema

Foi um belo momento, aquele, na história da imprensa de Belo Horizonte. Livres, ainda, da concorrência da televisão — que não chegará senão em novembro de 1955, com a inauguração, no Edifício Acaiaca, da TV Itacolomi, a terceira emissora criada no país, que vai existir até 1980 —, havia nas bancas uma pletora de jornais diários, além do *Binômio*, semanal, e da revista mensal *Alterosa*. As opções para o leitor não se esgotavam no *Estado de Minas*, no *Diário da Tarde*, em *O Diário*, na *Folha de Minas* e no *Diário de Minas*.

Este último nada tinha a ver, além do nome, com o jornaleco do finado Partido Republicano Mineiro, em cuja redação Carlos Drummond de Andrade e sua turma instalaram o quartel-general do movimento modernista em Minas. Morto com o PRM em 1931, o *Diário de Minas* ressurgiu dezoito anos depois, a 14 de julho de 1949, comprado pelo então prefeito de Belo Horizonte, Otacílio Negrão de Lima, que ambicionava chegar ao Palácio da Liberdade. (Não chegou, como se sabe, e por ironia acabou seus dias numa batalha eleitoral, ainda que não em causa própria. Em 1960, quando fazia na Associação Comercial uma saudação a Tancredo Neves, candidato — derrotado — ao governo de Minas, o dr. Otacílio morreu de infarto diante das câmeras da TV Itacolomi.)

Em sua nova encarnação, o *Diário de Minas* atravessaria diversas fases, uma delas sob as asas do *Jornal do Brasil*, que o arrendou por algum tempo nos anos 60. Serviu ao sonho frustrado do governador Magalhães Pinto de se instalar no Palácio do Planalto. E conheceu pelo menos um capítulo de brilho, quando se converteu em ninho de jovens talentos — arrebatados, em bloco, pelos bandeirantes de *O Estado de S. Paulo*, para constituir, como veremos adiante, o núcleo daquela que foi, a partir de janeiro de 1966, uma das experiências mais fecundas do jornalismo brasileiro: o *Jornal da Tarde*.

Mas havia mais, na paisagem jornalística belo-horizontina da primeira metade dos anos 50. Por pouco tempo, a partir de 1951, existiu o diário *Tribuna de Minas*. O dono era Adhemar de Barros, ex e futuro governador de São Paulo, que, de olho na presidência da República, tentava enfiar uma cunha na terra de seu adversário Juscelino Kubitschek. O jornal não prosperou mais do que o adhemarismo em Minas, não havendo registro de lamentações por sua morte, em novembro de 1954. Inexpressivo como divulgador de produção literária, a *Tribuna*, em todo caso, deu oportunidade a alguns jovens escritores, como Fábio Lucas, que lá publicou artigos de crítica.

Menos ainda haveria de durar outro jornal nascido nessa época, o *Correio do Dia*, no qual a UDN jogava suas esperanças de barrar o caminho do governador JK rumo ao Palácio do Catete. Fundado pelo futuro vice-presidente da República Pedro Aleixo e dirigido por Orlando M. de Carvalho, seu primeiro número circulou a 28 de junho de 1953. Da equipe fazia parte o poeta e crítico de cinema Jacques do Prado Brandão, contratado para editar um suplemento cultural e em seguida incorporado à redação.

A arraia-miúda do *Correio do Dia* incluía um repórter a quem o destino reservaria notoriedade política: José Aparecido de Oliveira, que viria a ser secretário particular do presidente Jânio Quadros, deputado federal cassado pelo golpe, secretário e ministro da Cultura, novamente deputado e por fim governador nomeado do Distrito Federal. Naqueles começos, sua experiência era só jornalística e resumia-se a passagens pela Rádio Inconfidência e pelo *Estado de Minas*.

O jornal tinha instalações modernas e confortáveis, na rua Itapecerica, no bairro da Lagoinha, mas nem por isso foi adiante. Desapareceu a 24 de outubro de 1954. No dizer do jornalista Guy de Almeida, que lá trabalhou como crítico de cinema, o *Correio do Dia* foi um pouco como a própria UDN — nunca chegou a se consolidar.

Guy, que viria a ser um dos jornalistas mais importantes de Minas Gerais, formador de sucessivas gerações de bons repórteres — entre os quais acabou conhecido como "Sá Onça", em razão de sua severidade —, não ficou para viver os últimos momentos do *Correio do Dia*. Um amigo, que participava de um congresso de estudantes em Goiânia, cometeu a imprudência de lhe enviar de lá um cartão-postal borbulhante de exaltação esquerdista. O diretor, Orlando M. de Carvalho, deu com a correspondência espetada no quadro de avisos e mandou o redator-chefe, José Guimarães Alves, botar na rua o destinatário daquela prosa incendiária.

Num ofício em que as anotações na carteira profissional talvez devessem ser feitas a lápis, tamanha é a instabilidade dos empregos, Guy de Almeida se cansou de receber bilhetes azuis, desde que pôs os pés na profissão, como crítico de cinema de *O Diário*. Com o golpe militar de 1964, por exemplo, ele perdeu ao mesmo tempo dois empregos — no *Jornal do Brasil*, de cuja sucursal mineira, por ele instalada pouco antes, era o diretor, e no *Diário de Minas*, onde dirigia a redação. Precisou enfiar-se numa embaixada e atravessar vários anos de exílio. De volta ao país, com a anistia, organizou a TV Educativa de Minas Gerais e foi secretário-geral do Ministério da Cultura quando o titular da pasta era José Aparecido de Oliveira.

Em dezembro de 1961, quando o famoso soco de José Maria Rabêlo na cara do general Punaro Bley provocou o quebra-quebra na redação do *Binômio*, Guy de Almeida era chefe de redação do semanário. Mal teve tempo de se refugiar no último andar do prédio, onde ele próprio estava organizando mais um jornal.

Era o *Correio de Minas*, de próceres do Partido Social Democrático, o PSD, que para viabilizá-lo, com vistas ao retorno de Juscelino Kubitschek à presidência da República, associaram-se a dois empresários, José de Araújo Cotta e Ennius Marcus de Oliveira Santos. Além do *Correio*, lançou-se uma revista semanal, a *3Tempos*. As duas publicações, em sua breve existência, funcionaram, sob o comando de Guy de Almeida, num prédio na avenida Olegário Maciel, por onde passaram algumas das melhores cabeças da nova geração.

Fernando Gabeira, por exemplo. Ou Ivan Angelo, já conhecido pelos contos de *Duas faces*, de 1961, que publicara em parceria com Silviano Santiago, o futuro romancista de *Em liberdade* e *Stella Manhattan*. (Dois anos antes, experimentara uma primeira fatia de glória, quando uma de suas histórias, "Homem sofrendo no quarto", saiu na Iugoslávia — em esperanto...) Ivan editava *3Tempos* e fazia uma crônica no jornal, "A outra face da Lua". Sua equipe, na revista, incluía uma principiante não particularmente dotada para o jornalismo, mas que na política conheceria um futuro melhor que o de seus patrões do PSD: Júnia Marise, mais tarde vereadora, deputada federal, vice-governadora de Minas e senadora da República. Ivan Angelo chefiava também o topete e a voz empostada de um rapaz de Barbacena, Hélio Costa, futuro astro do *Fantástico* da Rede Globo, deputado federal e candidato derrotado ao governo de Minas em 1990.

Quando a *3Tempos* fechou, em 1963, Ivan passou a editor do segundo caderno do *Correio de Minas*, a convite do chefe de reportagem, Fernando Gabeira. Havia entrado na profissão na metade dos anos 50, pela porta do *Diário da Tarde*, aberta pelo editor-chefe Cyro Siqueira. Era um tempo, ele se lembra, em que muito repórter não escrevia: ao voltar da rua, limitava-se a jogar no papel, não raro à mão, um relatório que um redator, como Ivan, transformava em reportagem. Havia os que nem relatórios produziam: simplesmente sentavam-se ao lado do redator, que os entrevistava.

Naqueles seus começos, o romancista de *A festa* foi titular de uma seção chamada "Plantão literário", e dali despejou fogo pesado sobre a proposta nacionalista da recém-lançada revista *Tendência*, de Affonso Ávila, Fábio Lucas e Rui Mourão. Que os escritores escrevessem, deixando os palanques para os políticos, sustentou Ivan numa série de artigos. Citava Sartre: não há caminhos fora do escritor. "Ele tomou assinatura conosco", haverá de se lembrar Affonso Ávila.

No *Diário da Tarde*, Ivan Angelo foi também um dos redatores da seção "Revezamento", ao lado de outros jovens escritores, como o já poeta Affonso Romano de Sant'Anna, logo mais autor de *Canto e palavra*. Ao mesmo tempo, como freelancer, topava empreitadas oferecidas por Cyro, para "cozinhar" grandes reportagens de publicações estrangeiras. Cinco números de uma revista italiana, por exemplo, em que Sophia Loren contasse sua vida, eram por ele refundidos no que então se chamava "um apanhado", servido em bom português aos leitores do *Diário da Tarde*. Ou o drama de Soraya, a bela princesa persa que o xá Mohammed Reza Pahlavi repudiara por não lhe dar filhos.

Esses "apanhados" não traziam a assinatura de Ivan Angelo — eram apresentados como material de uma fictícia NKVD Press Agency. Mais tarde, editor do segundo caderno do *Correio de Minas*, ele tirou do baú a agência-fantasma e escreveu um "diário secreto" de Christine Keeler, a bela modelo inglesa que arrastara a um estrepitoso escândalo de alcova ninguém menos que um ministro de Sua Majestade, John Profumo, causando sua queda. Um sucesso em Belo Horizonte, o "diário secreto" de Christine.

Ao tempo do *Correio de Minas* — de março de 1962 a junho de 1964 —, praticamente já se dissolvera o brilhante grupo de que fizera parte Ivan Angelo nos anos 50. Numa comparação com todas as que vieram antes e as que viriam depois na capital mineira, essa turma apresentou uma originalidade: longe de ser apenas um grupo de escritores, incorporou também jovens ligados ao cinema, ao teatro, à dança, à música, às artes plásticas. Um passo adiante, pois, em relação ao grupo da revista *Edifício*, que dez anos antes se enriquecera no convívio com Guignard e seus alunos na escolinha do Parque Municipal.

A inexorabilidade de um rótulo fez com que aquela diversificada turma de Ivan Angelo e Silviano Santiago ficasse conhecida como geração Complemento — nome da revista literária que alguns de seus integrantes editaram em Belo Horizonte a partir do início de 1956. De certa forma, ela veio responder a um desafio lançado pouco antes pelo incansável animador João Etienne Filho, em sua seção "Literária", no *Diário*, reproduzido como epígrafe na folha de rosto da nova publicação: "Mas onde estão as revistas de moços? Onde os grupos? Onde as revoluções e a demolição?".

O cardápio dos quatro números de *Complemento* — que viveu até o início de 1958 — é basicamente literário. Poemas e ensaios de Heitor Martins, um pouco mais velho que os demais e para alguns deles uma espécie de guru. Poemas, também, do futuro cientista político Theotônio dos Santos, então Theotônio Júnior. Contos de Silviano Santiago e Ivan Angelo — e também de Ezequiel Neves, que no correr dos anos se converteria em crítico de música, compositor e produtor fonográfico, para acabar sendo o papa do rock brasileiro.

Mas a revista não trazia apenas poesia e ficção — tinha, ainda, escritos sobre teatro, por João Marschner, que faria carreira no ramo; sobre artes plásticas, matéria em que Frederico Morais, de tanto se ocupar da seção de livros de arte da Livraria Oscar Nicolai, um dos pontos de encontro do grupo, já se tornara especialista; e, importante, sobre cinema, com artigos de Maurício Gomes Leite e Flávio Pinto Vieira.

Importante porque foi justamente o cinema, a paixão do cinema, o que ajudou a aglutinar aquele pessoal a princípio disperso por interesses específicos. No auge de sua efervescência, entre 1956 e 1958, o chamado grupo Complemento era uma roda grande o bastante para ocupar praticamente todas as mesas de um boteco como A Tirolesa (já então abandonada pelos passadistas de Celso Brant e Nilo Aparecida Pinto), e ali consumir incontáveis copos de "mosca" — repulsiva mistura de conhaque e coca-cola, inventada por um dos integrantes da roda, Carlão, o ator Carlos Kroeber. Até 1957, ia-se às vezes ao bar do agonizante Grande Hotel, para bater papo com o pintor Guignard.

Lia-se muito. A imprensa de referência, para a geração Complemento, era o *Jornal do Brasil*, que acabara de passar por uma grande reforma, o *Correio da Manhã* e a *Revista da Semana* — além da revista *Senhor*, onde se publicava o texto novo de autores como Clarice Lispector e Millôr Fernandes. Os cronistas de *Manchete* — Fernando Sabino, Paulo Mendes Campos e Rubem Braga — eram acompanhados com interesse. Havia, no grupo, quem soubesse de cor trechos enormes do *Grande sertão: veredas*, que Guimarães Rosa publicara em 1956. Criou-se intimidade com nomes até então desconhecidos da literatura americana, como Carson McCullers, a romancista de *O coração é um caçador solitário*. Ou poetas ingleses, como W. H. Auden.

Entre os nacionais, nenhum poeta era mais reverenciado que Carlos Drummond de Andrade — embora essa admiração fosse dividida, cada vez mais, com João Cabral de Melo Neto, de quem saíra, em 1956, um dos livros mais importantes, *Duas águas*. João Cabral, dizia-se na roda da geração Complemento, era o que Drummond ia ser quando resolvesse partir para uma poesia mais hermética, mais difícil, mais construída do que sentida e pensada. A poesia concreta, surgida em São Paulo em 1956, não passou despercebida em Belo Horizonte. Era uma daquelas excitantes novidades de que o Brasil, naqueles Anos JK, estava sendo inundado. O adjetivo, aliás, estava em toda a parte — Cinema Novo, Bossa Nova... A produção dos concretistas era lida e esmiuçada pelos moços de Minas, ávidos de modernidade e rigor. O interesse só começou a decair, segundo um veterano do grupo, quando a poesia concreta "virou uma coisa meio religiosa" — "afinal", resumirá ele, "a gente estava procurando instrumentos de trabalho, não uma religião".

A literatura pesou muito, naturalmente, mas é certo que a experiência da geração Complemento não teria sido rica como foi se não houvesse, a cimentá-la, o poderoso catalisador que foi o cinema, a vaga cineclubística que se instalou em Belo Horizonte a partir do final dos anos 40.

Foi, talvez, a melhor reflexão sobre cinema já feita no Brasil, e num lugar que não produzia filmes. Houve um momento, disse certa vez o sociólogo Júlio Barbosa, em que Belo Horizonte se converteu na cidade com o maior número de críticos de cinema por quilômetro quadrado. Eram aventureiros literários que punham em palavras suas obsessões sobre imagens. Não deixaram livros. Deixaram inúmeros, imensos e às vezes extraordinários artigos em jornais — sem similares em outras publicações do país — e na *Revista de Cinema*, criada por Cyro Siqueira no início da década de 50 e que ao longo de dez anos se desdobrou em 24 edições.

Aventureiros literários como José Haroldo Pereira, que abandonou o curso de engenharia no terceiro ano para escrever páginas inesquecíveis sobre *Hiroshima, mon amour* (que viu 35 vezes) e *L'année dernière à Marienbad* (é dele uma das melhores interpretações desse filme ininterpretável). Ou Paulo Arbex, com sua obsessão por fichas técnicas. Não confiava nos folhetos de divulgação das exibidoras — ia de cinema em cinema, copiando, no escuro, as informações sobre os filmes, a que, curiosamente, jamais assistia.

(Mas também se brincava, em meio a tamanha compenetração. Certa vez, a coluna de cinema do *Diário de Minas*, escrita a quatro mãos por Geraldo Mayrink e Flávio Márcio, informou que o crítico Ronaldo Brandão havia parado de escrever por uns tempos, para preparar uma tese universitária: a de que a obra de Michelangelo Antonioni era, do ponto de vista narrativo, a continuação do *Finnegans Wake* de James Joyce + Italo Svevo + Marcel Proust, segundo o linguista e filósofo William Pearl Mattehson. Ninguém, nos meios cinematográficos da cidade, se arriscou a passar recibo de ignorante, indagando quem diabos era esse fictício William Pearl Mattehson...)

A cinemania que tomou conta de Belo Horizonte se deve, em boa medida, a dois irmãos — "os gêmeos Lumière", havia quem dissesse, ou "os irmãos Goncourt" —, José Renato e José Geraldo Santos Pereira, ligados ao grupo da revista *Edifício*. Foram eles os principais animadores do Clube de Cinema de Minas Gerais, criado em Belo Horizonte em meados da década de 40. Mais adiante, ousariam levar para as telas o *Grande sertão: veredas* de Guimarães Rosa.

Não menos importante foi o papel de outro colaborador da *Edifício*, o poeta Jacques do Prado Brandão — de quem, aliás, há um dedo em tudo o que se fez em matéria de cinema na capital mineira entre 1940 e 1960. A ele se deve, por exemplo, a criação, em 1951, do Centro de Estudos Cinematográficos, o CEC, do qual participou também o jovem crítico Cyro Siqueira, que substituíra os "irmãos Lumière" no *Estado de Minas* desde 1949, quando eles foram estudar cinema em Paris. Outros cinéfilos — Frederico Morais, o crítico Carlos Dênis Machado, o poeta Fritz Teixeira de Salles — não tardaram a se incorporar ao comando do CEC.

A *Revista de Cinema*, de Cyro Siqueira, era respeitada dentro e fora de Minas, e promovia intenso intercâmbio com outras publicações especializadas. Em março de 1957 apareceu em Belo Horizonte um rapaz que falava aos borbotões, representante da revista baiana *Mapa*. Era Glauber Rocha e não deixou boa impressão entre os companheiros de Minas. "Odiamos", relembrará Silviano Santiago. "A gente estava ligado em Bazin, *Cinema Nuovo*, *Cahiers du Cinéma*, e ele vem com uma conferência sobre José Lins do Rego e Euclides da Cunha..." Glauber, que naquele mês completava 18 anos e estava a cinco de dirigir seu primeiro longa-metragem, *Barravento*, também registrou suas impressões belo-horizontinas, em carta ao amigo Fernando da Rocha Peres: "Bebo há quatro dias e estou doente. Grande turma. Muito veado. Muita gente séria. Muita mulher feia. Muito concretista. Muita sofisticação. Muita inteligência."

Foi no CEC, numa pequena sala de projeção montada com cadeiras sem estofamento, sobreviventes do extinto Cine Floresta Velho, e filmes cedidos de graça pelos distribuidores, que se deu o encontro e a fusão de rapazes e moças interessados em diferentes atividades artísticas.

Um dos frequentadores se lembrará de que havia lá um funcionário, Josias, que tinha particular predileção pelos rapazes. Um dia lhe perguntaram como fazia para reconhecer, com alto índice de acerto, num tempo de raríssimos homossexuais explícitos, aqueles com quem pudesse compartilhar suas preferências. Abriu o jogo: "Eu fico ouvindo as conversas", revelou Josias. "Falou muito num tal de Jean Cocteau..."

O exemplo do CEC belo-horizontino estimulou o surgimento de empreendimentos semelhantes. Em Juiz de Fora, por exemplo, onde a iniciativa coube a Affonso Romano de Sant'Anna. Do núcleo juiz-forano sairiam dois críticos — Geraldo Mayrink e Flávio Márcio, que se encaminhou depois para o teatro. Affonso, por essa altura, estava longe de completar vinte anos, mas já publicava artigos e poemas em dois jornais locais, a *Gazeta Comercial* e o *Diário Mercantil*. Havia começado, aos dezesseis, fazendo com amigos um jornalzinho chamado *Pentagrama 56* (era este o ano que corria), cujo segundo e último número mereceu de *O Jornal*, do Rio de Janeiro, um sentido registro sob o título "Os confinados".

No ano seguinte, 1957, o futuro autor de *Que país é este?* estava na capital, para estudar letras — e ficou maravilhado com a ebulição cultural que então se vivia em Belo Horizonte. Foi o ano do lançamento de *Tendência*, de que ele viria a participar. *Complemento* — onde só não publicou porque o número 5, onde deveria entrar, não chegou a sair — já circulava. O CEC agitava, e estava ativo o balé do pioneiro Klauss Vianna, o primeiro homem a calçar sapatilhas na conservadora Minas Gerais. Guignard, que morreria em 1962, ainda estava em forma, à frente da escolinha do Parque Municipal. Surgia o Teatro Universitário, e funcionava a plenos pulmões, literalmente, o Madrigal Renascentista, a que Affonso Romano de Sant'Anna juntaria seu vozeirão durante três anos.

"Todo mundo era gênio", recordará a mesma voz mais de trinta anos depois. "Todo mundo tinha lido *O encontro marcado* de Fernando Sabino, que acabava de sair, e estava marcando encontros para o futuro." O romance, de fato, fez sensação. Aparentemente, só Fábio Lucas não gostou — escreveu dois artigos criticando a adesão da personagem Eduardo Marciano ao catolicismo, nas páginas finais do livro. De passagem pela cidade, dois mineiros já consagrados pelo Rio cosmopolita divertiam a rapaziada da província na Livraria Itatiaia, com um número de mágica: Paulo Mendes Campos deixava a camisa discretamente desabotoada sob o paletó e Fernando Sabino a arrancava, de um golpe, pelo colarinho.

Numa daquelas visitas a Belo Horizonte, Sabino foi capturado pela turma de *Complemento* e adjacências; nenhuma palavra sua escapou à atentíssima assistência, todo mundo sentado no chão (começava a ser moda), em casa de João Marschner. Casa que, a julgar pelos depoimentos de nostálgicos frequentadores, terá sido palco de uma revolução comportamental em Belo Horizonte. Ficava no alto da avenida Afonso Pena e tinha uma piscina onde mais de uma vez se nadou sem roupa — rapazes e moças. Promoviam-se ali heresias como um churrasco em plena sexta-feira santa. E a poetisa Terezinha Alves Pereira, namorada de Heitor Martins, gesticulava com inéditas e chocantes unhas verdes.

Embora sem nudismo, houve outra piscina legendária, em casa de Haydée Cintra, sempre fervilhante de escritores e artistas. Haydée, contou Affonso Romano, era mulher rica e dava festas famosas pelo generalizado pileque em que terminavam. Reinava um clima do *La dolce vita* de Fellini, recentemente exibido na cidade. Silviano Santiago se lembra de Maurício Gomes Leite voltando com duas novidades da Europa, em 1960: uma vitrola a pilha e o disco de *La dolce vita*. A turma toda no centro da praça Raul Soares, ouvindo a trilha de Nino Rota.

Foi, de fato, um tempo de sacudidelas nos costumes belo-horizontinos, aceleradas, em 1961, com a inauguração do Conjunto Archangelo Maletta, na esquina onde existira o Grande Hotel. Uma revolução, na verdade: num só edifício se juntaram bares, restaurantes, inferninhos, para não falar nas *garçonnières* ao alcance de um elevador. Podia-se começar pelo chope matinal no Pelicano — palco de altas discussões da geração seguinte, a geração Suplemento, retratada no romance *Os novos*, de Luiz Vilela —, na calçada da avenida Augusto de Lima. Em seguida, passar ao almoço na Trattoria di Saatore (depois Cantina do Lucas). E, no final da tarde, caminhar alguns metros até a *happy hour* do Lua Nova. Lua Nava, dizia-se também, por ser a base etílica do escritor José Nava, irmão mais moço do memorialista Pedro e autor de um livro delicioso, *Uma tragédia antiflorentina*, sobre Oscar Wilde.

(Médico da Polícia Militar, ele gostava de dizer que era psiquiatra de dia e psicopata à noite. Certa vez, mexeu com uma senhora que passava, e a mulher, ofendida, chamou um guarda. "Traz outro mais graduado", foi dizendo Nava, sem se alterar, enquanto as patentes iam subindo. Já sob os olhos de uma excitada plateia, veio por fim um major. "Ganhei!", comemorou Nava com alegria de menino — e jogou sobre a mesa sua carteira de coronel-médico da PM.)

À noite, o Maletta se multiplicava em cantos escuros, na sobreloja ou em fundos de corredor, dos quais escorria música ao vivo. Num daqueles mocós, o Sagarana, o violão e a voz de um rapaz que, nos fins de semana, metia um terno azul-marinho e ia cantar de *crooner* em bailes formais: Bituca, apelido de Milton Nascimento. Drogas não havia — no máximo, "bolinhas", comprimidos que se tomavam com álcool. Fumar maconha era coisa de terreiro de macumba, tão estrangeira para a classe média que a mãe de um jovem músico em vias de se mudar para o Rio confidenciou aos amigos do filho sua preocupação: "Soube que lá os rapazes tomam copos e copos de maconha!". Até que, contará Ivan Angelo, começaram a chegar umas informações de fora, de que "aquilo" era bom...

Jovens escritores e jornalistas, como Ivan e Fernando Gabeira, frequentavam também um barzinho de sobreloja na rua Guajajaras, atrás da Faculdade de Direito. Chamava-se Bucheco e tentava copiar o estilo do mitológico Juão Sebastião Bar, que o jornalista Paulo Cotrim abrira em São Paulo e que vinha funcionando um pouco como o centro da boemia cultural paulistana. O Bucheco não chegou a tanto, mas alimentou, no imaginário erótico-existencial de Belo Horizonte, um folclore desproporcional ao que lá de fato se passava. Desproporcional, também, a seu brevíssimo tempo de vida, menos de dois anos. Acabou no golpe de 1964, não porque em suas mesas se tramassem revoluções, mas porque os proprietários, longe do balcão, militavam em organizações políticas clandestinas. Um deles, Cláudio Galeno Magalhães Linhares, iria participar, anos mais tarde, de um bem-sucedido sequestro de avião — um Caravelle da Cruzeiro do Sul desviado para Cuba no primeiro dia de 1970.

Murmurava-se a respeito de noitadas ao cabo das quais a gerência recolhia nos cantos dezenas de sapatos e peças íntimas. Puro folclore. A Belo Horizonte do início dos anos 60, uma cidade com pouco mais de 600 mil habitantes, não precisaria de tanto para se escandalizar. Bastava, por exemplo, a blusa de *banlon* creme, americana, que Ivan Angelo vestiu para a noite de autógrafos de *Duas faces*, no ainda engravatado ano de 1961. Causou espécie na Livraria Itatiaia.

Novidades havia no Bucheco, mas bem cândidas. O freguês é que fazia a conta. Ouvia-se um jazz mais cerebral — Milt Jackson, Dizzy Gillespie, Miles Davis —, muita música erudita — Bach, Mozart — e, obsessivamente, a *Missa Luba*, que andava em moda. Havia um canto, "a fossa", num plano um pouco mais baixo, aonde iam recolher-se os mais sorumbáticos. Se alguém começava a "puxar angústia" (tinha livre trânsito a expressão posta em moda pelo *Encontro marcado*), os companheiros de mesa diziam: vai lá pra "fossa". Tudo muito inocente.

17. Os aflitos da forma

A curta existência do Bucheco coincidiu com os últimos tempos de *Alterosa*, a melhor revista já feita em Minas Gerais. Por ironia, foram também os tempos mais brilhantes, fruto de uma reforma por que havia passado a publicação, pouco antes, ao ser adquirida pelo governador Magalhães Pinto. Até então *Alterosa*, criada em 1939, era uma despretensiosa revista mensal de amenidades, em formato pequeno. O novo dono quis mudá-la inteiramente, e confiou a tarefa a José Aparecido de Oliveira; este, por sua vez, convidou, para chefiar a redação, Roberto Drummond, que depois do *Binômio* passara para a edição mineira da *Última Hora*.

Entre efetivos e colaboradores, Roberto escalou uma equipe afiada, da qual faziam parte Jorge Amado, Otto Lara Resende, Fernando Gabeira, Ivan Angelo e o cronista Carlos Wagner — irmão mais velho do futuro jornalista, escritor e político Fernando Morais. Graças a esses reforços, a revista veio a ter um belo time de cronistas, com Ivan Angelo, Carlos Wagner e o próprio Roberto Drummond revezando-se na última página. Eram três mestres, haverá de se lembrar Fernando Mitre, representante da geração imediatamente mais nova: "A gente ficava esperando para ler e aprender". Carlos Wagner, que foi cronista, também, no *Diário de Minas*, abandonou pouco depois o jornalismo pela publicidade. Morreu jovem, aos 42 anos, num acidente de carro em 1982, sem deixar livro.

Perfeccionista que levava horas, às vezes dias para conceber um título, Roberto Drummond mexeu à vontade na publicação que recebera. Mudou, para começar, seu formato — *Alterosa*, que tinha as dimensões da futura *Veja*, cresceu até o tamanho de *Manchete*. Provincianismos como o registro de festas e formaturas foram banidos em benefício de grandes reportagens. Propriedade de um banqueiro, dinheiro não faltava — até mesmo para importar máquinas caríssimas, capazes de dar à revista o apuro visual de *Manchete*, mas que praticamente não chegaram a ser usadas; quando *Alterosa* fechou, na véspera do Natal de 1964, esse equipamento quase virgem foi vendido para a Editora Abril.

Roberto Drummond carregará justificado orgulho por seu trabalho à frente da revista, cuja morte não pôde evitar: como tantas outras publicações brasileiras, *Alterosa* acabou quando secaram determinados projetos políticos de seus donos. No caso, Magalhães Pinto, um dos líderes civis do golpe militar, viu se esfumarem seus planos de chegar à presidência da República — e, nesse momento, seu empreendimento editorial deixou de fazer sentido.

Se outro motivo de orgulho não tivesse, Roberto Drummond poderia invocar o mérito de haver descoberto, nessa época, um dos maiores cartunistas brasileiros — Henfil. Era então um garoto, irmão de um líder estudantil, o aluno de sociologia Herbert de Souza, que frequentava a redação de *Alterosa*, na rua Rio de Janeiro — amplas instalações onde, não raro, as mesas eram empurradas para os cantos, abrindo espaço para o futebol. "Irmão do Betinho", antes que este se tornasse "o irmão do Henfil", o menino era conhecido como Henriquinho, ou, entre os habitués do Bucheco, "Lique". Trabalhava nas oficinas da revista, na rua Piauí, como revisor.

Foi ali que Roberto o descobriu. Passou a pressioná-lo, primeiro, para que desenhasse: levou-o para a redação, aumentou-lhe o ordenado e o fez mergulhar em pilhas e pilhas das melhores revistas de cartuns do mundo. Forçou-o a aceitar o nome que para ele inventara, Henfil (de Henrique Filho), quando o garoto insistia em se assinar Souza, homenagem ao pai já falecido. Roberto teve de pressioná-lo, também, para que se largasse na criação de suas próprias personagens — até que o viu chegar, um dia, meio ressabiado, trazendo os dois Fradinhos que, a partir de 1969, seriam um dos pontos altos do semanário *O Pasquim*.

Na paisagem já um tanto devastada da imprensa belo-horizontina — em pouco tempo, haviam morrido o *Binômio*, a *Alterosa* e o *Correio de Minas* —, as boias que restaram praticamente se resumiam a *O Diário*, que já não dava força à literatura como antigamente, e ao *Diário de Minas*.

No *Estado de Minas*, iam longe os tempos em que um jovem editor da casa, o falecido Eduardo Campos do Amaral, organizou uma página dupla semanal com artigos de cultura. Foi no final dos anos 40, início dos 50. Amaral não era exatamente um homem de letras, mas possuía um grande talento para o jornalismo, inclusive como executivo — ao morrer, em 1952, já havia chegado, com apenas 33 anos, ao cargo de gerente dos Diários Associados em Minas Gerais. Sabia onde e como conseguir bons artigos, e montou um quadro de colaboradores como Francisco Iglésias e Eduardo Frieiro. A experiência, infelizmente, não durou muito.

Como também não haveria de durar outra fase memorável do jornalismo cultural no *Estado de Minas*, iniciada cerca de dez anos depois da morte de Amaral. Um dos diretores dos Diários Associados, Geraldo Teixeira da Costa, o Gegê, convidou o poeta Affonso Ávila para dividir, com Cyro Siqueira, a edição de um caderno dominical com oito páginas. Affonso se encarregaria de literatura e artes, cuidando Cyro do cinema.

Foi numa página de novos, nesse caderno, que pela primeira vez apareceram, no maior jornal de Minas, nomes como os dos contistas Luiz Vilela, Luiz Gonzaga Vieira e Gilberto Mansur, e poetas como Valdimir Diniz, Libério Neves, Henry Corrêa de Araújo, Ubirassu Carneiro da Cunha e Elmo de Abreu Rosa — os quatro últimos criadores, em breve, do jornal de poesia *Vereda*. Havia, ainda, uma página de vanguarda, na qual Affonso

Ávila publicava artigos de estrelas de fora — Augusto e Haroldo de Campos, Bóris Schnaiderman, Luiz Costa Lima, Benedito Nunes. Logo, no entanto, relembra Affonso, vieram do alto pressões difíceis de driblar. Diretores do jornal queriam que ele acolhesse, entre outros anacronismos, uma série de subliterários perfis de figurões estaduais, sob o título "Eles deixaram saudade". O poeta foi acusado de dar feição ideológica ao caderno — e por fim o demitiram, segundo ele sob a alegação de que seria comunista.

Ao sair, Affonso Ávila deixou sobre a mesa uma pilha de colaborações que se recusara a publicar. Dois anos mais tarde, teria o consolo de constatar que seu trabalho no *Estado de Minas*, em boa medida, abrira espaço para a aventura ainda mais rica do *Suplemento Literário* do *Minas Gerais*.

Com a virtual liquidação do suplemento dominical do *Estado de Minas* — que prosseguiu, empobrecido, por algum tempo mais, até perder o talento, também, de Cyro Siqueira, promovido a secretário do jornal —, o que restou, como espaço aberto à literatura e às artes, na imprensa de Belo Horizonte, foi o *Diário de Minas*. Das mãos da viúva do ex-prefeito Otacílio Negrão de Lima, como vimos, ele passou para as de Magalhães Pinto, que depois do golpe militar o arrendou ao *Jornal do Brasil*. Em meio aos solavancos dessas trocas de comando, o jornal viveu, apesar de tudo, uma fase interessante, enriquecida por náufragos das publicações desaparecidas.

Fernando Mitre, por exemplo, que passara sucessivamente pelo *Binômio* e pelo *Correio de Minas*, e que foi levado para o *Diário de Minas* por Adauto Novaes. Ou Ivan Angelo, contratado para fazer uma coluna diária, "O que acontece". Foi ele quem sugeriu a Affonso Romano de Sant'Anna, editor do *DM2*, o caderno de variedades do jornal, aproveitar o até então contista Ezequiel Neves para escrever sobre rock.

Affonso levou também um menino talentoso, Marco Antônio de Menezes, inteligência prodigiosa, para traduzir histórias em quadrinhos.

Apaixonado por teatro, ele criou, em 1964, com Olívio Tavares de Araújo, um espetáculo de vanguarda, *Faber*, que marcou época em Belo Horizonte. Falecido em janeiro de 1992, aos cinquenta anos de idade, Menezes pertenceu à primeira equipe do *Jornal da Tarde*, de São Paulo. Trabalhou também nas revistas *Veja* e *Vogue* e, na década de 80, foi correspondente em Nova York de diversas publicações brasileiras.

Para montar um departamento de pesquisa no *Diário de Minas*, Affonso Romano de Sant'Anna convidou o futuro cientista político Bolívar Lamounier, que nessa época ainda não era o paroxítono em que se transformou ao sair de Minas. (Também o cineasta Neville de Almeida, outro filho das Gerais, andou fazendo experimentos onomásticos ao deixar a terra: o diretor de *A dama do lotação* foi sucessivamente Néville de Almeida, Néville Trevor e Neville d'Almeida antes de retomar seu nome de partida. E a poetisa Terezinha Alves Pereira, para se tornar pronunciável nos Estados Unidos, onde se estabeleceu, houve por bem rebatizar-se Terezinka.)

Desvinculado de grupos literários, embora tenha borboleteado por mais de um, como *Tendência* e *Complemento*, Affonso Romano de Sant'Anna havia passado uns meses como estagiário no *Diário de Minas*, aprendendo com Mauro Santayanna que o texto jornalístico precisa ter alguma ordem. Com a indispensável ajuda do copidesque Santayanna, ele fez nessa época uma série de reportagens, "Os heróis estão cansados", sobre os veteranos das revoluções de 1930 e 1932. Esperou, em vão, ser chamado para o *Diário da Tarde*, onde Cyro Siqueira estava formando uma equipe.

O autor de *O desemprego do poeta* estagiou também, sem maior êxito, na sucursal mineira da *Tribuna da Imprensa* — e estava quase desistindo do jornalismo quando, com o arrendamento do *Diário de Minas* pelo *Jornal do Brasil*, foi chamado para editar o *DM2*. Mas não demorou a tomar o rumo do próprio *JB*, no Rio de Janeiro. Deixou em seu lugar mais um talento juiz-forano: Flávio Márcio, que faria cintilante carreira no *Jornal da Tarde*, antes de trocar o jornalismo pela publicidade. Quando morreu, em 1979, deslanchava como dramaturgo: fora um grande sucesso, de público e crítica, a montagem paulistana de sua peça *Réveillon*, com Regina Duarte no papel principal.

Na equipe de Flávio Márcio no *DM2*, por alguns meses, trabalhou um estagiário que havia posto o pé no jornalismo primeiro como contínuo, depois como repórter da revista do Banco da Lavoura, entrevistando uma candidata a Miss Belo Horizonte: Fernando Morais, o irmão mais moço do cronista Carlos Wagner. Dois anos depois estaria reunido à mesma turma na redação do *Jornal da Tarde*, em São Paulo. Bem mais tarde se transformaria num escritor de sucesso, autor dos best-sellers *A Ilha* e *Olga*, tendo enveredado também pela política — foi deputado estadual e duas vezes secretário, da Cultura e da Educação, do governo paulista.

Na redação do *Diário de Minas*, contou Fernando Mitre, havia uma obsessiva preocupação com a qualidade do texto. Estavam todos atentos às formas novas e modernas que saltavam das máquinas de Armando Nogueira e José Ramos Tinhorão, no *Jornal do Brasil*.

O apuro literário do jornalismo que se começou a produzir no *Diário de Minas*, a partir de então, não escapou a Murilo Felisberto, mineiro de Lavras que passara pelo *JB* antes de se fixar na capital paulista. Era o ano de 1965 e *O Estado de S. Paulo* se preparava para lançar, em janeiro seguinte, um vespertino, o *Jornal da Tarde*, sob o comando de Mino Carta. Encarregado de formar a equipe, Murilo foi a Belo Horizonte, com meia dúzia de nomes no bolso, garimpou mais informações em conversas de botequim — e capturou dezoito jovens jornalistas. Alguns deles na sucursal da *Última Hora*, mas a maioria no *Diário de Minas*. Seu principal informante foi Alberico Souza Cruz, na época chefe da sucursal mineira do *Jornal do Brasil*, mais tarde diretor de jornalismo da Rede Globo de Televisão.

Murilo Felisberto estava à procura de quem soubesse escrever histórias bem-feitas, e não se equivocou ao bater à porta de Fernando Mitre, já um maníaco do texto irretocável. Foi encontrá-lo, aliás, a reescrever, parágrafo por parágrafo, todo *O velho e o mar*, na tentativa de desidratar ainda mais a famosa novela de Ernest Hemingway — um dos autores mais lidos e estudados pelos rapazes do *Diário de Minas*, ao lado de Graciliano Ramos.

A primeira leva de mineiros do *Jornal da Tarde* incluiu, entre outros, Fernando Mitre, Ivan Angelo, Carmo Chagas e Flávio Márcio. Mais adiante, Moisés Rabinovici, da *Última Hora* mineira, e o crítico de música Dirceu Soares. Paraibano aclimatado em Minas, Moacir Japiassu — aquele moço ruivo que, no CPOR de Belo Horizonte, se recusara a participar da invasão do *Binômio* — já estava em São Paulo, na sucursal da *Última Hora*, e logo se incorporou ao time, enriquecido, mais adiante, por jovens talentos montanheses como Gilberto Mansur, Nirlando Beirão, José Márcio Penido, José Maria Mayrink, Tales Alvarenga, Ubirassu Carneiro da Cunha e Ricardo Gontijo, o futuro romancista de *Prisioneiro do círculo* e *A correnteza*.

Mitre chegou como redator da seção de Internacional e sua primeira missão, recebida do editor, Frederico Branco, foi escrever quarenta linhas sobre um conflito envolvendo os curdos. O editor explicou como queria o texto e lhe pediu que, antes de escrevê-lo, tomasse o elevador, fosse à rua tal, número tal, onde funcionava uma barbearia — e só voltasse com os cabelos bem aparados. Estavam por vir, ainda, os tempos em que Fernando Morais sacudiria pela redação sua gaforinha de "bicho-grilo", no início dos anos 70.

O culto do texto, no *Jornal da Tarde*, chegaria a extremos ensandecedores. A informação exata não tinha tanta importância, contava mais a forma — ao ponto de uma cobertura esportiva, certo dia, ter enchido toda uma página com mil filigranas estilísticas, mas sem qualquer indicação que permitisse ao leitor saber quanto tinha sido o jogo. Aberturas de matéria eram reescritas dez, quinze vezes, com enfeites que frequentemente avançavam pelo terreno da ficção.

Ao escrever sobre um príncipe alemão na Floresta Negra, numa daquelas madrugadas, a imaginação de Fernando Mitre derrapou entre os parágrafos — e, quando ele se deu conta, tinha feito pousar um pássaro no ombro de Sua Alteza. Onde já se viu um príncipe alemão na Floresta Negra sem um pássaro no ombro?, perguntou-se o redator — e seguiu em frente.

18. Saudades de antigamente

Em 1960, quando ia chegando ao fim o governo JK, Murilo Rubião fez as malas em Madri e voltou para Belo Horizonte. Fora, durante quatro anos, chefe do Escritório Comercial do Brasil na Espanha. Quatro anos de muita leitura — e de quase nenhuma produção literária: na bagagem, Murilo trouxe apenas um conto, "Teleco, o coelhinho", rascunhado muito tempo antes no Rio de Janeiro.

Ao sabê-lo de volta à terra, o governador Magalhães Pinto quis tê-lo no Palácio da Liberdade. Murilo, porém, era um juscelinista histórico. Empregado na Bluhm, livraria alemã instalada onde existira o Café Estrela, na rua da Bahia, ali conheceu e se tornou amigo de JK, ex-deputado federal que o golpe do Estado Novo, em 1937, provisoriamente devolvera à medicina. Em 1950, o escritor comandou o comitê de imprensa do candidato a governador, que, vitorioso, fez dele seu chefe de gabinete. Não poderia, pois, aceitar o convite udenista para um cargo tão vistoso. Funcionário estadual licenciado, na hora de voltar à ativa optou pela Imprensa Oficial — onde permaneceria até se aposentar, muitos anos depois.

* * *

Lotado na redação do *Minas Gerais*, sob o doce comando de José Bento Teixeira de Salles, Murilo Rubião tinha quase nada o que fazer num jornal que se limitava a publicar leis, decretos e atos administrativos. Quando muito, dava sonolentos plantões noturnos. Certa vez, contava, lhe coube redigir o necrológio de Wenceslau Brás, com o ex-presidente ainda vivo. Em 1965, na mesma Imprensa Oficial, Murilo publicou os mil exemplares de *Os dragões e outros contos*. Não por iniciativa própria, fazia questão de dizer. O livro saiu com selo editorial MP, que supostamente não seriam as iniciais de Magalhães Pinto, mas de um esdrúxulo Movimento-Perspectiva. (No governo seguinte, de Israel Pinheiro, o MP foi substituído por IP, de Imprensa Publicações.)

Para muitos leitores, *Os dragões e outros contos* foi a revelação de um autor. Entre os escritores da nova geração, por exemplo, raríssimos tinham posto os olhos no primeiro livro de Murilo, *O ex-mágico*, editado em 1947 pela minúscula Universal, a mesma que um ano antes lançara João Guimarães Rosa com *Sagarana*. E menos ainda tinham ouvido falar em *A estrela vermelha*, plaquete com 116 exemplares editada em 1953 pela Hipocampo, dos poetas Geir Campos e Thiago de Mello.

Para Murilo Rubião, o lançamento de *Os dragões* não teve, evidentemente, o sabor de novidade que ele experimentara ao ter nas mãos *O ex-mágico*. Naquela ocasião, ainda jovem — estava com 28 anos —, apanhou na boca da máquina uma pilha de livros e, excitadíssimo, saiu pelas ruas de Belo Horizonte, a distribuí-los entre os amigos que encontrava. À noite, exausto, dormiu com um exemplar debaixo do travesseiro. Nunca mais, contava, voltou a experimentar emoções editoriais tão intensas — nem mesmo quando, em 1974, o editor Jiro Takahashi, da Ática, de São Paulo, aconselhado pelo crítico Antonio Candido, transformou o praticamente desconhecido Murilo Rubião num fenômeno de livraria, com o lançamento de *O pirotécnico Zacarias*.

Logo depois da publicação de *Os dragões*, o novo governador de Minas, o pessedista Israel Pinheiro, resolveu devolver ao enfadonho *Minas*

Gerais a feição que tivera em outras épocas. Um jornal que amenizasse a prosa burocrática com algum noticiário, colunas e um pouco de literatura. Afinal, argumentava o governador, o *Minas Gerais* era o único jornal que chegava a cerca de duzentos municípios do Norte do estado.

A tarefa de executar a reforma foi entregue ao secretário de Governo, Raul Bernardo Nelson de Senna, sobrinho de Israel Pinheiro e diretor da Imprensa Oficial. Ele imaginou uma página semanal de literatura, ideia que levou a três escritores da redação do *Minas* — Murilo Rubião, Aires da Mata Machado Filho e Bueno de Rivera.

Por que não um suplemento, em vez de uma simples página?, sugeriu Murilo. Raul Bernardo gostou da ideia e o projeto começou a andar — em meio a generalizado ceticismo da intelectualidade belo-horizontina. Não haveria material de boa qualidade com que encher tantas páginas semanais, dizia-se. Houve quem sugerisse a Murilo abastecer-se de traduções, único recurso para disfarçar a rarefeita produção literária local.

O escritor preferiu partir em outro rumo. De um lado, aproveitou a sábia lição de Mário de Andrade aos rapazes de *A Revista*, em 1925, recomendando misturar autores novos e consagrados. De outro, buscou fazer um suplemento que, apesar do nome, não fosse exclusivamente literário — dando-lhe, ao contrário, um caráter mais aberto (a palavra *multidisciplinar* ainda não entrara em moda).

Assim, o *Suplemento Literário* do *Minas Gerais* — lançado a 3 de setembro de 1966, como encarte das edições de sábado do diário oficial — teve, em sua primeira e mais brilhante fase, um cardápio que não se restringia à ficção, à poesia e ao ensaio sobre literatura. Tratava, também, de teatro, cinema e artes plásticas. Os ilustradores eram recrutados entre artistas veteranos e principiantes. O número 1 trouxe, na capa, um poema de Bueno de Rivera, "O país dos laticínios", e um desenho de Álvaro Apocalypse, representante da nova geração.

O sucesso foi instantâneo — embora, obediente a uma velha tradição mineira, fosse maior para além das fronteiras estaduais. De outros pontos do Brasil e do exterior começaram a chegar não só aplausos como farta colaboração. Do Rio de Janeiro escreveram, com entusiasmo, João

Guimarães Rosa e Carlos Drummond de Andrade. De Roma, o poeta Murilo Mendes. Para comemorar o primeiro aniversário do suplemento, uma edição especial reuniu nomes como Drummond, Benedito Nunes, Francisco Iglésias, Dalton Trevisan, Emílio Moura, Haroldo de Campos. Tornou-se hábito, por sinal, publicar edições especiais, e não só de aniversário. Nesses casos, além da tiragem em papel-jornal, encartada nos 27 mil exemplares do *Minas Gerais*, circulavam cópias mais caprichadas, em papel de qualidade e, quase sempre, capa em cores.

Alguns desses "especiais" — não raro desdobrados em duas ou três semanas — vieram repor em circulação o melhor da obra de autores havia muito esgotados, como Rodrigo M. F. de Andrade, o contista de *Velórios*, pequena obra-prima lançada em 1936. (Só em 1974 veio a sair uma reedição.) Outros buscaram consolidar o que de melhor se havia escrito sobre determinado tema, caso do barroco mineiro.

Mas não se cuidava apenas dessa indispensável arqueologia cultural. Um dos "especiais" mais importantes, por exemplo, foi a edição dupla que o suplemento dedicou aos jovens escritores e artistas plásticos, no início de 1968. Com ele, prestou Murilo Rubião um serviço sem preço à nova geração, que chegava desordenadamente à cena: deu-lhe aquele eixo sem o qual uma geração corre o risco de nem sequer se constituir como um corpo. O *Suplemento Literário* do *Minas Gerais* já vinha, desde o início, desempenhando essa tarefa, na medida em que dava acolhida à produção de jovens autores de variada procedência. Com o "especial" de 1968, panorâmica abrangente, ele deu existência não a um grupo literário, mas a uma federação de grupos — a qual, sem prejuízo das diferenças, acabou ficando conhecida como geração Suplemento.

Entre outras coisas, os novos de 1968 ganharam um ponto de encontro: a própria redação do suplemento, oficialmente Sala Carlos Drummond de Andrade, pois ali mesmo, entre aquelas paredes de pé-direito altíssimo, o poeta havia trabalhado, quando redator do *Minas Gerais*, quarenta anos antes. A pequena equipe contratada por Murilo Rubião era constituída, inicialmente, pelos redatores Márcio Sampaio e José Márcio Penido e pelo diagramador Lucas Raposo. Dela fariam parte, mais adiante, entre outros, Valdimir Diniz, João Paulo Gonçalves da Costa, Carlos Roberto Pellegrino, Jaime Prado Gouvêa, Adão Ventura e Paulinho Assunção. A eles iam juntar-se, nos finais de tarde, muitos outros aspirantes à literatura.

Gente nem sempre agregada a qualquer dos jornais e revistas de novos — *Ptyx*, *Vereda*, *Estória*, *Texto*, por exemplo — que brotaram por essa época. Alguns autores podiam ser lidos em mais de uma dessas publicações, pois não havia fronteiras programáticas. A mais importante foi *Estória*, que teve ressonância nacional e fôlego para seis edições. Outras nasceram com a vocação de um só tiro; *Porta:*, por exemplo, coletânea de poesia e ficção onde se lançou Sérgio Sant'Anna — ao lado de Luiz Vilela, a figura mais importante dessa geração. Uma curiosidade nas páginas de *Porta:*, editada em novembro de 1966: dois contos de José Francisco Rezek, futuro ministro do Supremo Tribunal Federal e chanceler no governo Collor de Mello.

O papo vespertino na redação do suplemento era animado, também, por escritores de outras gerações. Emílio Moura com sua conversa mansa, deliciosa. Bueno de Rivera, malicioso e lisonjeiro, não raro uma coisa e outra, com divertidas farpas nas entrelinhas. O ensaísta Aires da Mata Machado Filho, quase inteiramente cego mas perito em cruzar a atravancada redação sem esbarrar numa só mesa, para dependurar seu chapelão numa estatueta de bronze ao fundo da sala. Mais raramente, Affonso Ávila, não só autor de obra importante como, cada vez mais, influenciador de sucessivas safras de poetas.

Livraria, para a geração Suplemento, era a Livraria do Estudante, numa tristonha galeria da rua Espírito Santo, esquina com Tupis. Lugar de reverenciar visitantes ilustres, como Clarice Lispector. Ou o psicanalista Roberto Freire, sucesso, em 1966, com o romance *Cleo e Daniel*, e que em março daquele ano arrastou a Belo Horizonte, de kombi, para ilustrar uma palestra sobre música, um moço de olhos verdes ainda escassamente conhecido, Chico Buarque de Hollanda, a poucos meses de se tornar celebridade no festival que premiou "A banda".

Na Livraria do Estudante, Henfil lançou seu livro de estreia, *Hiroxi-*

ma, meu humor. E Luiz Vilela os contos de *Tremor de terra*, com os quais acabara de ganhar, em Brasília, o prestigioso Prêmio Nacional de Ficção do Distrito Federal, para estupor de muita gente, a começar por um escritor consagrado, José Geraldo Vieira: certo da vitória, o romancista de *A mulher que fugiu de Sodoma*, ao desembarcar em Brasília, levava no bolso, prontinho, um discurso de agradecimento.

O mesmo Vilela jogaria num romance, *Os novos*, lançado em 1971, a história de sua geração, amadurecida no fio de intermináveis discussões lítero-político-existenciais em bares como o Pelicano, no Conjunto Archangelo Maletta, e nas escaramuças com a polícia, nos primeiros anos da ditadura militar, numa sufocante Belo Horizonte que se aproximava de seu primeiro milhão de habitantes. Quando este livro foi publicado, Vilela já vivera, no *Jornal da Tarde*, de São Paulo, em 1968, a breve experiência jornalística que lhe daria material para outro romance, *O inferno é aqui mesmo*.

Louvado além-Minas, o *Suplemento Literário* não tardou a esbarrar em dificuldades, frutos do provincianismo ou da inveja, quando não de ambos. Recebido compulsoriamente em repartições públicas nos grotões do estado, era fatal que de lá viesse, volta e meia, uma reclamação — que ia desabar na mesa do diretor da Imprensa Oficial, Paulo Campos Guimarães, ou diretamente no gabinete do governador Israel Pinheiro.

Houve episódios célebres. Um enorme bafafá, por exemplo, em setembro de 1967, quando um poema de Affonso Romano de Sant'Anna, "O poeta mede a altura do edifício", na primeira página, chamou o Empire State Building de "pênis maior do mundo". Vigários, freiras, prefeitos, vereadores, juízes e promotores de tudo quanto é canto de Minas protestaram contra o metro escolhido pelo poeta para medir o famoso arranha-céu nova-iorquino. O governador, mesmo, não dava maior importância a tais reclamações. Certa vez, no palácio, cutucou Murilo Rubião: "Como é, tem saído muito palavrão no nosso suplemento?" — e deu uma gargalhada.

Político maleável, cabia ao diretor da Imprensa Oficial suportar os trancos maiores. Ildeu Brandão, o contista de *Um míope no zoo*, secretário do jornal entre maio de 1970 e maio de 1971, acredita que se o suplemento não morreu nessa época foi graças ao jogo de cintura de Paulo Campos Guimarães. Atento aos humores da ditadura em seu período mais áspero — era o governo do general Garrastazu Médici —, o diretor sabia que, em determinados momentos, era preciso recuar para sobreviver.

Foi com essa incumbência, aliás, que Ildeu Brandão, jornalista veterano, chegou ao comando do suplemento. Murilo Rubião se havia afastado no final de 1969, para assumir outras funções na Imprensa Oficial — nunca mais cuidaria diretamente do semanário —, e quis deixar em seu lugar o escritor Rui Mourão, um dos três editores da revista *Tendência*. Acontece, porém, que o romancista de *Curral dos crucificados* era um dos duzentos professores que haviam deixado a Universidade de Brasília em protesto contra a demissão de colegas por motivos políticos, em outubro de 1965. Por isso, teve seu nome vetado pelas autoridades militares. Assumiu, então, o poeta Libério Neves, substituído pouco depois por Ildeu Brandão.

Ângelo Oswaldo de Araújo Santos, talento da novíssima geração, crítico de arte respeitado, veio a seguir e deu vida nova ao suplemento, mas não deixou de enfrentar problemas. Um poeta do grupo modernista mineiro, membro da Academia Brasileira de Letras, com ótimo trânsito junto ao regime militar, julgou útil alertar o novo governador de Minas, Rondon Pacheco, para o teor por demais "avançado" do que se publicava no *Suplemento Literário*, e sugeriu que o lesse com mais atenção. O governador, por azar, caiu em cima de uma citação de santo Agostinho, num artigo de Eduardo Frieiro, na qual se lia que o Estado é o comitê executivo das classes privilegiadas — e entrou em pânico.

Uma edição dupla dedicada ao conto brasileiro, organizada por Ângelo Oswaldo, foi estourar nas mãos de seu sucessor, o ficcionista Mário Garcia de Paiva: oito páginas, nada menos da metade do segundo número, foram censuradas. Para complicar a situação, por essa época, 1973, um órgão da imprensa marrom de Belo Horizonte abriu campanha contra o suplemento, apresentado como "antro de comunistas e homossexuais".

Apesar dos esforços de Garcia de Paiva, foram tempos em que o semanário perdeu praticamente toda sua importância. Novo alento viria em janeiro de 1975, com a nomeação do contista Wander Piroli, que injetou velocidade jornalística no suplemento. Não durou mais que cinco meses. Em maio, um número do suplemento foi empastelado nas oficinas, por ordem do diretor da casa, Hélio Caetano, sem um comunicado sequer ao secretário — enquanto um editorial do *Minas Gerais* anunciava que a publicação seria reformulada, com vistas a "uma maior integração de outras fontes de cultura, de maior densidade e abrangência".

O episódio, que teve repercussão nacional, significava uma vitória das velhas forças da subliteratura estadual, concentradas na Academia Mineira de Letras. Ao cabo de quase nove anos de batalha, aquela gente havia conseguido, finalmente, pôr as mãos no *Suplemento Literário* do *Minas Gerais*.

Melhores tempos vieram, felizmente, sobretudo após a eleição de Tancredo Neves para o governo de Minas, em 1982. Murilo Rubião tornou-se diretor da Imprensa Oficial. O contista Duílio Gomes foi nomeado secretário do suplemento. Armou-se uma afiada equipe de redação, encomendou-se ao poeta e artista gráfico Sebastião Nunes uma cara nova para o jornal. Fez-se bom trabalho, ali, durante alguns anos. Não o bastante, porém, para anular em muitos a convicção de que, nostalgia à parte, o melhor ficara para trás. Muito para trás.

Para o poeta Affonso Ávila, por exemplo, o ouro está ali naqueles primeiros anos — 1966, 1967, 1968. Se lhe pedissem que mostrasse sua coleção do *Suplemento Literário* do *Minas Gerais*, ele exibiria uma pilha de jornais onde a data mais recente é 17 de maio de 1975, dia em que circulou a edição nº 454 — a última feita por Wander Piroli. Foi nesse momento que, para Affonso Ávila, o jornal criado por Murilo Rubião deixou de ser relevante.

Chegara ao fim, também, a última geração literária articulada a surgir em Belo Horizonte. Bem ou mal, ela cumprira o destino de todas as que a precederam e mais as que vierem, desfazendo-se na hora de frutificar (ou não) em obras individuais. Para alguns de seus integrantes, cumpriu-se também outro destino — o que manda fazer as malas e partir. Fechando, com elas, o fio de nossa história, iniciada lá em 1921, quando um adolescente magrinho, de óculos, Carlos Drummond de Andrade, subiu os degraus de uma redação de jornal na rua da Bahia.

(Mas não partamos já. Cabe ainda uma palavra sobre essa compulsão mineira de olhar Minas à distância.)

19. As montanhas vistas de longe

O poeta Affonso Romano de Sant'Anna vem burilando, ao longo dos anos, uma tese apimentada. Houve uma geração de escritores mineiros, diz ele, que saiu de Minas com os políticos. A ilustração mais notória seria o poeta Carlos Drummond de Andrade, transplantado para o Rio de Janeiro em 1934, como chefe de gabinete de Gustavo Capanema, recém-nomeado ministro da Educação e Saúde. A geração seguinte, prossegue o autor da tese, saiu com as filhas dos políticos — a começar por Fernando Sabino, genro, a partir de 1944, do governador Benedicto Valladares. Uma terceira fornada de escritores, por fim, de que faria parte o próprio Affonso Romano de Sant'Anna, saiu com suas próprias pernas, isto é, sem políticos nem filhas de políticos.

Trata-se, evidentemente, de uma provocação — e, como as provocações costumam ter mão dupla, não faltaria quem pudesse rebater: se a geração de Affonso saiu com suas pernas foi talvez por não dispor, como as anteriores, de meio mais confortável de partir.

Há algo, porém, que nenhum dos lados poderá negar: qualquer que seja o passaporte, os escritores mineiros, em sua imensa maioria, mais dia menos dia batem asas, e raramente voltam. Por falta de empregos que permitam conciliar a criação e a subsistência, dizem uns. Ou porque os horizontes, embora belos, sejam estreitos para quem queira vivências mais amplas. Ou, ainda, pela repetida constatação de que, se santo de casa não faz milagre, em casa mineira o santo é particularmente inoperante.

Pode ser que neste particular, como nos demais, a situação esteja mudando — há quem sustente, como Roberto Drummond, não haver no Brasil cidade mais estimulante para a criação literária do que Belo Horizonte. Se é verdade, o panorama se alterou bastante desde 1970, quando o poeta Emílio Moura, já no final da vida, deplorava não ter saído. Você publica um livro, dizia ele, e não acontece nada; tem fôlego para mais um, que também despenca no vazio; mas já não se anima a escrever o terceiro. No Rio ou em São Paulo, ao contrário, acreditava Emílio Moura, havia sempre uma palavra, a favor ou contra, não importa — e isso é que mantinha acesa a chama do escritor.

Era o que dizia, na mesma época, outro poeta, Hélio Pellegrino, concitando alguns jovens da geração Suplemento a partir. "Minas é um útero pantanoso", argumentava ele, à beira de uma travessa de frango ao molho pardo, para a estupefação dos demais frequentadores do restaurante da Maria das Tranças, no caminho da Pampulha, em Belo Horizonte. O perigo de ficar em Minas, dizia Hélio Pellegrino, era acabar secretário da Educação.

Não havia nisso o menor laivo de desamor à terra — sobre a qual, ao contrário, Hélio teve sempre um olho posto, lá do Rio de Janeiro, onde foi o último dos vintanistas a desembarcar, em 1952. Como também tinha Drummond, embora irredutível em sua recusa de sequer visitar Itabira ou Belo Horizonte. Ou Paulo Mendes Campos, cada vez mais arraigadamente mineiro, desde que tomou um trem para conhecer o poeta chileno Pablo Neruda no Rio de Janeiro, em agosto de 1945, e por lá ficou até a morte, 46 anos mais tarde. Ou, ainda, Otto Lara Resende, no Rio desde janeiro de 1946 (a passagem da Panair custava 220 cruzeiros, lembra-se) mas voltado para as profundas de Minas, impressa em quase tudo quanto escreve. E mesmo Fernando Sabino — para ficarmos nos vintanistas —, ao lado de Aníbal Machado o mais carioca dos mineiros.

Há quem diga, aliás, que Minas se vê melhor à distância — como a viu Pedro Nava em suas portentosas memórias, escritas num velho apartamento da rua da Glória, no Rio. Ou o poeta Murilo Mendes, nas reminiscências em prosa de *A idade do serrote*, destiladas ainda mais longe, na sua casa da via del Consolato, em Roma. Para não falar em João Guimarães Rosa, reconstruindo grandes sertões pelo mundo afora, nos meandros de sua carreira diplomática.

O tema (pantanoso, para usar o adjetivo grato a Hélio Pellegrino) da chamada "mineiridade", em todo caso, ocupa obsessivamente um grande número de mineiros desterrados — muito mais, quem sabe, do que acontece entre os remanescentes. Para o bem e para o mal. Em nome dela, defeitos como a desconfiança são promovidos a virtudes. É cultivada, além-fronteiras, por uma confraria algo folclórica, a que se poderia dar o nome de "mineiros profissionais". E este é um caso em que se deve preferir os amadores.

O destino inelutável, por muitos anos, foi o Rio de Janeiro, por força, acredita Francisco Iglésias, da "atávica atração do mar". Só em meados da década de 60 é que São Paulo, com seus salários mais gordos, entortou o rumo da diáspora mineira. O pioneiro, bem antes disso, foi Sábato Magaldi, bandeirante ao contrário desde 1953, depois de haver vivido no Rio e, por um ano, em Paris. Guilhermino Cesar ficaria sendo uma exceção ao se plantar, nos anos 40, em Porto Alegre — onde pousou, também, na mesma época, Paulo Mendes Campos, com desvairados projetos de se tornar aviador. Pedro Nava, antes de se fixar no Rio, andou pelo interior paulista — a morte de uma namorada, Zilah Pinheiro Chagas, que se matou aos dezenove anos ao saber que tinha leucemia, o empurrara para fora de Minas em 1931.

Também à beira-mar foram ter, entre outros, Abgar Renault, Aníbal Machado, Cyro dos Anjos, Afonso Arinos, Autran Dourado, Wilson Figueiredo, Fernando Gabeira, Jacques do Prado Brandão, Silviano Santiago, Affonso Romano de Sant'Anna, Sérgio Sant'Anna — além de dois mineiros adotivos, Rubem Braga e Carlos Castello Branco, este último a certa altura desviado para o Planalto Central.

Alguns, pouco numerosos, não partiram, por falta de apetência ou condições, e quase todos eles desmentiram a observação bem-humorada de Jacques do Prado Brandão, anotada por Francisco Iglésias: "Mineiro que fica em Minas é porque tem algum defeito de fabricação. Não é exportável". O primeiro a desmenti-la, aliás, seria o próprio Jacques, que só foi parar no Rio, no princípio dos anos 70, em razão de pressões políticas; quis voltar, não deixaram, foi ficando.

Permaneceram em Minas, sem reclamações — e também sem endossar o exagero do poeta gaúcho Mário Quintana, para quem provinciano é sair da província: Eduardo Frieiro, os cronistas Andrade — Moacyr e Djalma —, João Alphonsus, Ildeu Brandão, Bueno de Rivera, Henriqueta Lisboa, Affonso Ávila, Rui Mourão (com um parêntese em Brasília e nos Estados Unidos), Wander Piroli, Adélia Prado, Adão Ventura, Duílio Gomes.

Outros foram e voltaram, e destes o mais radical talvez seja o poeta Sebastião Nunes, que, ao devolver-se a Minas, foi fundo, fincou-se em Sabará. Murilo Rubião, antes de sua temporada espanhola, passou um ano no Rio, no final da década de 40. (Dividia um apartamento com Otto Lara Resende, e mês após mês o viu lamuriar-se de sua incapacidade de produzir conferências para o presidente da repartição onde trabalhava, o IBGE — para no último dia sentar-se à máquina e, lampeiro, resolver o texto em meia hora.)

João Etienne Filho também teve, como Rubião, seu interlúdio carioca, seis anos durante os quais foi jornalista e secretário de Alceu Amoroso Lima, além de técnico de basquete do Fluminense e do Grajaú. Ao retornar a Belo Horizonte, em 1952, declarou aos amigos que estava "regredindo a Minas". Mas eles sabiam que era apenas uma *boutade*.

Francisco Iglésias, em 1946, aceitou convite para ser gerente da Livraria Jaraguá, em São Paulo. Não esquentou lugar, como que para cumprir a profecia publicada pouco antes na revista de seu grupo literário, a *Edifício*: "Embora ele anuncie constantemente seu desejo de deixar as montanhas, há alguma coisa na paisagem que nos segreda que ele ficará para sempre aqui". Não deu outra: em um ano estava Iglésias de volta a Belo Horizonte. Já Fábio Lucas, depois de passar por Brasília, Portugal e mais de uma universidade americana, fincou raízes na Pauliceia.

Dos "verdes" de Cataguases, só Guilhermino Cesar não voltou. Rosário Fusco viveu no Rio e em Paris, antes de reencontrar as margens do Meia-Pataca e ali morrer. Francisco Inácio Peixoto também andou fora, e quando retornou trazia um novo surto de modernidade para Cataguases: a arquitetura de Oscar Niemeyer, de que são amostras o prédio do Colégio Estadual e a casa do próprio Chico Peixoto, além da arte de Portinari, autor de um painel mais tarde adquirido pelo governo paulista (esteve no Palácio dos Bandeirantes antes de ser instalado no Memorial da América Latina).

Roberto Drummond suou para realizar o sonho de ser copidesque do *Jornal do Brasil* — e, tão logo conseguiu, em 1964, bateu de volta para Minas. Não saiu mais. Assim como Ivan Angelo, da primeiríssima equipe do *Jornal da Tarde*, nunca mais saiu de São Paulo — onde não se aclimatou Jaime Prado Gouvêa, o refinado contista de *Fichas de vitrola* e romancista de *O altar das montanhas de Minas*. Tampouco Luiz Vilela, que depois de seu interregno paulistano, em 1968, rodou pelos Estados Unidos e pela Europa, até se decidir por Ituiutaba, no Triângulo Mineiro — mas não apenas por amor à cidade natal: viveria, explica, onde quer que encontrasse as mesmas condições de produzir seus contos e romances.

Condições que, no caso de Vilela e muitos mais, se não excluem lugares, excluem ofícios — em especial o jornalismo, acusado de vampirizar as forças criativas do escritor. A questão já preocupava o filólogo Carlos Góes nas profundezas dos anos 20. Numa entrevista para o livro *Minas Gerais em 1925*, o então presidente da Academia Mineira de Letras deplorava um arrefecimento da "abnegação literária", "tanto na velha como na nova geração" — e o atribuía, em parte, ao jornalismo, acusado de atrair "a si as vocações literárias, desviando-as das obras de uma pura ficção para o comentário diuturno e momentoso". (Era com pessimismo, aliás, e nenhuma pontaria de futurólogo, que o velho mestre passeava os olhos por aquele momento das letras mineiras, no qual localizava "talentos promissores" como Baptista Santiago, Uriel Tavares, Pedro Saturnino, Lycidio Paes, Sebastião de Sousa, Soares de Faria, José Quintella — e, em meio a esse time logo esquecido, um certo Carlos Drummond.)

Cyro dos Anjos não dá palpite nesse debate, mas teria razões para absolver o jornal, ou pelo menos atenuar-lhe a pena: afinal, foi de crônicas escritas para *A Tribuna*, no início dos anos 30, sob a pressão do relógio, que nasceu sua obra-prima, *O amanuense Belmiro*. O poeta Murilo Mendes foi outro que resvalou no jornalismo: em 1920, começou a colaborar no jornal *A Tarde*, da sua Juiz de Fora, onde escrevia artigos e mantinha uma coluna, a "Chronica mundana", que assinava no início com as iniciais MMM, de Murilo Monteiro Mendes, depois com o pseudônimo De Medinacelli. Cedo as musas o arrastaram para longe das redações.

O romancista Roberto Drummond considera-se um escritor nascido dentro do *Estado de Minas*, forjado na produção de crônicas diárias sobre futebol. O que teria a dizer sobre a questão Guimarães Rosa, um dos raros grandes escritores brasileiros que passaram totalmente ao largo do jornalismo? (Rosa limitou-se a mandar quatro contos para a revista *O Cruzeiro*, todos eles premiados com cem mil-réis e publicados entre dezembro de 1929 e junho de 1930, dezessete anos antes da estreia em livro, com *Sagarana*. Bem mais adiante, já consagrado, andou colaborando em *O Globo* e num jornal de médicos, *O Pulso*, além de *Manchete*, para a qual, a pedido de Otto Lara Resende, então diretor da revista, escreveu um texto imediatamente clássico sobre Minas Gerais.)

Fernando Sabino fica com Ernest Hemingway — acha que a partir de certo ponto o jornalismo começa a prejudicar o escritor. Ivan Angelo, o romancista de *A festa*, é mais radical em relação ao ofício que o ocupa diariamente há mais de três décadas: não consegue ver como a prosa do jornal, "tão desinteressante, tão sem colorido, tão sem invenção", possa afiar os instrumentos do escritor. No máximo, diz ele, o jornalismo pode contribuir com pequenos truques, não propriamente literários, como os que ajudam a prender o leitor já na primeira linha de um texto. Sem especial entusiasmo, Paulo Mendes Campos gostava da "máquina de escrever" que é o jornal — o que também dizia, com outras palavras, Carlos Drummond de Andrade: além de ser escola de clareza e concisão, o jornal, acreditava o poeta, "proporciona o treino diário, a aprendizagem continuamente verificada", não admitindo a "preguiça, que é o mal do literato entregue a si mesmo".

Trata-se de uma velha discussão, infindável como aquela outra, sobre deixar ou não a província. Deixemos ambas, pois.

Com uma palavra ainda (agora sim, a última), antes de encerrar.

Entre os que partiram, é fatal que sopre às vezes uma brisa de nostalgia. Como é fatal que o nativismo busque, em dados momentos, canalizar esse sentimento num vendaval destinado a carregar os filhos pródigos num apoteótico retorno às origens.

Milton Campos, quando governador, na segunda metade dos anos 40, quis repatriar uns tantos mineiros ilustres, e para começar nomeou Rodrigo M. F. de Andrade, seu melhor amigo, ministro do Tribunal de Contas do Estado. A Assembleia Legislativa aprovou a escolha do palácio, mas houve tantos votos contra — por motivos que não diziam respeito à pessoa do escolhido, e sim à rivalidade entre a UDN governista e o PSD oposicionista — que Rodrigo, agastado, recusou a nomeação. Milton Campos quis atrair, também, seu companheiro de juventude Carlos Drummond de Andrade, a quem ofereceu a direção da *Folha de Minas*. O poeta chegou a considerar o convite, mas acabou recusando. Foi o que fez, igualmente, o crítico Antonio Candido — cujas raízes são mineiras, de Cássia e Poços de Caldas, embora tenha nascido no Rio de Janeiro e escolhido São Paulo para viver —, a quem o governador quis confiar a criação de um Departamento de Cultura. O autor de *Formação da literatura brasileira* não se julgou à altura da empreitada.

Outro governador udenista, Magalhães Pinto, no começo da década de 60, também andou sonhando pescar coestaduanos no litoral carioca.

Um deles em especial: Otto Lara Resende. Tentou-o, primeiro, com a miragem de uma Secretaria da Cultura, que não chegou a ser criada senão muitos anos mais tarde. O escritor foi a Belo Horizonte, assuntou, assuntou — e tomou o avião de volta ao Rio. Magalhães, mais adiante, conseguiu que ele fosse, por um breve tempo, diretor do Banco Mineiro da Produção.

Empossado em 1987, o governador Newton Cardoso investiu num retorno espetacular de outra estrela de Minas, o montes-clarense Darcy Ribeiro. Nomeou-o secretário, com a atribuição de encher as Gerais de Cieps, as unidades educacionais que o antropólogo havia implantado no estado do Rio, no primeiro governo de Leonel Brizola. Darcy chegou a instalar-se em Belo Horizonte, mas em poucos meses estava brigado com o governador, que acusou de desvirtuar o projeto de seus Cieps. "O governo de Minas quer construir forninhos para assar crianças", denunciou ele, ao fazer as malas para não mais voltar.

Alguns anos antes, no início da década de 80, tinha havido a mais ruidosa das tentativas de repatriamento coletivo de mineiros. Foi mais ou menos à época da eleição de Tancredo Neves para o governo do estado. Carlos Drummond de Andrade, dessa vez, não foi convidado — talvez por haver declarado, certa vez, que não voltava a Itabira, mesmo como visitante, pela simples razão de que nunca saíra de lá. Mas não faltou quem se animasse a subir as montanhas, com Milton Nascimento puxando a procissão. Nesse clima emocional, voltou até quem não tinha ido, como o cantor carioca Gonzaguinha, que, morto num acidente, acabaria enterrado em Belo Horizonte.

No calor da campanha, foram perguntar a Otto Lara Resende, no Rio, se ele voltaria para Minas Gerais.

"Meu filho, eu não mereço", escorregou o escritor.

Mais mineira a resposta não poderia ser.

Créditos das imagens

Todos os esforços foram feitos para determinar a origem das imagens deste livro. Nem sempre isso foi possível. Teremos prazer em creditar as fontes, caso se manifestem.

p. 2: Coleção Linhares – Biblioteca Universitária da UFMG

p. 3: Acervo da Fundação Casa de Rui Barbosa/ Arquivo Museu de Literatura Brasileira. Fundo Carlos Drummond de Andrade. Reprodução de Ailton Alexandre da Silva (acima)/ Coleção pessoal do autor/ Reprodução Motivo (abaixo)

p. 4: Arquivo O Cruzeiro/ EM/ D.A.Press (acima)/ Coleção pessoal do autor/ Reprodução Renato Parada (abaixo)

p. 5: Arquivo EM/ D.A.Press (abaixo)

pp. 6-7: Coleção pessoal do autor/ Reprodução Motivo

p. 8: Acervo Murilo Rubião (UFMG). Cortesia de Sílvia Rubião

p. 9: Coleção pessoal do autor/ Reprodução de Renato Parada (acima)/ Coleção pessoal do autor/ Reprodução Motivo (abaixo)

p. 10: Eugênio Sávio/ Editora Abril (acima)/ Coleção pessoal do autor/ Reprodução Motivo (abaixo)

p. 11: Ricardo Chaves/ Editora Abril

p. 12: Nelson di Rago/ Editora Abril (acima)/ Coleção Linhares – Biblioteca Universitária da UFMG (abaixo)

p. 13: Coleção pessoal do autor/ Reprodução de Renato Parada

p. 14: Acervo Instituto Humberto Mauro/ Reprodução de Eugênio Sávio (acima)/ Coleção pessoal do autor/ Reprodução de Renato Parada (abaixo)

p. 15: Coleção pessoal do autor/ Reprodução Motivo

p. 16: Coleção pessoal do autor/ Reprodução Motivo (acima)/ Coleção pessoal do autor/ Reprodução de Renato Parada (abaixo)

Índice remissivo

Abdias, de Cyro dos Anjos, 88
Acaiaca (revista), 155, 156, 159
Agressor, O, de Rosário Fusco, 71, 72
Aita, Zina, 142
Alberto, rei da Bélgica, 134
Alcântara Machado, Antônio de, 74
Aleijadinho (Antônio Francisco Lisboa), 30
Aleijadinho e Álvares de Azevedo, O, de Mário de Andrade, 109
Aleixo, Antônio, 35
Aleixo, Pedro, 172
Alguma poesia, de Carlos Drummond de Andrade, 23, 64, 65
Aliança Liberal, 26, 94
Alkmin, José Maria, 91, 115, 157
Alkmin, Maria Antonieta D', 143
Alma do tempo, de Afonso Arinos de Melo Franco, 30, 32, 97
Almeida, Guilherme de, 68
Almeida, Guy de, 163, 173, 174
Almeida, João Luís de, 67, 70
Almeida, José Américo de, 78
Almeida, Lúcia Machado de, 136
Almeida, Neville de, 188
Alphonsus, João, 26, 28, 29, 30, 46, 64, 74, 86, 98, 146, 147, 203
Altar das montanhas de Minas, O, de Jaime Prado Gouvêa, 204
Alterosa (revista), 44, 130, 168, 171, 184-6
Alvarenga, Tales, 190
Alves, Constâncio, 50
Alves, Heitor, 80, 81, 82, 83
Alves, João Luís, 146
Alves, José Guimarães, 173
Alves, Vida, 83
Alves Pereira, Terezinha, 181, 188
Alves Pinto, Ziraldo, 149
Alvim, Julinda, 27
Amado, Jorge, 141, 169, 184
Amado, Milton, 37, 104
Amanuense Belmiro, O, de Cyro dos Anjos, 35, 58, 64, 85, 146, 205

Amaral, Eduardo Campos do, 186
Amaro, Austen, 60, 155
Amigos do Livro, Os (cooperativa), 64
Andrada, Antônio Carlos Ribeiro de, 24
Andrade, Carlos de Paula, 14
Andrade, Djalma, 20, 22, 35, 37, 38, 44, 45, 105, 203
Andrade, Francisco de Assis, 60
Andrade, Joaquim Pedro de, 61
Andrade, Mário de, 22, 23, 34, 39, 50, 66, 68, 74, 93, 103, 106, 109, 111, 129-31, 143, 144, 148, 193
Andrade, Moacyr, 37, 55-8, 59, 60, 89, 90, 158, 203
Andrade, Oswald de, 22, 45, 50, 61, 68, 74, 76, 86, 141, 142-3, 144, 148
Andrade, Rodrigo M. F. de, 24, 30, 103, 130, 194, 206
Andrés, Maria Helena, 138
Angelo, Ivan (v. Ivan Angelo)
Anjo bêbado, O, de Paulo Mendes Campos, 118
Anjos, Cyro dos, 26, 35, 49, 57, 64, 84-5, 86, 87-8, 89, 90, 92, 98, 132, 145, 146, 147, 157, 158, 202, 205
Année dernière à Marienbad, L' (filme), 178
Antonioni, Michelangelo, 178
Aparecida Pinto, Nilo, 156, 157, 176
Apocalypse, Álvaro, 193
Apolinário, Célio, 165
Arantes, Euro, 160, 161
Araújo, Henry Corrêa de, 186
Araújo, José Oswaldo de, 14, 17
Araújo, Laís Corrêa de, 146
Araújo, Murilo, 80
Araújo, Olívio Tavares de, 188
Araújo Santos, Ângelo Oswaldo de, 197
Arbex, Paulo, 178
Arco do Triunfo, de Carlos Castello Branco, 144
Argus (revista), 106
Arinos de Melo Franco, Afonso, 26, 29, 30, 31, 33, 97, 99, 102-3, 121, 148, 202

Armond, Honório, 27, 28
Arte de furtar e seu autor, A, de Afonso Pena Júnior, 18
Artista aprendiz, Um, de Autran Dourado, 125, 128, 132,
Assunção, Paulinho, 195
Athayde, Tristão de, 77, 140
Atualidade Fox, nº 3 (filme), 16
Auden, W. H., 177
Aurora Colegial (jornal), 15
Avante (jornal), 51, 52
Avellar, Romeu de (pseudônimo de Luís de Araújo Morais), 17, 46
Ávila, Affonso, 145, 158, 159, 175, 186, 187, 195, 198, 203
Azeredo, Eduardo, 134
Azevedo Júnior, 20

Bach, Johann Sebastian, 183
Bagaceira, A, de José Américo de Almeida, 78
"Balada social", de Hélio Pellegrino, 128
Balsemão, Carlos Maurício (pseudônimo de Fábio Lucas e Affonso Ávila), 159
Bananére, Juò, 63
"Banda, A", de Chico Buarque de Hollanda, 195
Bandeira, Manuel, 27, 68, 103, 123
Baptista Santiago, 205
Barbosa, Júlio, 178
Barbosa, Rui, 101
Barca dos homens, A, de Autran Dourado, 145
Bares morrem numa quarta-feira, Os, de Paulo Mendes Campos, 111
Barrault, Jean-Louis, 43
Barravento, de Glauber Rocha, 179
Barreto, Abílio, 28, 90, 139
Barreto, Benito, 154
Barros, Adhemar de, 172
Bastos Tigre, 21
Baú de ossos, de Pedro Nava, 42
Bazin, André, 179
Beira-mar, de Pedro Nava, 29, 38, 49

Beirão, Nirlando, 190
Belo Horizonte (revista), 38, 116
"Benedito Calunga" (poema), de Jorge de Lima, 153
Bernanos, Georges, 121, 142
Bernardes, Artur, 21
Bessa, Luís de, 97
Bete Balanço (filme), 83
Bias Fortes, José Francisco, 161, 168
Bicalho, Paulo César, 105
Bilac, Olavo, 41, 121
Binômio (jornal), 160-6, 167, 168, 169, 171, 173, 184, 186, 187, 190
Bley, João Punaro, 162
Boca do Inferno (contos), de Otto Lara Resende, 114
Bonfim Jr., Orlando, 144
Bonitinha mas ordinária (peça de teatro), de Nelson Rodrigues, 115
Borba, Belmiro (pseudônimo de Cyro dos Anjos), 57
Borja Lopes, Mauro (Borjalo), 149
Braço direito, O, de Otto Lara Resende, 107, 115, 144
Braga, Belmiro, 27, 32, 41
Braga, Newton, 93
Braga, Rubem, 93-101, 102, 114, 116, 157, 177, 203
Branco, Frederico, 190
Brandão, Ildeu, 148, 150, 197, 203
Brandão, Jacques do Prado, 124, 127, 150, 151, 152, 172, 179, 202, 203
Brandão, Ronaldo, 178
Brandão, Silviano, 19
Brant, Alice, 61
Brant, Celso, 154, 155, 156, 159, 176
Brant, Mário, 61
Brás, Venceslau, 21
Brasileiro não é triste, O, de Eduardo Frieiro, 64
Brejo das almas, de Carlos Drummond de Andrade, 64

Bretas, Rodrigo, 30
Brizola, Leonel, 164, 207
"Brotoeja literária", 51
Buarque de Hollanda, Chico, 195
Burrice do demônio, A, de Hélio Pellegrino, 119

Cabo das tormentas, O, de Eduardo Frieiro, 55, 56
Cabral, d. Antônio dos Santos, 111, 138, 149
Cadernos de João, de Aníbal Machado, 40
Caetano, Hélio, 198
Cahiers du Cinéma, 179
Cajaíba, Jacob, 104, 165
Caminho para a distância, O, de Vinicius de Moraes, 139
Campos Sales, Manuel Ferraz de, 20
Campos, Alberto, 24, 45
Campos, Augusto de, 187
Campos, Francisco, 24, 31
Campos, Geir, 192
Campos, Haroldo de, 158, 187, 194
Campos, Milton, 27, 45, 46, 61, 65, 129, 149, 156, 206
Camus, Albert, 43
Canção da amargura sem fim, de Nilo Aparecida Pinto, 175
"Canção da moça-fantasma de Belo Horizonte" (poema), de Carlos Drummond de Andrade, 58
Candido, Antonio, 123, 158, 192, 206
Canedo, Gregoriano, 86
"Canivete de cabo de madrepérola, O" (conto), de Autran Dourado, 130
Canto e Palavra, de Affonso Romano de Sant'Anna, 175
Cantora careca, A (peça de teatro), de Eugène Ionesco, 105
"Cão feliz, Um", de Rubem Braga, 96
Capanema, Gustavo, 32, 33, 45, 57, 59, 99, 100, 102, 200
Capote do guarda, O, 61-3, 136

211

Cardoso, Lúcio, 109, 123, 137
Cardoso, Newton, 207
Cardoso, Pedro Vicente, 150
Carol, Martine, 43
Carpeaux, Otto Maria, 43, 142, 159
Carrero, Tonia, 43
Carta, Mino, 189
Carta à noiva, de Rosário Fusco, 72
"Carta contra os escritores mineiros — Por muito amar", de Vinicius de Moraes, 140
Carvalho, Orlando M., 49, 64, 172, 173
Carvalho, Ronald de, 24, 55
Casassanta, Mário, 84
Castello Branco, Carlos (Castellinho), 127, 143-4, 145, 203
Castello Branco, Wilson, 144
Castelo Branco, Humberto de Alencar, 16
Castro Alves, 120
Castro, Amilcar de, 138
Castro, Fidel, 117
Cataguases, O (jornal), 69, 73, 74, 77
Cavalcanti, Lya, 46
Cavaleiros do Luar (grupo literário), 18
Cego de Ipanema, O, de Paulo Mendes Campos, 118
Cenário no avesso, O, de Sábato Magaldi, 126
Cendrars, Blaise, 61, 75
Cervantes, Miguel de, 37
Cesar, Guilhermino, 37, 38, 59, 64, 66, 67, 68, 69, 70, 71, 73, 74, 76, 77, 79, 84, 85, 87, 90, 91, 92-3, 95, 104, 106, 107, 123, 147, 202, 204
Ceschiatti, Alfredo, 138
Chagas, Carmo, 190
Chagas, Paulo Pinheiro, 25, 34, 47
Chagas, Zilah Pinheiro, 202
Chão de ferro, de Pedro Nava, 29
Chão e alma de Minas, de Delso Renault, 37, 123, 155
Chateaubriand, Assis, 92, 102
Chaves, Hermenegildo (Monzeca), 156
Cidade de Barbacena (jornal), 85

Cidade do interior, de Newton Braga, 95
Cidade Verde (revista), 87, 157
Cienfuegos, Camilo, 117
Cinema Nuovo, 179
Cintra, Haydée, 181
Clarín, El, 163
Clark, Walter, 113
Claudel, Paul, 139
Cláudio, Ely Murilo, 151
Clemente, José (pseudônimo de Moacyr Andrade), 37
Cleo e Daniel, de Roberto Freire, 195
Clima (revista), 123
Clube dos grafômanos, O, de Eduardo Frieiro, 54, 55, 64
Cocteau, Jean, 180
Coelho Netto, Henrique Maximiano, 36
Coimbra Tavares, Sérvulo, 151
Colégio Anchieta (Nova Friburgo), 14
Collor de Mello, Fernando, 100, 195
"Com a Marinha de guerra em Ouro Preto" (crônica), de Rubem Braga, 99
Complemento (revista), 176, 180, 181, 188
Conde e o passarinho, O, de Rubem Braga, 101
Condenados, Os, de Oswald de Andrade, 22
Continhos brasileiros, de Carlos Castello Branco, 144
Coração é um caçador solitário, O, de Carson McCullers, 177
Corção, Gustavo, 159
Corrêa Rabello, dr. David, 36, 37
Correio Braziliense, 161
Correio da Manhã, 21, 114, 116, 118, 120, 121, 177
Correio de Minas, 163, 168, 174, 175, 186, 187
Correio do Dia, 172, 173
Correio do Sul, 94, 96
Correio Mineiro, 89
Correnteza, A, de Ricardo Gontijo, 190
Corroti, Adelina, 90
Costa, Geraldo Teixeira da, 119, 186

Costa, Hélio, 174
Costa, Hipólito José da, 161
Costa, João Paulo Gonçalves da, 195
Costa e Silva, Da, 41
Costa e Silva, marechal, 120
Costa Lima, Luiz, 187
Cotó, João (pseudônimo de Eduardo Frieiro), 51, 60
Cotrim, Paulo, 182
Cotta, José de Araújo, 174
Coutinho, Heitor, 138
"Crime (de plágio) perfeito, O" (crônica), de Rubem Braga, 98
Crise na psicanálise, 119
Crispim, Antônio (pseudônimo de Carlos Drummond de Andrade), 98
Cromos, de Bernardino Lopes, 31
Cruls, Gastão, 103
Cruzeiro, O (revista), 205
Cunha, Euclides da, 179
Cunha, Ubirassu Carneiro da, 186, 190
Cunha Pereira, Simão Viana da, 121
Curral dos crucificados, de Rui Mourão, 197
"Curva do caminho, Na", de Carlos Drummond de Andrade, 32
Cury, Maria Zilda Ferreira, 22
Cyrano (pseudônimo de Sérvulo Tavares Coimbra), 151

Da Costa Santos, 154
Dama do lotação, A (filme), 188
Davis, Miles, 183
Del Picchia, Menotti, 68
Deodato, Alberto, 89
Desemprego do poeta, O, de Affonso Romano de Sant'Anna, 188
Desesperanças, As (poemas), de João Etienne Filho, 105, 111
Dia do Juízo, O, de Rosário Fusco, 72
Dia e noite (poemas), de João Etienne Filho, 105, 111
Diana, a caçadora (filme), 16, 17, 36

"Diana, a moral e o cinema...", de Carlos Drummond de Andrade, 15
Diário, O, 37, 53, 103-4, 107, 109, 111, 113, 117, 127, 135, 149, 171, 173, 176, 186
Diário Carioca, 114, 116, 117
Diário da Manhã, 30-1, 88, 89, 92
Diário da Noite, 100
Diário da Tarde, 60, 88, 94, 95, 96, 103, 171, 174, 175, 188
Diário de Minas, 14, 17, 18, 19, 20, 21, 22, 24-7, 28, 29, 31, 32, 46, 51, 67, 78, 82, 86, 87, 93, 98, 131, 147, 148, 159, 168, 171, 172, 173, 178, 185, 186, 187, 188, 189
Diário de Notícias, 72, 113, 114, 118
Diário de S. Paulo, 141
Diário de um homem secreto, de Eduardo Frieiro, 52
Diário de um pároco de aldeia, de Georges Bernanos, 121
Diário do Comércio, 88
Diário do Governo, 57
Diário Mercantil, 180
Diários Associados, 92, 94, 98, 100, 102, 144, 186
Dias, Alcebíades Magalhães, 151
Dias, Fernando Correia, 120, 148, 150
"Difícil escolha, A" (poema), de Carlos Drummond de Andrade, 16
Diniz, Valdimir, 186, 195
Direito da família sobre o cadáver, O, de Ascânio Lopes, 78
Divina comédia, A, de Dante Alighieri, 145
Divina increnca, A, de Juò Bananére, 63
"Doce música mecânica, A", de Carlos Drummond de Andrade, 58
Dolce vita, La (filme), 181
Domingo azul do mar, O, de Paulo Mendes Campos, 107, 118
Dornas, João, Filho, 93
Dornelles, Ernesto, 106
Dourado, Autran, 111, 122, 124, 125, 126, 127, 129, 130, 132, 136, 137, 140, 145, 146, 202

Dragões e outros contos, Os, de Murilo Rubião, 192
Drummond, Austen Amaro de Moura (*v.* Amaro, Austen)
Drummond, José de Magalhães, 31
Drummond, Roberto, 105, 137, 151, 169, 184, 185, 201, 204, 205
Drummond de Andrade, Altivo, 15
Drummond de Andrade, Carlos, 14-8, 21, 22-6, 27, 28, 29, 30, 31, 32, 33, 34, 38, 42, 45-6, 47, 48, 49, 50, 51, 55, 58, 59, 60, 64, 65, 67, 73, 74, 78, 79, 81, 82, 85, 86, 87, 93, 98, 104, 109, 126, 127, 128, 131, 133, 137, 154, 156, 157, 165, 166, 171, 177, 194, 199, 200, 201, 205, 206, 207
Duas águas, de João Cabral de Melo Neto, 177
Duas faces, de Ivan Angelo e Silviano Santiago, 174, 183
Dutra, Astolfo, 78

Eco, O, 70
Edifício (revista), 124-6, 127, 128, 129, 137, 152, 176, 179, 204
"Edifício Esplendor" (poema), de Carlos Drummond de Andrade, 127
Electrica (revista), 80-2
Elizabeth, rainha da Bélgica, 134
Encontro marcado, O, de Fernando Sabino, 49, 79, 105, 109, 111, 112, 131, 133, 180, 183
Epigramas irônicos e sentimentais, de Ronald de Carvalho, 55
Espectros, de Cecília Meireles, 28
Esse velho vento da aventura, de Paulo Pinheiro Chagas, 25
Estado de Minas, 31, 32, 33, 53, 56, 61, 92, 93, 97, 99, 102, 103, 117, 127, 135, 141, 142, 144, 145, 157, 159, 164, 171, 173, 179, 186, 187, 205
Estado de Minas, O, 61
Estado de S. Paulo, O, 172, 189
Estória, 195

Estrela vermelha, A, de Murilo Rubião, 192
Estripador da rua G, O (peça de teatro), de Roberto Drummond, 105
Etienne Filho, João, 49, 104-6, 107, 108-10, 111, 113, 116, 123, 176, 203
Eu, não — o outro, de Wilson Castello Branco, 144
Eulálio, Alexandre, 61
"Eunice e as flores amarelas" (conto), de Murilo Rubião, 152
Ex-mágico, O, de Murilo Rubião, 148, 192

Faber (peça de teatro), de Marco Antônio de Menezes e Olívio Tavares de Araújo, 188
Faca de dois gumes, A, de Fernando Sabino, 106
Faria, Octavio de, 109, 123
Faria, Soares de, 205
Fé que não morre (filme), 16
Felisberto, Murilo, 189
Fellini, Federico, 181
Fernandes, Millôr, 141, 177
Ferreira, Ascenso, 75
Ferreira Gullar, 137
Ferro, António, 18
Festa (revista), 80
Festa, A, de Ivan Angelo, 175, 205
Fichas de vitrola (contos), de Jaime Prado Gouvêa, 204
Figueiredo, Wilson, 122, 124, 125, 126, 127, 132, 140, 148, 149, 151, 202
"Filosofia do Grão Mogol, A" (conto), de Murilo Rubião, 152
Finnegans Wake, de James Joyce, 178
Flan (jornal), 121
Fogo fátuo, de Henriqueta Lisboa, 28
Folha de Minas, 33, 54, 101, 102, 103, 113, 116, 117, 127, 135, 141, 147-53, 156, 157, 169, 171, 206
Folha de S.Paulo, 115
Fonseca, Edmur, 126, 151, 152, 153, 154, 159, 164

Fonte invisível, de Augusto Frederico Schmidt, 146
Forjaz (de Sampaio, Albino), 18
Forma e exegese, de Vinicius de Moraes, 139
Formação da literatura brasileira, de Antonio Candido, 206
Foster, Walter, 83
Frade, Wilson, 151
Franco, Itamar, 166
Franco, Virgílio de Melo, 32, 101, 102, 121
Freire, Laudelino, 123
Freire, Roberto, 195
Freyre, Gilberto, 103
Frieiro, Eduardo, 51-2, 53-8, 60, 63, 64, 65, 85, 139, 147, 156, 186, 197, 203
Fruta-de-conde, 73, 74
Fusco, Rosário, 66, 67, 68, 69, 70, 71-3, 74, 76, 77, 79, 81, 82, 204

Gabeira, Fernando, 166, 167-9, 174, 182, 184, 202
Galileu Galilei (peça de teatro), de Bertolt Brecht, 105
Galinha cega, de João Alphonsus, 64
Garcia de Toledo, Pedro (pseudônimo de Fernando Sabino), 117
Garibaldi, Anita, 62
Gato Félix (pseudônimo de Moacyr Andrade), 59
Gaynor, Janet, 43
Gazeta Comercial, 180
Gazeta do Norte, 86
Giannetti, Yone, 137
Giannetti Torres, Marília, 138
Gide, André, 48
Gillespie, Dizzy, 183
Ginásio Sul-Americano (Itabira), 23
Globo, O, 114, 118, 166, 205
Globo (TV), 113
Góes, Carlos, 51, 63, 204
Gomes, Duílio, 198, 203
Gomes Machado, Lourival, 123

Gontijo, Leda, 138
Gontijo, Ricardo, 190
Gonzaguinha, 207
Goulart, João, 115, 150, 162
Gouvêa, Jaime Prado, 169, 204
Grande sertão: veredas, de Guimarães Rosa, 177, 179
Grilos não cantam mais, Os (contos), de Fernando Sabino, 129, 130
Guia Rivera (guia de ruas), 132
Guignard, Alberto da Veiga, 138, 139, 176, 177, 180
Guillén, Nicolás, 43
Guimaraens, Alphonsus de, 17, 41, 154
Guimaraens Filho, Alphonsus de, 39
Guimarães Rosa, João, 177, 179, 192, 194, 202, 205
Guimarães, Bernardo, 62
Guimarães, José Carlos Lery, 166
Guimarães, Paulo Campos, 196, 197
Guimarães, Protógenes, 99
Guimarães, Renê, 155-6

Há uma gota de sangue em cada poema, de Mário de Andrade, 23
"Habeas corpus", de Abgar Renault, 86
Hemingway, Ernest, 189, 205
Henfil (Henrique de Sousa Filho), 185, 186, 195
Hilda Furacão, de Roberto Drummond, 137, 169
Hiroshima, mon amour (filme), 178
Hiroxima, meu humor, de Henfil, 195
História alegre de Belo Horizonte, de Djalma Andrade, 20, 35, 38, 44
História de Minas Gerais, de João Camilo de Oliveira Torres, 20
História e ideologia, de Francisco Iglésias, 122
Histórias reunidas, de Aníbal Machado, 44
Hoje em Dia (jornal), 164
Holanda, Sérgio Buarque de, 103
Homem do Pau-Brasil, O (filme), 61

"Homem e seu capote, O" (conto), de Aníbal Machado, 62
Homem na sombra ou a sombra no homem, O, de João Alphonsus, 28, 147
Homem sofrendo no quarto, de Ivan Angelo, 174
"Homenagem aos homens que agem" (poema), de Mário e Oswald de Andrade, 75
"Homens festejando o seu fiel e grande amigo..., Os", de Rubem Braga, 95
Homenzinho na ventania, de Paulo Mendes Campos, 118
"Hora íntima, A" (poema), de Vinicius de Moraes, 140
Horta, Cid Rebelo, 149
Horta, Jair Rebelo, 149

Idade do serrote, A, de Murilo Mendes, 202
Iglésias, Francisco, 119, 122, 124, 186, 192, 202, 203, 204
Ilha, A, de Fernando Morais, 189
Ilusão literária, A, de Eduardo Frieiro, 52
Inferno é aqui mesmo, O, de Luiz Vilela, 196
Ingenuidade, de Emílio Moura, 64
Inquietude, melancolia, de Eduardo Frieiro, 64
Interventor, O (jornal), 98
Isolda (pseudônimo de Lúcia Machado de Almeida), 136
IstoÉ (revista), 167
Itapemirim, O (jornal), 94
Itinerário de Pasárgada, de Manuel Bandeira, 123
Ivan Angelo, 151, 174-5, 176, 182, 183, 184, 187, 190, 204, 205

Jackson, Milt, 183
Japiassu, Moacir, 163, 190
Jardineiros do Ideal (grupo literário), 18
Jazz-Band (jornal), 70
"Jeunes gens de Catacazes, Aux" (poema), de Blaise Cendrars, 75

João Alphonsus: tempo e modo, de Fernando Correia Dias, 150
João Ternura (romance), de Aníbal Machado, 40, 41, 42, 62
Jornal, O, 116, 140, 144, 180
Jornal da Tarde, 164, 172, 188, 189, 190, 196, 204
Jornal de Minas, 14, 15, 17
Jornal de Minas (homônimo), 103
Jornal do Brasil, 113, 117, 127, 143, 166, 167, 169, 172, 173, 177, 187, 188, 189, 204
Jornal do Commercio, 77
"Jornal mural" (poema), de Autran Dourado, 125
Joyce, James, 178
Juiz de Fora — Poema lírico, de Austen Amaro de Moura Drummond, 60
Juscelino, de Geraldo Mayrink, 167

Keeler, Christine, 175
Klaxon (revista), 50
Kroeber, Carlos, 177
Kubitschek, Juscelino, 54, 57, 100, 138, 139, 141, 145, 146, 149, 153, 160-1, 167, 172, 174
Kubitschek, Sarah, 146

Lado humano, O (contos), de Otto Lara Resende, 114
Laforgue, 42
"Lágrima, A" (crônica), de Rubem Braga, 94
Lamounier, Bolívar, 188
Lápide sob a lua, A, de Abgar Renault, 27, 85
Lara Resende, Antônio de, 107
Lara Resende, Otto, 49, 106, 107, 108, 110, 111, 112, 113-5, 116, 118, 119, 121, 122, 124, 126, 127, 131, 137, 139, 140, 142, 143, 144, 151, 152, 184, 201, 203, 205, 207
Leite Criôlo (jornal), 93
Leite, Maurício Gomes, 176, 181
Leoni, Raul de, 68, 107
Liberdade (jornal), 121-2

Liberdade, Em, de Silviano Santiago, 174
Liga pela Moralidade, 16
Lima, Alceu Amoroso, 106, 142, 203
Lima, Francisco Pontes de Paula, 124
Lima Júnior, Augusto de (Liminha), 30, 88, 92, 99
Lima, Jorge de, 75, 123, 153
Lima, Mário de, 25
Lins, Álvaro, 143
Lins, Osman, 158
Lins do Rego, José, 54, 141, 159, 179
Lirismo perdido, de Newton Braga, 95
Lisboa, Henriqueta, 28, 126, 203
Lispector, Clarice, 177, 195
Literária (revista), 123
Livro de João, O, de Rosário Fusco, 72
Livros, nossos amigos, Os, de Eduardo Frieiro, 52
Lobo, Amílcar, 121
Lodi, Jefferson, 138
Lopes, Ascânio, 27, 67, 70, 71, 73, 78, 79, 87
Lopes, Benedicto, 32
Loren, Sophia, 175
Lucas, Fábio, 145, 151, 158, 159, 172, 175, 180, 204
Luta Operária (jornal), 121
Luz del Fuego (Dora Vivacqua), 137, 161
Luz do pântano, de Bueno de Rivera, 132
Luz mediterrânea, de Raul de Leoni, 68

Machado, Abílio, 26, 57, 59
Machado, Aníbal, 40, 41-4, 54, 61, 62, 64, 136, 201, 202
Machado, Carlos Dênis, 179
Machado, Cristiano, 44
Machado, Gilka, 41
Machado, Maria Clara, 42
Machado de Assis, Joaquim Maria, 56
Maciel, Olegário, 32, 102
Mãe e o filho da mãe, A, de Wander Piroli, 164
Magaldi, Sábato, 124, 125-6, 140, 202
Magalhães Linhares, Cláudio Galeno, 183

Magalhães Pinto, José de, 103, 114, 115, 150, 172, 184, 185, 187, 191, 192, 206
Maio..., 15
Malfatti, Anita, 141
Mameluco Boaventura, O, de Eduardo Frieiro, 64
Manchete (revista), 113, 177, 185, 205
Manhã, A (jornal), 89
Mansfield, Katherine, 137
Mansur, Gilberto, 186, 190
Manual do perfeito secretário, adaptação de Cyro dos Anjos, 88
Mapa (revista), 179
"Mar, O" (poema), de Hélio Pellegrino, 107-8
Marca, A (novela), de Fernando Sabino, 117
Marcha das utopias, A, de Oswald de Andrade, 142
Márcio, Flávio, 178, 180, 188, 189, 190
Marcondes, Atílio, 57
Mariano, Olegário, 159
"Marina, a intangível" (conto), de Murilo Rubião, 147
Marinho, Roberto, 114
Marise, Júnia, 174
Maritain, Jacques, 125
Marques Rebelo, 68, 74, 78, 148
Marschner, João, 176, 181
Martins, Cristiano, 145
Martins, Heitor, 176, 181
Martins, J., 73
Martins, Laio, 98
Martins, Luiz, 141
Martins, Wilma, 138
Martins de Almeida, 28, 84
Martins Mendes, 73
Martins Prates, Berenice, 136
Marx, Burle, 138
Máscara no mar (filme), 16
Mata Machado Filho, Aires da, 104, 193, 195
Mata Machado, Edgar da, 104, 113
Matos, Aníbal, 63, 138
Mattheson, William Pearl, 178

Mauro, Humberto, 67, 73, 74
Mayrink, Geraldo, 167, 168, 178, 180
Mayrink, José Maria 190
McCullers, Carson, 177
Mecânica do azul, de Wilson Figueiredo, 127
Medeiros e Albuquerque, 65, 77
Médici, Emílio Garrastazu, 197
"Medo, O" (conto), de Roberto Drummond, 151
Meia-Pataca, de Guilhermino Cesar e Francisco Inácio Peixoto, 73, 92
"Meio do caminho, No" (poema), de Carlos Drummond de Andrade, 49-50
Meireles, Olinto, 134
Meireles, Cecília, 28
Mello, Thiago de, 192
Mello, Arnon de, 100
Mello Franco de Andrade, Rodrigo (v. Andrade, Rodrigo M. F. de)
Mello Vianna, Fernando de, 26
Melo Alvarenga, Octavio, 124
Melo Neto, João Cabral de, 121, 177
Memorando (peça de teatro), de Geraldo Mayrink e Fernando Moreira Salles, 167
Memórias de um chauffeur de praça, de Moacyr Andrade, 56, 58
Mendes, Murilo, 123, 126, 127, 194, 202, 205
Mendes, Oscar, 104, 126, 158
Mendes Campos, Paulo, 49, 95, 106, 107, 109, 110, 111, 114, 116, 117-8, 119, 124, 126, 131, 133, 137, 139, 151, 152, 154, 177, 181, 201, 202, 206
Menegale, Heli, 81
Menezes, Marco Antônio de, 187-8
"Menina" (conto), de Ivan Angelo, 152
Menina do sobrado, A, de Cyro dos Anjos, 85, 86, 158
Menino e o pinto do menino, O, de Wander Piroli, 164
Mensagem (revista e, depois, jornal), 107, 123
Mercúrio, O (jornal), 70

"Meu home" (poema), de Maria Eugênia Celso, 99
Meyer, Augusto, 68
1968, o ano que não terminou, de Zuenir Ventura, 120
Militares no poder, Os, de Carlos Castello Branco, 144
Milliet, Sérgio, 74, 86, 141
Minas em foco (revista), 40
Minas Gerais em 1925, organização de Victor da Silveira, 43, 204
Minas Gerais (jornal), 13, 16, 19, 26, 41, 51, 55, 57, 58, 59, 60, 61, 64, 65, 98, 131, 149, 153, 164, 187, 192, 193, 194, 198
Mindlin, José, 67
Minha terra tem palmeiras, de Carlos Drummond de Andrade, 23, 24
Minha vida de menina, de Alice Brant, 61
Míope no zoo, Um, de Ildeu Brandão, 148, 197
"Misterioso assassinato, O" (conto), de Fernando Sabino, 106
Mistral, Gabriela, 43
Mitre, Fernando, 164, 184, 187, 189, 190
Modernìssima (revista), 55
Modesto, Wilson, 165
Mois, Le (revista), 98
Monni, Flaminio, 164
Monteiro Lobato, José Bento, 69, 110
Moraes, Vinicius de, 43, 114, 121, 126, 139, 140
Moraes, neto, Prudente de, 74, 76
Morais, Delorizano, 46, 47
Morais, Dolores Dutra de, 23, 24
Morais, Fernando, 184, 189, 190
Morais, Frederico, 176, 179
Morais, Luís de Araújo, 17
Morais, Prudente de, 20
Moreira, Delfim, 21
Moreira, Edison, 153
Moreira Salles, Fernando, 167
Moreyra, Alvaro, 69

Morley, Helena (pseudônimo de Alice Brant), 61
"Morte burocrática, A" *(conto)*, de João Alphonsus, 146
Morte da porta-estandarte e outras histórias, A, de Aníbal Machado, 40, 44
Morte de D. J. em Paris, A, de Roberto Drummond, 169
Mota, Archimedes, 144
Motta, Dantas, 82
Moura Costa, dr., 25
Moura, Emílio, 26, 27, 28, 34, 45, 46, 51, 64, 74, 78, 84, 86, 87, 98, 126, 131, 132, 135, 136, 147, 155, 194, 195, 201
Mourão, Rui, 145, 158, 159, 175, 197, 203
Mozart, Wolfgang Amadeus, 183
"Mulata, A" (soneto), de Renê Guimarães, 155
Mulher que fugiu de Sodoma, A, de José Geraldo Vieira, 196
Mundo submerso, de Bueno de Rivera, 132
Muricy, Andrade, 80
Murta, Genesco, 147

Namorada de Deus, de Miêta Santiago, 136
Nascimento, Milton, 182, 207
Natal na praça, O (peça de teatro), de Henri Ghéon, 105
Nava, José, 106, 182
Nava, Pedro, 28, 29, 35, 36, 38, 39, 42, 45, 46-9, 51, 54, 60, 61, 74, 81, 87, 202
Navarro, Antônio, 35
"Navio negreiro, O" (poema), de Castro Alves, 120
Negrão de Lima, Otacílio, 108, 171, 187
Nelson Rodrigues: dramaturgia e encenações, de Sábato Magaldi, 126
Nenhum (revista), 128
Neruda, Pablo, 43, 201
Nery, Adalgisa, 54
Nery, Sebastião, 148, 149
Netto, Oscar, 137

Netto, Vanessa, 137
Neves, Ezequiel, 176, 187
Neves, Libério, 186, 197
Neves, Tancredo, 91, 171, 198, 207
Niemeyer, Oscar, 138, 139, 204
Nilo Tavares, José, 162
Nobre, António, 41
Nogueira, Armando, 189
Nogueira, João da Fonseca, 125, 128, 136
Noite é minha inimiga, A (filme), 167
Nonato, Orosimbo, 48
Noronha, Sebastião, 144, 145
Notas cronológicas de Belo Horizonte, de Otávio Pena, 134
Notícia, A (jornal), 36
"Noturno de Belo Horizonte" (poema), de Mário de Andrade, 34, 39
Novaes, Adauto, 187
Novas cartas chilenas (jornal), 164
Novo Diário, de Eduardo Frieiro, 53, 57, 156
Novos poemas, de Vinicius de Moraes, 139
Novos, Os, de Luiz Vilela, 181, 196
Nunes, Benedito, 187, 194
Nunes, Sebastião, 198, 203

O que é isso, companheiro?, de Fernando Gabeira, 167
Olga, de Fernando Morais, 189
Olho, O (Cabeça de galo) (óleo sobre tela), de Cândido Portinari, 141
Oliveira, José Aparecido de, 115, 172, 173, 184
Oliveira, Maria da Abadia, 137
Oliveira, Maria Léa de, 137
Oliveira, Mendes de, 21
Oliveira Santos, Ennius Marcus de, 174
Oliveira Torres, João Camilo de, 20, 148, 149
"Onda" (poema), de Carlos Drummond de Andrade, 15
"Oposição sistemática" (poema), de Carlos Drummond de Andrade, 15
Ovalle, Jayme, 105

Pacheco, Rondon, 197
Paes, Lycidio, 205
"País dos laticínios, O" (poema), de Bueno de Rivera, 193
Paiva, Mário Garcia de, 197, 198
Palpos de aranha, Em (filme), 16
"Panelinhas literárias", de Otto Lara Resende, 107
Panorama do teatro brasileiro, de Sábato Magaldi, 126
Papini, Pirandello e outros, de Oscar Mendes, 126
Para Todos (revista), 69
Partido Republicano Mineiro (v. PRM)
Pasquim, O (jornal), 164, 186
Passos, Gabriel, 45, 84
Pasto de pedra, de Bueno de Rivera, 132
Patinho torto, O (peça de teatro), de Coelho Netto, 36
Paula, Floriano de, 152
Pauliceia desvairada, de Mário de Andrade, 22, 66, 86
Pedra no meio do caminho, Uma – Biografia de um poema, de Carlos Drummond de Andrade, 50
Pedroso, Marilda, 108
Peixoto, Francisco Inácio, 70, 71, 73, 74, 79, 81, 92, 204
Pellegrino, Carlos Roberto, 195
Pellegrino, Hélio, 49, 106, 107, 109, 110, 111, 112, 114, 115, 119-21, 124, 125, 126, 127, 128, 131, 132, 133, 139, 158, 201, 202
Pellegrino, José, 133
Pena, Afonso, 21
Pena, Cornélio, 123
Pena, Gustavo, 134
Pena, Otávio, 134
Pena Júnior, Afonso, 18, 47, 48
Penido, José Márcio, 190, 194
Pentagrama 56 (jornal), 180
Pequeno mundo de Otto Lara Resende, O (programa de televisão), 113

Pereda Valdés, Ildefonso, 68
Pereira, Francelino, 143
Pereira, José Haroldo, 178
Pereira da Silva, Jesus-Maria-José (Pereirinha), 55
Peres, Fernando da Rocha, 179
Perez, Renard, 41
Perón, Juan Domingo, 53
Piaf, Edith, 168
Pinheiro, Israel, 140, 192, 193, 196
Pinochet, Augusto, 164
Pires, Bento (pseudônimo de Eduardo Frieiro), 52
Piroli, Wander, 104, 164-6, 198, 203
Pirotécnico Zacarias, O, de Murilo Rubião, 152, 192
Pitigrilli (Dino Segre, dito), 96
Poe, Edgar Allan, 37
Poema do príncipe exilado, de Hélio Pellegrino, 119, 128
Poemas cronológicos, de Enrique de Resende, 73
Poemas narrativos, de Wilson Figueiredo, 118
Poesia e prosa, de Newton Braga, 95
"Poeta mede a altura do edifício, O" (poema), de Affonso Romano de Sant'Anna, 196
Pompas do mundo, As (contos), de Otto Lara Resende, 115
Ponte Preta, Stanislaw (Sérgio Porto), 95
Pontes de Paula Lima, Francisco (Chico Pontes), 124
Por que me ufano de meu país, de Afonso Celso, 99
Porta: (coletânea), 195
Portinari, Cândido, 138, 141, 204
Poste, O (jornal), 90
Prado, Adélia, 203
Prado, Décio de Almeida, 123
Prado Jr., Caio, 141
"Praetiosum tamen nigrum" (crônica), de Rubem Braga, 99

Prates, Newton, 85, 92, 93, 94, 95, 97, 101, 116, 157
Prazeres, Laércio, 61
Prazeres, Lívia, 62
Prestes, Júlio, 21
Primavera da vida, Na (filme), 74
Prisioneiro do círculo, de Ricardo Gontijo, 190
PRM, 19, 20, 21, 22, 24, 28, 31, 38, 47, 131, 171
Profumo, John, 175
Projeção (revista), 144
Proust, Marcel, 178
Ptyx, 195
Pulso, O (jornal), 205

Quadros, Jânio, 114, 115, 117, 145, 162, 173
4 mineiros, Os (disco), 109
Que país é este?, de Affonso Romano de Sant'Anna, 180
Queirós, Eça de, 123
Quintana, Mário, 203
Quintella, José, 205

Rabello, David Correa, 36
Rabêlo, José Maria, 112, 120, 160, 161, 162, 163, 164, 173
Rabinovici, Moisés, 190
Raça, de Guilherme de Almeida, 68
Raízes e cognatos, de Carlos Góes, 51
Ramos, Graciliano, 140, 189
Ramos, Maria Luisa, 158
Ramos Tinhorão, José, 189
Rangel, Godofredo, 123
Raposo, Lucas, 194
Renaud, Madeleine, 43
Renault, Abgar, 27, 37, 45, 46, 48, 61, 64, 84, 85, 86, 136, 155, 202
Renault, Delso, 37, 134, 155
Resende, Astolfo, 78
Resende, Enrique de, 69, 70, 71, 73
Resumo histórico de Belo Horizonte (1701--1947), de Abílio Barreto, 90

Retrato na gaveta, O (contos), de Otto Lara Resende, 114
Réveillon (peça de teatro), de Flávio Márcio, 189
Revista Acadêmica, 62
Revista da Semana, 177
Revista de Antropofagia, 50
Revista de Cinema, 178, 179
Revista Goodyear, 167
Revista, A, 23, 50, 51, 55, 67, 86, 87, 193
Reza Pahlavi, Mohammed, xá, 175
Rezek, José Francisco, 195
Ribeiro Couto, Rui, 78, 81
Ribeiro, Darcy, 122, 207
Ricardo, Cassiano, 68
Rimbaud, Jean Nicolas Arthur, 42
Rivera, Bueno de, 126, 132, 193, 195, 203
Rocha, Glauber, 179
Rocha Peres, Fernando da, 179
Rodrigues Alves, Francisco de Paula, 20
Rodrigues, Lael, 83
Rodrigues, Nelson, 115, 117, 119, 126
Rohan (pseudônimo de Wilson Frade), 151
Rolla, Joaquim, 161
Romano de Sant'Anna, Affonso, 175, 180, 187, 188, 196, 200, 202
Rosa, Elmo Abreu, 186
Rota, Nino, 181
Rubião, Murilo, 39, 116, 130, 131, 144, 145, 147, 148, 152, 153, 191-2, 193, 194, 196, 197, 198, 203
Ruy, Don, 38
Rythmos da terra encantada, de Heitor Alves, 80

Sabino, Fernando, 36, 39, 43, 49, 54, 79, 105, 106, 108, 109, 110, 112, 114, 116-7, 119, 123, 124, 126, 129-30, 131, 133, 139, 144, 152, 177, 180, 181, 200, 201, 205
Sagarana, de João Guimarães Rosa, 192, 205
Salgado, Plínio, 161
Salles, Francisco, 133

Salles Gomes, Paulo Emílio, 67, 73, 123, 141, 143
Samain, Albert, 42
Sampaio, Márcio, 194
Sant'Anna, Sérgio, 195, 202
Santa Rosa, 117
Santayanna, Mauro, 188
Santiago, Miêta, 136
Santiago, Silviano, 106, 174, 176, 179, 181, 202
Santos, Fulgêncio dos, 100
Santos, Luiz Soares dos, 73, 77
Santos, Theotônio dos, 176
Santos Pereira, José Geraldo, 179
Santos Pereira, José Renato, 179
Sarney, José, 137
Sartre, Jean-Paul, 175
"Sátiro, O" (poema), de Carlos Drummond de Andrade, 165
Saturnino, Pedro, 205
Schmidt, Augusto Frederico, 75, 123, 126, 127, 145, 146
Schnaiderman, Bóris, 187
Seljan, Zora, 101
Semana Ilustrada (revista), 46
Senhor (revista), 177
Senna, Raul Bernardo Nelson de, 193
"Sentido das estátuas, O", de Aníbal Machado, 41
Sentidos da paixão, Os, 119
Sentimento do mundo, de Carlos Drummond de Andrade, 58
Serviço del-Rei, A, de Autran Dourado, 145
Sete samurais, Os (filme), 167
Sette Câmara, José, 129
Silva, Jair, 141, 142
Silveira, Joel, 121
Silveira, Tasso da, 80
Silveira, Victor da, 43, 89
Simenon, Georges, 95
Siqueira Campos, o Bravo, de Heitor Alves, 80
Siqueira, Augusto, 116
Siqueira, Cyro, 142, 174, 178, 179, 186, 187, 188
Soares, Dirceu, 190
Solitários, Os (peça de teatro), de Sábato Magaldi, 126
Sonetos antíguos, de Abgar Renault, 85
Sons rythmados, de Heitor Alves, 80
Sousa, Sebastião de, 205
Souza, Heitor de, 84
Souza, Herbert José de, 185
Souza, Lincoln de, 23, 24
Souza, Pompeu de, 116
Souza, Sesino de, 55, 56
Souza Cruz, Alberico, 104, 189
Stella Manhattan, de Silviano Santiago, 174
Sua vida me pertence (telenovela), 83
Svevo, Italo, 178

Tagliaferro, Magdalena, 148
Takahashi, Jiro, 192
Tank (revista), 63
Tântalos, de Romeu de Avellar, 17, 18, 46
Tarasca (Comissão Executiva do PRM), 20, 21
Tavares, Uriel, 205
Teia (novela), de Autran Dourado, 127
Teia de aranha, de Carlos Drummond de Andrade, 23, 24
Teixeira, Lucy, 137
Teixeira de Salles, Fritz, 179
Teixeira de Salles, José Bento, 129, 192
"Teleco, o coelhinho" (conto), de Murilo Rubião, 191
Tendência (revista), 158-9, 175, 180, 188, 197
Tesouro perdido, O (filme), 73
Texto no teatro, O, de Sábato Magaldi, 126
Texto, 195
Tiburtina [Alves], dona, 26
Time (revista), 170
Tragédia antiflorentina, Uma, de José Nava, 182
Tremor de terra (contos), de Luiz Vilela, 196
3Tempos (revista), 174

Trevisan, Dalton, 194
Treze poemas, de Martins Mendes, 73
Tribuna da Imprensa, 188
Tribuna de Minas, 172
Tribuna, A (jornal), 32, 58, 98, 205
Tristes, Os (contos), de João Etienne Filho, 105
Turris Eburnea, de Enrique de Resende, 69

Última Hora, 113, 149, 164, 168, 184, 189, 190
União de Moços Católicos, 16

Valladares, Benedicto, 33, 54, 100, 102, 103, 130, 143, 200
Vargas, Getúlio Dornelles, 30, 33, 44, 53, 102, 122, 130, 138
Vasconcellos, Sylvio de, 128
Vasconcelos, Bahia de, 155
Vaz de Melo, Cornélio, 134
Veja (revista), 167, 185, 188
Velho e o mar, O, de Ernest Hemingway, 189
Velórios, de Rodrigo M. F. de Andrade, 194
Ventura, Adão, 195, 203
Verdade nua, A, de Luz del Fuego (Dora Vivacqua), 161
Verde, Antônio (pseudônimo de Aníbal Machado), 41
Verde, Cesário, 41
Verde (revista), 60, 66, 67, 68, 69, 70, 72, 73, 74, 75, 76, 77, 78, 79, 80, 81, 82, 92
Verdussen, José, 139
Vereda (jornal), 186, 195
Verissimo, Erico, 109
Verlaine, Paul, 42
Versiani Veloso, Arthur, 85
Vianna, Cícero, 164
Vianna, Klauss, 180
Vida de Minas (revista), 40, 41, 44

Vida em movimento, A, de Heitor Alves, 80
Vida esportiva (filme), 16
Vidas secas, de Graciliano Ramos, 141
Vidigal, Geraldo, 161
"Vie en rose, La" (música), 168
Vieira, Caio Júlio César, 100
Vieira, Flávio Pinto, 176
Vieira, José Geraldo, 109, 196
Vieira, Luiz Gonzaga, 186
Vieira, Mary, 138
Vila feliz, de Aníbal Machado, 44
Vilela, Luiz, 182, 186, 195, 196, 204
25 Poemas da triste alegria, Os, de Carlos Drummond de Andrade, 24
Vita (revista), 41
Vivacqua, Aquiles, 93
Vivacqua (família), 48, 137
Vocabulário noturno (poemas), de Jacques do Prado Brandão, 127
Vocação (revista), 158, 159
Vogue (revista), 188
Voix et les bonheurs, La, de Honório Armond, 27
Voz de Minas, de Tristão de Athayde, 140

Wainer, Samuel, 117, 141, 149
Wagner, Carlos, 184, 185, 189
Washington Luiz, 20, 21, 38, 94
Wilde, Oscar, 18, 182
Witz, Baronesa De, 17
Welles, Orson, 124

Xavier, Otávio, 95

Yazbeck, Ivanir, 167

Zerlottini, Fernando, 166, 167, 168
Ziller, Adelchi, 42

ESTA OBRA FOI COMPOSTA PELA PÁGINA VIVA EM MINION E IMPRESSA EM OFSETE
PELA BARTIRA GRÁFICA SOBRE PAPEL PÓLEN SOFT DA SUZANO PAPEL E CELULOSE
PARA A EDITORA SCHWARCZ EM JUNHO DE 2012